豐子愷《護生畫集》體、相、用之探討

林少雯著

文史哲學集成
文史哲出版社印行

國家圖書館出版品預行編目資料

豐子愷《護生畫集》體、相、用之探討 /
林少雯著. -- 初版--臺北市：
文史哲, 民 100.11
　　頁;公分（文史哲學集成；607）
　　參考書目：頁
　　ISBN 978-957-549-989-1（平裝）

1.豐子愷 2.學術思想 3.放生 4.漫畫 5.畫論

901　　　　　　　　　　　　100021015

文史哲學集成　607

豐子愷《護生畫集》
體、相、用之探討

著　　　者：林　　少　　雯
出 版 者：文　史　哲　出　版　社
http://www.lapen.com.tw
e-mail:lapen@ms74.hinet.net
登記證字號：行政院新聞局版臺業字五三三七號
發 行 人：彭　　　正　　　雄
發 行 所：文　史　哲　出　版　社
印 刷 者：文　史　哲　出　版　社
臺北市羅斯福路一段七十二巷四號
郵政劃撥帳號：一六一八○一七五
電話886-2-23511028・傳真886-2-23965656

實價新臺幣四八○元

中華民國一百年（2011）十一月初版

序　一

羅　宗　濤

豐子愷（1898-1975）是漫畫家、散文家、美術教育家、音樂教育家和翻譯家，是一位多方面都卓有成就的文藝大師。

在他眾多成就中，最廣為人知的是他那看似淺顯而意蘊深厚，讀來幽默而又流露悲憫的漫畫。近三十年來，他的六集一套的《護生畫集》更是盛行不衰。可能是其他的漫畫，多半有特殊的時空背景，易時易地，讀者就未必都能有親切的感受，而「護生」這一主題卻歷久彌新，不同世代的人，都須要有人對「護生」的觀念一再的提醒。

翻開第一集，多有悚目驚心的畫面，也許是他長期觀察到殺生的殘忍，積蓄已久的感情，噴薄而出以致稍欠含蓄之致，到了第二集所表現的，就傾向於「萬物自得之趣與彼我之感應同情。」（夏丏尊序言）所以讀了第一集，會有當頭棒喝的感覺。到了往後各集則可以在賞心悅目中，油然興起對生命的尊重。因此「開卷有益」的話，用在《護生畫集》是很貼切的。

然而當讀者想對這套歷時半世紀繪製而成的畫集，做有系統的了解時，林少雯君這部力作，就是不可或缺的參考書。少雯不但對此書的來歷備述原委，徵引翔實，更重要的是她建構了「體、相、用」多層次的立體架構。這是結合「學與思」的成果。參讀此書，我們在讀《護生畫集》時，就不再是零星的感受而已，我

們更能有系統的層層深入，體會其中的意蘊。

　　豐子愷是「護生」的功臣，而林少雯卻是這六冊「畫集」的
功臣。

　　（羅宗濤　曾任國立政治大學教授兼中國文學系所主任、文
學院院長、教務長等職。並曾擔任玄奘大學教授兼宗教系所主任、
逢甲大學首任系主任及香港浸信會大學客座教授。現為玄奘大學
中文研究所講座教授。為敦煌學權威。）

序 二

熊 琬

　　豐子愷（1898-1975）是「花枝春滿，天心月圓。」之作者
──弘一大師的俗家弟子。弘一大師從才子而報人、藝術家、文
學家、教育家，而出家為高僧。平生精於詩、書、畫、音樂、戲
劇、篆刻等，其身份與見解，自與一般出家人不同。鑒於佛教之
衰微，倡導律學。其平易、恬淡、孤高耿介之風範，常以寫字與
人結緣，對民國以來之佛教界影響極大。而弟子遍各行業。至其
在畫藝方面專才，則傳之於豐子愷。

　　豐子愷的畫藝之所以得弘師之真傳，蓋在深受其人格的熏陶
與感召，從而發輝在其畫藝中。所謂內充而外著者也。他被譽為
「中國漫畫之父」，乃因其畫風在素樸、淡雅、溫潤中深刻含蘊
著中國傳統的哲理及佛理。其《護生畫集》六冊最為膾炙人口，
雅俗共賞，畫風率真自然，深具佛家慈悲為懷的精神，正可說是
「借畫說法」。這也是承傳了弘一大師一生所致力以文字為般若
的事業風格。

　　少雯是個多才多藝且多產的作家。曾獲許多國家級或具有時
代代表性的獎，如中山文藝獎、中央日報文學獎等。她自幼即喜
涉獵，遊於文藝之中，平日性愛旅遊，常徜徉於大自然中。從此
激發出其文學創作的靈感。其論文選擇豐子愷《護生畫集》作為
題目，寧可不謂為氣類相感而致然也。其論文從文獻的整理、歸

納，理出頭緒，並從《護生畫集》中每個圖畫一一加以詮釋、分析與評論。其中包括文學、美學、及佛教、儒家、道家等的哲學思維。正如其所自言：「以慈悲為體，以書、畫、詩、詞述說護生故事所表達的慈悲心行為相，以所發揮的護生戒殺、長養慈悲心的功能為用。」從體到相，以至於用。可說深能領悟到豐子愷明體達用悲天憫人之教。

　少雯在撰寫論文期間，與之商討問題，能虛心接納，鍥而不捨。後並親赴杭州探訪豐子愷先生的故居、漫畫館和杭州師大的「弘一大師‧豐子愷研究中心」，持續不斷的蒐集資料。憑藉著向所具備的文學成果，加上研究所學術論文的熏陶，擴大且深化了眼界與意境。故能與具備藝術家的風格、文學家之素養與宗教家情操的豐子愷《護生畫集》相感若是。吾因忝為指導教授，爰就平日聞見所及，贅言一二。若欲直探其中內蘊，不如逕自閱其論文可也。是為序。

2011.10.5 熊琬　序於腴聞精舍

（熊琬　曾任政大中文系教授、玄奘大學宗教系系主任及教授，現任華梵大學佛教研修學院院長）

豐子愷《護生畫集》體、相、用之探討

目　　次

表目錄

圖目錄

引用插圖表（註：無標書名者為台灣純文學出版社版《護生畫集》）

編號	引　用　出　處	篇　　　　名	頁數
1	第一集，頁 55-56	投宿	75
2	第一集，頁 59-60	松間的音樂隊	75
3	第二集，頁 3-4	蝴蝶來儀	76
4	第二集，頁 7-8	催喚山童為解圍	76
5	第二集，頁 9-10	黃蜂何處知消息　便解尋香隔舍來	77
6	第二集，頁 13-14	銜泥帶得落花歸	78

182	第一集，頁 28	訣別之音	257
183	第四集，頁 140	災殃	257
184	第二集，頁 14	銜呢帶得落花歸	258
185	第二集，頁 16	褓負其子	258
186	第三集，頁 12	眠與麋鹿相伴眠	258
187	《豐子愷精品漫畫集》頁175	小桌呼朋三面坐，將留一面與梅花	262
188	《豐子愷精品漫畫集》頁165	落紅應是無情物，化作春泥更護花	262
189	《子愷風景畫》頁 27	無言獨上西樓月如鉤	262
190	《豐子愷精品漫畫集》頁187	折得荷花渾忘卻，空將荷葉蓋頭歸	262
191	《豐子愷精品漫畫集》頁200	今夜故人來不來，教人立盡梧桐影	262
192	第三集，頁 95	飛來白鳥似相識	264
193	第五集，頁 127	好春光	264
194	《豐子愷鄉土漫畫》頁 42	阿寶兩隻腳，凳子四支腳	269
195	《豐子愷鄉土漫畫》頁 36	瞻瞻底腳踏車	269
196	《子愷漫畫》	買粽子	269
197	《子愷漫畫》	都會之春	269
198	《豐子愷精品漫畫集》頁 30	注意力集中	269
199	《豐子愷古詩新畫》頁 27	紅了櫻桃綠了芭蕉	269
200	《豐子愷精品漫畫集》頁191	人散後，一鉤新月天如水	270
201	《子愷風景畫》頁 60	翠拂行人首	270
202	第三集，頁 52	客人忙阻攔：「我今天吃素！」	271
203	第三集，頁 74	殘酷的風雅	271
204	第二集，頁 104	解放	271
205	第二集，頁 46	餘糧及雞犬	271
206	第二集，頁 42	風雨之夜的候門者	271

感言與謝辭

完成十七萬字的〈豐子愷《護生畫集》體、相、用之探討〉論文，要感謝許多人。

筆者於研究所一年級下學期，就開始與論文指導教授熊琬老師（曾任政大中文系教授、玄奘大學宗教系系主任，現任華梵大學佛教研修學院院長）討論大綱，然後開始收集資料。熊老師非常有耐心地一次一次指導我，我們每週見面一次，題目的訂定和綱要的增刪，就花了近兩個月的時間，才把整個論文輪廓定下來。之後的一年，筆者就以這個題目在「論文專題研討課」上與老師及同學討論，一直到論文大綱送審，黃運喜老師、釋昭慧法師、陳一標老師、鄭維儀老師都給過筆者建言並提供資料，非常感謝老師們的費心。

論文寫作是從修完學分後的暑假，即 2009 年 8 月才真正開始著手進行，這期間還特地到杭州探訪豐子愷先生的故居、漫畫館和杭州師大的「弘一大師・豐子愷研究中心」，並在當地作最後的資料收集。由於資料收集尚稱豐富，論文寫作順利進行，並與熊琬老師持續討論，聽取意見加強和增刪。

12 月中論文寫作完成，2010 年 1 月 27 日口試。口試老師除了熊琬老師，另一位是本校中文研究所教授羅宗濤老師（曾任政大教務長、教授及玄奘大學宗教系系主任，為敦煌學權威），主考官是華梵大學中文系副教授陳秀慧老師（美國西來大學博士

生，專精儒佛文教思想、高僧傳記、佛教文學）。老師們在百忙中都細讀論文，不但提出修改意見，還對筆者諸多鼓勵，並給予「91分」高分通過。口試後陳秀慧老師還與筆者仔細討論如何修改論文，讓論文更臻圓滿。老師們對此論文的高度興趣和用心，令筆者異常感動。在此特別向羅老師及陳老師致謝。

　　在玄奘宗教研究所就讀期間，感謝家人的支持、接送和師長們的教導。黃運喜老師、昭慧法師、慧嚴法師、根瑟・馬庫斯老師、林金木老師、陳一標老師、鄭維儀老師、鄭月裡老師，謝謝您！也要謝謝周雪燕老師的關懷，及好友李玉屏的長期督促，長恆法師、如定法師、林霖、蔡怡君、崔鼎、沈虹、連萍的關切與幫助，更要感謝熊琬老師的指導。

林少雯 謹誌 2010.02.20

豐子愷《護生畫集》體、
相、用之探討

摘　　要

　　《護生畫集》是弘一法師和豐子愷師生二人以及葉恭綽、朱幼蘭、虞愚等藝文界名人共同合作，「以畫說法」的漫畫及書法作品。馬一浮先生認為此畫集是借書畫的善巧方便寄其悲憂，並用慈悲的力量消除惡心，可謂緣起無礙以畫說法者矣！《護生畫集》所說的法即「護生」。其「護生」的宗趣強調的是「護心」，而「護心」是為了去除殘忍心，長養慈悲心，然後拿此心來待人處世，並勸人護生戒殺及提倡素食。這是弘一法師和豐子愷師徒創作護生畫的主要目的。

　　本論文就《護生畫集》六集的內容作探討。六集皆由豐子愷繪圖，弘一法師親題詩文（第一、二集），其餘由葉恭綽（第三集）、朱幼蘭（第四、六集）、虞愚（第五集）等題詞。畫集中的圖及詩文是以藝術做方便，人道主義為宗趣，為弘一法師悉力以赴之文字般若。

　　豐子愷是中國近代第一位漫畫家，也是詩人和散文家，師承於弘一法師，其漫畫均為單幅作品，以毛筆為媒材，畫風簡單、純樸、溫厚、別具一格，讀來極富意趣，被譽為「中國漫畫之父」。

他的畫以水墨表現，介於漫畫和國畫之間，極具個人風格，被譽為「子愷畫派」。《護生畫集》雅俗共賞，畫風率真自然、構圖簡潔，線條流暢，不識字的讀者都能明白其意。且漫畫的內容層次豐富，具有深厚的人文關懷、濃厚的文學色彩、中國傳統思想和教化特色。《護生畫集》蘊涵最深刻的是中國傳統的哲理和佛理，而以詩、文、書、畫等外在形式呈現。圖及詩文為其傳播媒介，對成人和兒童均展現出不同的意涵與藝術境界，是親子共讀的藝術精品。

　　本文從文獻的研究及整理中了解豐子愷的生平、學習背景、師承、文學和漫畫成就；並針對《護生畫集》的外在表現形式：包括創作理念、傳播媒介、繪畫風格技巧、文人畫、簡筆畫、題材、書法等加以分析；及對《護生畫集》內涵的思想與意境：包括文學美、及佛教、儒家、道家、道教等的哲學思維、生態倫理、童心童趣、親子教育等加以闡釋；最後對《護生畫集》的意義與啟發：包括護生戒殺思想的宣揚、藝術價值、教育思想、美學思想等加以闡述。

　　佛法是以慈悲為體、為根本的。慈悲除了對自己，也發乎真情對周遭的人、事、物生出關懷和同情心。《護生畫集》即是以慈悲為體，以書、畫、詩、詞述說護生故事所表達的慈悲心行為相，以所發揮的護生戒殺、長養慈悲心的功能為用，而感動許多人。本論文即從《護生畫集》的體、相和用三方面予以探討。

關鍵詞：豐子愷　護生畫集　護生戒殺　素食　儒釋道思想

The Drawings of Living Being Protection
by Zi-Kai Feng
Examination of Body, Appearance & Practice presented in the book

ABSTRACT

The Drawings of Living Being Protection was chiefly created by Zi-Kai Feng, his Master Hong-Yi and three literary men-Gong-Chuo Ye, You-Lan Zhu, Yu Lyu, who together cooperated and finished the drawing and poems of the book. 《*The Drawings of Living Being Protection*》 was once regarded by Yi-Fu Ma as spreading the Buddhism for living beings by drawing pictures in order to bring up the hearts of sympathy and clear up evil intentions of common people. In other words, the book can be deemed as the result of independent origination with obstacle and as the means of preaching Buddhism. The main intention of the book is to protect of living beings, that is to say, the protection of living beings emphasizes the protection of heart, and the purpose of that is to cultivate compassion. As a result, all human beings could get well along with each other, including all living creatures. By means of that, the book aims to preach about the protection of living beings and to advocate vegetarianism. This is what Master Hong-Yi and his disciple Zi-Kai

Feng wanted to express in this book.

This thesis probes deeply into the contents of six volumes of *The Drawings of Living Being Protection*. All drawings in this book were made by Feng, as for poems, the first and second volumes was written by Master Hong-Yi, the third by Gong-Chuo, the fourth and sixth by You-Lan Zhu, and Yu Lyu wrote poems for the fifth volume. All these drawings and poems are artistic and literary works. In order to foster the true meaning of humanism, Master Hong-Yi did his best to express his wisdom through arts as prajJA deriving from texts.

Feng has been the first famous caricaturist in modern times; he was not only a caricaturist but also a poet and essayist, learning from Master Hong-Yi. All his drawings were single width and performed by Chinese writing brushes. As for the manners of his each drawing, they are appreciated as simple, tender-hearted, peaceful, gentle, unique and interesting to read, therefore, Feng has been praised as "Father of Chinese Comics". In addition, Feng's drawings were expressed by Chinese water ink, similar to comics as well we to Chinese paintings. Because his works are so distinctive and full of Feng's genre, they are praised as Zi-Kai Style. *The Drawings of Living Being Protection* was meant to suit both refined and popular tastes. Owing to his skill, sincerity, beautiful lines and simple composition, illiterate persons could easily understand and enjoy his works. Furthermore, the book is rich in contents, and attentive to humanism, full of literary language and Chinese tradition thoughts. *The Drawings of Living Being Protection* uses poems, words, drawings to express Chinese philosophy and Buddha Dharma. It is an excellent masterpiece for parents and children to read together, yet be able to inspire them at different aspects.

This thesis discusses and analyzes *The Drawings of Living Being Protection* from the perspectives of "body", "appearance", and "practice", especially Feng's background, timeline, and achievements in Chinese literature and drawing. Emphases are taken on the motives, ideas, drawing skills, themes, calligraphy of this book including its connotations and prospects. Its connections with Chinese literature, Buddhism, Confucianism, Taoism and related philosophies are also reexamined. His drawing embraced the very concepts of ecology and parenting in a Chinese family. In a word, *The Drawings of Living Being Protection* is creative and rich in terms of art, education, aesthetic forms. It also plays a leading role in advocating the protection of living beings. These aspects were further analyzed through three facets of body, appearance and practice in order to reveal profound influences of this book.

Key Words： Zi-Kai Feng, *The Drawings of Living Being Protection*, to protect and not to harm living beings, vegetarianism, Confucianism, Buddhism, Taoism

豐子愷簽名：引用自《弘一法師與豐子愷》，台北，純文學出版社。

豐子愷相片：引用自《豐子愷精品漫畫集》，上海，弘豐文化藝術公司。

第一章　緒　論

第一節　研究動機與目的

一、研究動機

　　選定豐子愷先生的《護生畫集》作為碩士論文的研究題目，現在回想起來，並不是偶然的，這要從三十年前說起。民國七十年純文學出版社印行《護生畫集》時，筆者已先睹為快，七十九年再版時則劃撥預約了此一套書。書寄來後，很快再讀一遍，為書中內容感動莫名。畫集中淺顯的佛理、熟悉的儒道思想、詩詞的文學情境、繪畫的特殊風格、書法的別具特色都深深打動我的心。對喜愛文學也從事文藝創作的筆者來說，這一套畫集內容包羅萬象，令人有如獲至寶的感覺。

　　四年前春天，去杭州小住，情同姊妹的作家李玉屏女士帶來一套民國七十一年由洪範書局出版，楊牧主編的四集《豐子愷文選》。筆者就在桃花掩映，玉蘭花和櫻花盛開，空氣中充滿槐花香氣的環境中，讀完豐子愷先生的散文。滿城飛花的杭州曾是豐子愷讀書和作畫的地方，在這樣的地方讀他的散文，別有一番滋味。他散文作品的溫柔敦厚和自然細膩也深深撼動筆者的心靈。如此一位文采畫采皆美的作家和畫家，確實令人著迷。

　　當時筆者年歲癡長，已辭去朝九晚五的工作，專心從事文藝

創作，寫散文、小說、兒童文學、報導文學和劇本等，也很僥倖
地獲得了幾個文學獎的鼓勵[1]。二〇〇七年考進玄奘大學宗教研究
所就讀，重入校園，重拾書本，已不是為前程打拼的年輕學子，
筆者有自己的人生目標，想研究原始佛教，深入了解佛陀最初所
傳的法。在開始斟酌論文題目那段時間，有一天靜坐（筆者靜坐
近二十年）中竟有了一個嶄新的題目，閃過腦際的靈感指引著筆
者去研究豐子愷的《護生畫集》，於是論文撰寫計畫有了一百八
十度的轉變。追隨靈感而決心撰寫《護生畫集》後，再次展讀二
十年前的藏書，心情自是不同，因為此時筆者素食已十多年，而
以「慈悲心」和「護生戒殺」為主題的《護生畫集》，更加深獲
我心。

　　選定《護生畫集》作為碩士論文的研究題目，不是偶然的，
而是因緣的成熟所致。這二十年多來，筆者所撰寫的報導文學作
品大多為森林、環境綠化和水土保持等生態和環保議題，為了這
些報導筆者走遍台灣的山坡地和森林，走向水和土的世界，上山
下鄉地做田野調查，付出時間與汗水，為大地仗義直言，而大地
回饋給筆者的更多，這些作品也在文壇上得到肯定[2]。而豐子愷《護

---

1 林少雯，創作散文、小說、報導文學、兒童文學、劇本等。曾獲中山文
　藝獎、中央日報文學獎、中國文藝散文獎章、聯合報環保文學獎、台灣
　省文學獎、省新聞處短篇小說獎等，出版作品五十多種，經常入選「好
　書大家讀」及新聞局、新聞處「優良讀物」。
2 林少雯有關水土保持的報導文學作品被作家古蒙仁形容為：「是一首慷慨
　激昂的交響詩，有陽光、有汗水，更有一股百折不撓的勇氣與意志。人
　與大自然的抗爭和搏鬥，永遠是文學上取之不盡，用之不絕的素材。」（古
　蒙仁序，〈拓荒者的足跡〉，林少雯，《拓荒者》，台北，淑馨出版社，1991
　年）古蒙仁還說：「就體裁上來說面面俱到，我覺得有接近史詩的味道…」
　高信疆先生則說：「這是最富正面象微意義的報導，有如大時代的縱切
　面，也是臺灣四十年來經驗的縮影。作者用點描的演算法，聲東擊西地
　鋪寫出大時代的紀錄…」（中央日報，〈報導文學決審記錄〉，1990 年 3 月

生畫集》中的生態觀念，正可以延續筆者對生態保育的關注。而且，更非偶然的是，筆者在一九九四年出版《大頑童劉興欽的故事》（林少雯著，業強出版社）一書，內容寫的是漫畫大師和發明大王劉興欽（1934-）小時候的頑皮故事。目前在台灣中年以上的人小時候都讀過劉興欽繪作的《阿三哥和大嬸婆》《丁老師》《機器人》…等膾炙人口的漫畫故事書。筆者於二○○七年開始再次與劉興欽大師合作，為他的一百七十幅民俗畫作撰寫文字，總字數超過二十萬字。而在二○○七年十一月，將其中四十幅畫作和文字，交由聯經出版社發行《台灣舊俗圖集》一冊。所以筆者早在一九九四年即與漫畫家結緣，而這位台灣家喻戶曉的漫畫大師早期的漫畫和近幾年改寫國畫之後，所繪作的彩色水墨民俗畫，其內容不出二次大戰前後，尤其是日本人統治台灣時期的社會現況。內容及風格與豐子愷大不相同，但兩位大師都是對當時社會發生影響並值得研究的人物。所以研究豐子愷的《護生畫集》，也給自己往後的寫作之路開啟一個新的方向，如繼續深入了解和就《護生畫集》做面面觀的研究，或是對劉興欽大師的作品作學術方面的探討。總的來說，以《護生畫集》為研究題目，

17-18 日，18 版）齊邦媛教授亦說：「主題深入，選擇正確，並且籍由文章將四十年來美麗島的滄桑具體而含蓄的表現出來，是一篇非常合理的報導。另外，作者的文筆活潑，藝術性強，文中提到的八七水災，宜蘭冬山河等，也都有寓含文獻保存的價值。」詩人瘂弦也說：「具有專業知識，散文寫得很漂亮，言語清朗、敍說有趣，讀起來很輕快。換言之，能夠將泥砂問題用散文表現得如此好，並不是很容易。」作家心岱則說：「在環境保育和自然生態中，歷來較少人去碰觸土壤這個主題，土壤的牽涉面較廣，我以為能夠寫出這樣的作品來，作者的專業知識必然相當豐富，探討的過程也會有波折。在臺灣，相對於環保、生態，研究土壤的學者較少，資料不多，所以，讀到這篇報導，令我有種震撼的感覺。」（聯合報，〈山河、土地、人－環保文學獎決審會議記錄〉，1993 年 5 月 8 日，35 版）。

的確不是偶然的，除了該作是與筆者意氣相投的文學藝術的精品
之外，更牽引了筆者與生態議題及漫畫的再次結緣。

豐子愷先生是散文家、藝術家也是中國近代漫畫家，他所繪
作的六冊《護生畫集》，共收錄四百五十幅漫畫，每幅畫中都題
有詩和文。這六集圖畫書是成人及親子共讀的漫畫書。漫畫內容
均與護生、戒殺、放生、愛惜自然、與自然和諧相處及自然生態
有關，每篇圖畫及詩文都充滿了童心和佛心，溫馨感人。

《護生畫集》中蘊涵最深刻的是哲理和佛理，以仁民愛物、
民胞物與、天人合一、慈悲和護生為主，其內容的藝術意境包括
了儒、釋、道三家的哲學思維以及詩、文、書、畫等藝術形式。
畫集在當時廣為流傳，是佛教界、文藝界知名人士合作的藝術精
品。

馬一浮[3]先生在《護生畫集》第一集的序中說：「假善巧而寄
其惻怛，將馮茲慈力消彼獷心，可謂緣起無礙以畫說法者矣！」[4]
序中還提及：「故知生則知畫矣，知畫則知心矣，知護心則知護
生矣！吾願讀是畫者善護其心。」[5]可見《護生畫集》的創作是為
了「以畫說法」，所說的法即「護生」。

豐子愷在《護生畫集》第三集的序中說：「『護生者，護心
也。』……詳言之：護生是護自己的心，並不是護動植物。再詳
言之，殘殺動植物這種舉動，足以養成人的殘忍心，而把這殘忍

---

3 馬一浮，名浮，字一浮，號湛翁、蠲叟、蠲戲老人，浙江紹興人。中國
　現代學者、詩人、書法家。早歲遊歷美日諸國，通習英、法、德、日、
　拉丁語文，在中國現代文化史上被定位為新儒學的代表人物之一。
4 馬一浮序，豐子愷，《護生畫集》第一集，台北，純文學出版社，民 79
　年，頁 3。
5 馬一浮序，豐子愷，《護生畫集》第一集，頁 4。

心移用於同類的人。故護生實在是為人生，不是為動植物。」[6]廣洽法師（1900-1994）在第六集序中說：「弘一法師曾言『此畫集為通俗之藝術品，應以優美柔和之情調，令閱者生起淒涼悲憫之感想，乃可不失藝術之價值。』又曰：『發願流布護生畫集，蓋以藝術做方便，人道主義為宗趣』。由此可見，護生畫集自發端即為大師悉力以赴之文字般若。又自謂係其書寫最後之紀念。其悲心無量、德澤無邊而其尊師重道之精誠，更為近世所罕觀。」[7]

　　每次展讀《護生畫集》，均為其內涵精神、特殊的漫畫筆法、感人的詩文所感動。在不八股、不說理、淺白易懂而又具有深意的《護生畫集》圖文中，除了可以理解到深入淺出的佛理、儒家和道家思想及護生觀之外，其詩、文、書、畫，以及對成人、兒童所展現的不同意涵和藝術境界，亦頗令人尋思，值得深入研究。

　　在人類大肆破壞自然環境，造成生態浩劫的現代；在普遍道德淪喪，人心不古的現實社會，看到《護生畫集》中的圖文，令人深省。而豐子愷生在新舊思潮交替的時代，其所傳遞的傳統護生思想和看待萬物的觀念，在今日看來仍然先進且適用，故更值得深入探討。

二、研究目的

　　中國的傳統書畫，除了藝術表現之外，還蘊涵深刻的哲理。豐子愷具有中國傳統文化素養，他所繪作的《護生畫集》在當時是一種創新，除了保有中國傳統藝術中的深厚哲理，還有儒、釋、道三家的哲學思維、護生、赤子之心、慈悲、生態、保育等思想。他為什麼要創作護生畫？為何以漫畫方式表現？詩畫中充滿何種

---

6 豐子愷序，豐子愷，《護生畫集》第三集，頁4。
7 廣洽法師序，豐子愷，《護生畫集》第六集，頁3-4。

佛理、哲理、天人合一與護生思想？他的恩師弘一法師[8]
（1880-1942）以書法、音樂和佛法接引眾生，身為弟子的豐子愷
在其薰陶下，結合自己在藝文創作、書畫專長、佛教徒的慈悲心、
藝術家的敏銳、現代觀和童心，傳承恩師佛教的入世精神，以其
平實自然的文風及畫風，擺脫傳統佛教勸善書籍的形式，以人人
都可以接受的漫畫，讓讀者在輕鬆閱讀下，收到潛移默化的效果
而種下善根，這種接引眾生的方式，與弘一法師是一脈相傳的。
護生、戒殺、愛惜自然、悲憫眾生，可以讓人心柔軟、慈愛、消
除暴戾之氣；由此觀之，從童心和佛心出發，到慈悲，到眾生平
等、到珍惜自然資源、重視生態保育，到天人合一思想，是相輔
相成的，也是相互詮釋的，值得深入探討。

　　現代社會人與人的疏離感日增，尊師重道之觀念，也日漸式
微。豐子愷與恩師相約創作護生畫圖文六集，而在第二集出版後
不久，弘一法師即示寂，但豐子愷秉持對恩師的一片誠敬之心，
盡心竭慮於極度困難中創作護生畫不輟，終能在長達四十六年
（1927-1973）間完成，其對恩師的赤誠與尊敬，以及繪畫作品創
作期間之長，實屬少見。其尊師重道的中國傳統美德以及護生畫
所要傳達的慈悲和護心的觀念，都如廣洽法師在第六集的序中所
說：「維護人生之趨向於和平安寧之大道，糾正其偏向於惡性之
發展及暴力恣意之縱橫也。是故護生畫集以藝術而作提倡人道之
方便，在今日時代，益覺其需要與迫切。雖曰爝火微光，然亦足
以照千年之暗室，呼聲綿邈，冀可喚回人類甦醒之覺性。」[9]這是

8　俗名李叔同，中國早期劇場活動家和藝術教育家。擅長書畫篆刻，工詩
　　詞，為中國南山律宗第十一代祖師，致力於律典的整理，寫出《四分律
　　比丘戒相表記》、《南山律在家備覽略篇》等佛學著作。
9　廣洽法師序，豐子愷，《護生畫集》第六集，頁7。

廣洽法師的願望，亦是筆者研究《護生畫集》之目的所在。

第二節　相關研究成果

　　關於豐子愷的研究，早期都是以其生平或是其散文和藝術作品的評論、賞析為多。學者開始對豐子愷作有系統的學術研究，以香港作家盧瑋鑾（筆名明川、小思，香港大學中文系教授）和陳星（杭州師範大學弘一法師・豐子愷研究中心主任）兩位學者為開端。陳星在《豐子愷漫畫研究》[10]一書中說：畢克官、豐一吟、豐陳寶、明川、潘文彥等都有許多頗見功力的成果。這其中他認為畢克官是最有資格和有能力轉寫豐子愷漫畫研究論著的漫畫理論家。[11]

　　茲將兩岸三地研究豐子愷作品的學術論文，依研究主題加以分類，再依據碩博士論文、專書、期刊論文按年份條列如下：

一、佛教思想

1. 蔡琇瑩，《佛心與文心 —— 豐子愷生命風貌之探究》，<u>台灣高雄師範大學</u>，碩士論文，2003 年。
2. 藍連櫕，《豐子愷藝文創作與近代佛教轉型之研究》，<u>台灣花蓮教育大學</u>，碩士論文，2007 年。
3. 李雅雯，《近代護生戒殺思想之發展與實踐》，台灣師範大學，碩士論文，2007 年。
4. 魏鵑，《慧眼佛心體悟人生與藝術 —— 從佛學影響對照許地山

---

10 陳星，《豐子愷漫畫研究》，杭州，西泠印社，2004 年，頁 2。
11 陳星，《豐子愷漫畫研究》，序文，序文，頁 2。

與豐子愷》，山東大學，碩士論文，2008年。

二、散　文

（一）碩士論文

1. 石曉楓，《豐子愷散文研究》，台灣國立師範大學，碩士論文，1994年。
2. 孫中峰，《豐子愷散文析論》，台灣暨南國際大學，碩士論文，1999年。
3. 陳艷玲，《豐子愷散文綜論》，廣西師範大學，碩士論文，2001年。
4. 馬志蓉，《豐子愷散文護生思想之研究》，台灣華梵大學，碩士論文，2001年。
5. 向諍，《豐子愷文藝觀研究》，南京師範大學，碩士論文，2002年。
6. 張勝璋，《現代居士藝術家的散文藝術世界-論豐子愷散文與佛教文化》，福建師範大學，碩士論文，2003年。
7. 施宜馨，《豐子愷散文及教學研究》，台灣高雄師範大學，碩士論文，2004年。
8. 張俐雯，《豐子愷及其散文研究》，台灣東吳大學，博士論文，2006年。
9. 李慧芬，《豐子愷隨筆研究》，台灣彰化師範大學，碩士論文，2006年。
10. 林進桃，《人生邊上的靜思 —— 論豐子愷散文的邊緣化寫作》，廣西師範大學，碩士論文，2006年。
11. 孫瑾，《佛光隱隱現童心，童心拳拳映佛理 —— 論豐子愷散文

佛學思想和兒童崇拜情結的相互融通》，浙江大學，碩士論文，2007 年。

12. 周貴榮，《一粒沙裡看世界，半瓣花上說人情 —— 從豐子愷的散文創作觀照其人生哲學》，湖南師範大學，碩士論文，2007 年。

13. 胡媛媛，《豐子愷散文中的漫畫思維》，華中師範大學，碩士論文，2007 年。

14. 姚磊，《論豐子愷散文中的人生境界》，蘇州大學，碩士論文，2008 年。

15. 朱曉江，《現代性視野下的豐子愷散文研究》，浙江大學，碩士論文，2008 年。

16. 董少校，《沖淡：豐子愷散文詩學》，上海交通大學，碩士論文，2008 年。

（二）專 書

1. 明川，《緣緣堂集外遺文》，香港，問學社，1979 年。

（三）期刊論文

1. 徐型，〈論豐子愷散文對繪畫藝術的借鑒〉，《廣西師範大學學報》，1992 年第 1 期。

三、漫 畫

（一）博士論文

1. 張斌，《豐子愷繪畫中的詩意》，中央美術學院，博士論文，2005 年。

（二）碩士論文

1.邱士珍，《豐子愷繪畫藝術之研究》，台灣屏東師範學院，碩士論文，2003 年。

2.黃蘭燕，《豐子愷文人抒情漫畫研究 —— 以 1937 年畫作為例》，台灣中央大學，碩士論文，2003 年。

3.丁利芳，《從〈人散后〉探豐子愷早期的古詩詞漫畫》，南京師範大學，碩士論文，2008 年。

4.李玉生，《詩意關懷下的歷史之思 —— 豐子愷漫畫的歷史性解讀》，東北師範大學，碩士論文，2008 年。

5.吳莎莎，《豐子愷文人漫畫詩趣研究》，西南大學，碩士論文，2008 年。

6.林曦，《中國畫創作中的「漫畫」趣味 —— 以二十世紀上半葉豐子愷和葉淺予創作思想為中心》，中央美術學院，碩士論文，2008。

（三）專　書

1.明川，《人間的情懷 —— 豐子愷漫畫選繹》台北，書林出版公司，1991 年。

2.明川，《豐子愷漫畫選繹》，香港，三聯書店，1992 年。

3.陳星，《豐子愷漫畫研究》，杭州，西泠印社，2004 年。

4.何莫邪著，張斌譯，《豐子愷 —— 一個有菩薩心腸的現實主義者》，濟南，山東畫報出版社，2005 年。

（四）期刊論文

1.豐一吟、陳星，〈豐子愷的漫畫創作〉，《美術研究》，1985

年第 3 期。

2.孔耘，〈竹久夢二 ── 豐子愷漫畫藝術的階梯〉，《杭州師範學院學報》，社會科學版，1996 年第 2 期。

3.畢克官，〈《子愷漫畫》與七道士的畫〉，《桐鄉文藝》，浙江省桐鄉市文學藝術界聯合會，市文化館，1998 年 10 月版。

4.豐陳寶，〈我所知道的父親漫畫中人物的原型〉，《桐鄉文藝》，浙江省桐鄉市文學藝術界聯合會，市文化館，1998 年 10 月版。

5.葉瑜蓀，〈豐子愷《古詩新畫》鑒賞指要〉，《上海中國畫院通訊》，1998 年 11 月第 4 期。

6.陳星，〈簡論豐子愷的漫畫〉，《上海中國畫院通訊》1998 年 11 月第 4 期。

7.君羊，〈論《子愷漫畫》〉，《上海中國畫院通訊》，1998 年 11 月第 4 期。

8.豐一吟編，〈《豐子愷漫畫全集》的體會〉，《上海中國畫院通訊》，1998 年 11 月第 4 期。

9.豐陳寶，〈《子愷漫畫》第一稿與第二稿的比較〉，《上海中國畫院通訊》，1998 年 11 月第 4 期。

10.朱琦，〈簡之至者縟之至 ── 豐子愷漫畫意境成因試析〉，《美術觀察》，1998 年第 12 期。

11.君羊，〈再論《子愷漫畫》〉，《鎮江師專學報》，1998 年第 4 期。

12.陶繼紅，〈豐子愷與他的漫畫藝術〉，《收藏家》，1999 年第 4 期。

13.畢克官，〈李叔同和豐子愷：中國現代木刻版畫的先行者〉，《尋根》，2001 年 3 月號。

14.陳星，〈關於豐子愷的木刻漫畫〉，《杭州師範學院學報》，

2004 年第 1 期。

四、藝　術

（一）碩士論文

1.彭英，《豐子愷與兒童藝術》，湖南師範大學，碩士論文，2003 年。

2.張靜靜，《豐子愷的「人生藝術化」理論研究》，浙江師範大學，碩士論文，2004 年。

3.鄧友女，《豐子愷藝術比較論研究》，中國藝術研究院，碩士論文，2005 年。

4.王偉，《豐子愷藝術審美理論初探》，首都師範大學，碩士論文，2005 年。

（二）專　書

1.陳星，《豐子愷的藝術世界》，高雄，佛光出版社，1993 年。

2.朱曉江，《有情世界 —— 豐子愷藝術思想解讀世界》，太原，北岳文藝出版社，2006 年。

（三）期刊論文

1.于文傑，〈東渡日本與豐子愷藝術精神之形成〉，《徐州師範大學學報》，哲學社會科學版，1995 年第 3 期。

2.朱琦，〈曲高和眾雅俗共賞 —— 豐子愷的藝術觀及其漫畫特徵〉，《文藝研究》，1998 年第 4 期。

3.成立，〈豐子愷的藝術理論與漫畫創作〉，《杭州師範學院學報》，社會科學版，2000 年第 4 期。

五、美學及美術思想教育

（一）博士論文

1.王文新，《豐子愷美術教育思想研究》，南京藝術學院，博士論文，2008 年。

（二）碩士論文

1.曹金玲，《走向審美的人生》，湖南師範大學，碩士論文，2006年。

2.李樹玲，《豐子愷藝術美學思想探究》，廣西師範大學，碩士論文，2007 年。

3.王嘉，《豐子愷美學思想研究論評》，東北師範大學，碩士論文，2007 年。

4.黃賢春，《自我超越：在調和有限與無限的矛盾中求得生存的永恒意義 —— 對豐子愷美育內在精神的哲學思考》，貴州大學，碩士論文，2007 年。

（三）期刊論文

1.鄧牛頓，〈豐子愷美學思想初探〉，《上海大學學報》，1984年創刊號。

2.杜衛，〈試論豐子愷的美學思想〉，《浙江師範學院學報》，1984 年第 3 期。

3.陳星，〈豐子愷繪畫美學思想管窺〉，《集美師專學報》，1985年第 3 期。

4.陳星，〈豐子愷繪畫美學思想淺探〉，《造型藝術美學》第一

輯，浙江美術學院出版社 1987 年 5 月。

六、兒　童

1 黃怡雯，《豐子愷散文中的兒童主題研究》，台灣中興大學，碩士論文，2004 年。

七、其　他

（一）碩士論文

1.劉剛，《仁風道骨佛性童心 —— 論中國傳統文化對豐子愷的影響》，青島大學，碩士論文，2004 年。
2.常海，《試論豐子愷的文化選擇》，吉林大學，碩士論文，2008 年。
3.龔旭萍，《中國 20 世紀前葉書籍設計的審美形態研究》，中國美術學院，碩士論文，2008 年。

（二）專　書

1.陳星、潘文彥等，《豐子愷論》，杭州，西冷印社，2000 年 2 月。
2.陳星，《藝術人生 —— 走近大師豐子愷》，杭州，杭州，西冷印社，2005 年。
3.畢克官等，《論豐子愷》，香港，天馬出版公司，2005 年。
4.陳星，《豐子愷研究學術筆記》，西安，西安，太白文藝出版社，2007。
5.陳星，《豐子愷研究史料拾遺補論》，北京，團結出版社，2009，年。

（三）期刊論文

1.向諍，〈近六年來豐子愷研究述評〉，《文教資料》，2001年第 3 輯。

八、護生畫集

（一）碩士論文

1.王亞因，《《護生畫集》創作價值研究》上海大學，碩士論文，2008 年。

　　此論文是從《護生畫集》創作緣起和 1949 年前後的作品來認識《護生畫集》的創作過程；從生命禮贊、戒殺與護生、萬物有靈和童心之夢等方面來認識《護生畫集》的創作題材；從 49 年前和後兩個階段來認識《護生畫集》的美育思想；從繪畫風格和書法風格兩方面認識《護生畫集》在體裁方面的風格；從藝術符號的傳統特色、對文人畫傳統的繼承和革新、筆記小說的影響、明清戲曲小說插圖和《芥子園畫譜》影響及道教和民間俗神的影響等幾個方面來認識《護生畫集》的藝術價值；從 49 年前和後的創作影響來認識《護生畫集》的創作意義。

（二）專　書

1.陳星，《功德圓滿 —— 護生畫集創作史話》，台北，業強出版社，1994 年。

　　此書內容為針對《護生畫集》的創作歷程所做的有系統的整理，並對參與創作有關人物作概要的介紹。

（三）期刊論文

1.王振鈺、王豔，〈《護生畫集》中的佛教生態倫理思想〉（上、
　下），《香港佛教月刊》，581、582 期 2008 年 11、12 月。
　　此論文從《護生畫集》所體現佛教深信因果、厚植善因；慈
悲為懷、護生護心；惜福佈施、素食簡樸；依正不二，淨心淨土
等基本思想，論述構建生態環境倫理思想、實現人與自然的和諧
相處的宗教倫理資源。

2.王振鈺，〈《護生畫集》中的儒家生態倫理思想〉，《華北電
　力大學學報》社會科學版，2006 年第 02 期，頁 93-95。
　　此文敘述畫集中所體現的民胞物與、和樂自然、天地好生、
時為之禁等儒家思想對於今天生態環境倫理的構建，建設人與自
然和諧相處的社會仍然是契理契機、不可或缺的宗教倫理資源。

3.王振鈺，〈《護生畫集》中的儒家生態智慧〉，《安徽師範大
　學學報》人文社會科學版，2006 年第 05 期，頁 564-568。
　　此文論述生態倫理學主要有人道主義和自然主義兩條路徑。
《護生畫集》以藝術作方便，人道主義為宗趣，圖文並茂的闡釋
了天地好生、節用時禁，民胞物與、和樂自然等傳統儒學的生態
智慧，從而構建了以「護生護心」為主旨的中國近代「人道主義」
護生平台。《護生畫集》創作的成功不僅有效的實現了傳統倫理
資源的近代理性轉型，也開創了中國生態倫理建設的人道主義路
徑。

4.朱曉江,〈豐子愷《護生畫集》儒家藝術思想辨說〉,《浙江社會科學》,2006 年第 05 期。頁 184-187、192。

此文闡述抗戰時期豐子愷對《護生畫集》創作主旨所作的解釋,主要是在儒家「同情說」的思想體系內進行的。此思想是在佛家惜物護生的思想啟迪下產生的。豐子愷以儒家「親親而仁民」的思想,來方便地說明真正的佛的境界,要求在佛教思想中樹立起嚴整的道德意識,從而使人能夠「屏除私利」,「仁民而愛物」。應是豐子愷用儒家思想對佛教思想所作的一種修正,而突顯的儒家思想義理。

5.王振鈺,〈《護生畫集》的創作理路及其現代啟示〉,《五臺山研究》,2008 年第 01 期,頁 4-9。

此文論述《護生畫集》作為開啟近代生態倫理思潮,並從人道主義的高度有機的融合了中國佛教的慈悲戒殺思想和儒家時禁好生之德,使其成為構建當代生態文明可資利用的道德資源。而其中契理契機的進行視角轉換的創作理路,內在的彰顯了中國未來生態倫理建設的可能走向。

以上兩岸三地的學術論文(尚有許多未列入),大多從豐子愷的佛心、散文、兒童文學、童心、繪畫、藝術理論、美學、美術教育、漫畫、前葉書籍設計、散文中的護生思想、生平史料等各個層面加以研究。另外美國、挪威、澳大利亞、法國、日本等亦有學者研究豐子愷的童話、漫畫、美術思想等,其中日本町田市立國際版畫美術館館長青木茂教授所撰《子愷畫集》,文中有提到弘一法師和豐子愷的關係以及《護生畫集》,收於作者《舊

刊案內》一書。[12]

綜觀國內外對豐子愷作品的研究已愈來愈多，但在《護生畫集》上著墨甚少，成書的為一篇六十多頁的學位論文、《護生畫集》的創作史話及期刊上數篇單篇作品，缺乏全面性的探討。這也是筆者特別以《護生畫集》為研究主題並對其內容作全面性探討的原因。

第三節　研究範圍、方法與論文架構

本論文以《護生畫集》內容為探討方向。

一、研究範圍

豐子愷的著作豐富，有散文、青少年文學、兒童文學、譯作、音樂理論、藝術理論、美術教學、繪畫、漫畫等作品，本文探討的是豐子愷所繪著的漫畫中六冊《護生畫集》（本論文中所引用圖文皆為純文學出版社民國七十九年版本，此版本民國七十年初版，七十九年再版。全套版以台灣純文學出版社版本影響較大）[13]；將畫集中的圖文分門別類，再擷取一部分圖文加以分析及詮釋，解讀其中有關戒殺護生等儒、釋、道三家的哲學思維、童心、生活、文學情境、生態保育和繪畫風格等。

本論文以兩岸研究豐子愷的中文資料，包括學位論文、專書、期刊論文等，以及與本文主題相關的中文書籍為研究資料。論文

---

12 陳星，《豐子愷漫畫研究》，杭州，西泠印社，2004 年，頁 172-175。
13 陳星，《護生畫集》出版前言，
　　http://www.fjdh.com/zhuanti/hongyi/08hshj/08hshj.htm 佛教導航。

中因探討中國傳統儒、釋、道思想，故將應用漢譯佛教經典、道教經典、古籍、相關中文著述、論文等作為參考和補充資料。

二、研究方法

養成教育對個人的創作影響至深，是形成創作者文學和藝術風格的源頭活水。豐子愷是作家也是藝術家，研究其作品前必須從其個人生長學習和及時代背景著手，本論文將以下列方法進行探討：

（一）歷史研究法：從豐子愷出生的時代背景，了解其所處的時代大環境，以及其於此環境中的成長與學習。

（二）文獻分析法：探討、分析和歸納整理相關文獻中有關《護生畫集》創作因緣、外在表現形式、意蘊內涵、繪畫風格技巧等等。

故而寫作本文必須收集與豐子愷生長和生活時代的相關書籍、豐子愷交往的情況、豐子愷個人的作品、歷來對豐子愷作品研究的文獻和歷史資料等等，加以整理、分析、歸納、從中去發現並理出筆者所要研究的議題，尤其是有關《護生畫集》的創作因緣、背景、經過、版本等外在表現形式。而在《護生畫集》內涵的研究上，本論文擬就《護生畫集》內容中的文學意境；中國傳統儒家和道家思維；佛教義理如護生、戒殺、眾生平等、無緣大慈、同體大悲、緣起等觀念；傳統儒家、道家、道教及佛教的生態觀、對動物的態度等去分析，理解、印證豐子愷的護生思想。

三、論文架構

本文擬就豐子愷創作《護生畫集》的因緣始末、類型、歷史等外在表現形式以及內涵意義作分析探討，內容共分為六章。第

一章為緒論，包括研究動機、研究目的、研究範圍、研究方法、現代研究成果等。第二章為豐子愷的成長與創作歷程，包括其成長與學習背景、與恩師弘一法師的交往、《護生畫集》的創作因緣、出版、內容來源。第三章為《護生畫集》的思想與意境，包括《護生畫集》的文學情境、佛學義理（護生、戒殺、慈悲、眾生平等、佛教生態觀、緣起、禪心禪趣）、儒、道思維等。第四章為《護生畫集》的童心童趣，內容包括親子教育、童玩嬉戲、沈痛的幽默等。第五章為《護生畫集》的藝術情境，包括《護生畫集》的創作理念、傳播形式、繪畫風格、技巧等。第六章為結論，綜合上述所有論點做一總結，並闡述《護生畫集》流布的的意義及啟發。

第二章 《護生畫集》的創作歷程

第一節　豐子愷的成長與學習背景

　　豐子愷生長於五四（1919）文學革命、抗日、國共之爭以及文革等動亂的時代；在動盪的社會環境裡，他教書、寫作、繪畫。人們從他的教學中，見到的是盡心盡力；從他的字裡行間讀到的是泰然自若；從他的繪畫中體會到的是他的謙恭慈悲，這樣一位處於亂世的文藝界中文采斐然的人物，用他慣有的沉穩、溫柔和修持，遍灑慈悲以及惜物護生的種子，更顯出他的一枝獨秀。

　　豐子愷，是一位多才多藝的文人，他集畫家、文學家、美術家及音樂教育家於一身。他在文藝理論、音樂教育、翻譯和書法等領域裡，也有耀眼的成績。特別是他的漫畫、插圖、封面設計、兒童文學以及散文隨筆，都享譽文藝界。他清新、美妙、涵富人生哲理的散文和漫畫，如《緣緣堂隨筆》、《緣緣堂再筆》及《子愷畫集》、《護生畫集》等都是膾炙人口且家喻戶曉的作品。

豐子愷像

豐子愷一八九八年生於浙江省崇德縣（今桐鄉市）石門灣，祖上開設豐同裕染坊，豐子愷為豐家第七個小孩，小名慈玉，上有六位姊姊，下有一妹二弟，二弟皆早夭。父親豐鐄，長於詩文，是中國史上最後一年及第的舉人（1902 年，光緒八年），因丁母憂無法上京會考，仕途無望，因而在家設立私塾教學。豐子愷五歲起，即由父親啟蒙教授《三字經》、《千家詩》等，學名豐潤。八歲時，父親因肺疾病故，享年四十二歲。此後由母親茹苦含莘

地撫養，並在女性圍繞的環境中成長。九歲時豐子愷入另一所私塾就讀。讀《幼學瓊林》、《論語》、《孟子》等。十二歲進石門灣溪西小學（縣立第三高等小學）。入學後，改名豐仁。[1]

豐子愷自小即展現出對繪畫的興趣，同儕皆稱他為小畫家。他常以薄紙覆蓋在中國傳統書籍的插畫上描繪著色。十三歲時，他描繪傳統木刻版畫已有相當技術。他描繪過的有《千家詩》的插圖和中國畫著名的《芥子園畫譜》人物分冊。他也著迷於捏製民間傳說人物的小泥塑，如羅漢、孫悟空、白蛇精等。他對傳統裝飾的花燈也有極大的興趣。

豐鐄去世後，豐家的經濟陷入困境。由於經濟因素，十五歲那年豐子愷與大他兩歲的富家千金徐力民訂親。一九一四年豐子愷十七歲，考進杭州第一師範學校就讀。該校在當時是著名學府，魯迅（1881-1936）、馬敘倫（1885-1970）、李叔同、夏丏尊

（1886-1946）、單不廠（1878-1930）等名師都在該校任教。李叔同像嚴父般加強了豐子愷在音樂和繪畫上的養分和興趣；夏丏尊像慈母般在生活和文學上給了豐子愷極大的教導和啟發；這兩位大師不但使他學畫、學音樂、學文，還成就為一位畫家和散文大家。而單不廠為原名豐潤的這位有著豐富藝術心靈且擅長音樂和繪畫的學生，取了一個後來令他聞名於世的名字－豐子愷。[2]

　　李叔同曾經留日，學西洋繪畫和西洋音樂，與豐子愷自小描繪的傳統畫大不相同。這也給了豐子愷另一個面向的學習，更豐富了他的繪畫和音樂內涵。學校畢業前，豐子愷與徐力民女士結婚。一九一九年自學校畢業後，他與劉質平、吳夢非創立上海專科師範學校，並在該校任教，還擔任教務主任，並創辦了中國第一個美術團體「中華美育會」，創刊出版《美育》月刊。不久，他追隨弘一法師的腳步，於一九二一年去日本遊學。他所籌得的盤纏只夠他在日本停留十個月。但是這短短的十個月時間，他學西洋畫、日文、英文、小提琴、參觀展覽、聽音樂會、訪圖書館、遊名勝古蹟、鑽舊書攤、跑銀座夜攤，盡可能的學習和了解日本文化的概況。

　　豐子愷在日本讀了許多英、日文的文學書籍，在這段期間他受夏目漱石（1867-1916）的影響很深。夏目漱石的現實主義打破舊的框架，反應現代問題；其人道主義對人的價值、尊重、憐憫和同情，以及追求超然出世的人生態度，都打動了豐子愷，其瀟

---

2 何莫邪著，張斌譯，《豐子愷 —— 一個有菩薩心腸的現實主義者》，濟南，
　　山東畫報出版社，2005 年，頁 1-7。

灑自如的寫作風格也是豐子愷所嚮往的。在日本的期間雖短，但是豐子愷像海綿般吸足了養分，他往後翻譯的三十多部外國藝術理論和文學作品，內容涉及各個文化藝術門類，而其中有三分之一是從日本文藝理論和作品中譯介過來的。他回國後翻譯和編寫了許多日本音樂理論的書，為普及西洋音樂作出了很大的貢獻。[3]

豐子愷在日本的最大收穫是在一個舊書攤無意間讀到的一本《夢二畫集，春之卷》，他為畫集裡用毛筆簡單數筆勾勒的圖畫所吸引。這新穎別致的畫，雖只有寥寥數筆，但造形上的美感和如詩般的意境感動了他。他開始研究作者竹久夢二（1884-1934）的作品。竹久夢二是日本著名漫畫家，他的畫極具特色，其構圖是西洋的，其畫趣是東洋的。其形體是西洋的，其筆法是東洋的。且畫中詩趣豐富，所探求的深沈而嚴肅的人生滋味，使讀者對人生有所體悟並充滿遐想。豐子愷認為那簡直就是「無聲之詩」。其簡潔的表現技法，堅勁流利的筆致，變化而又穩妥的構圖，和立意新奇、筆法雅秀的題字，讓豐子愷著迷而開始模仿其畫法。豐子愷在消化吸收竹久夢二的畫作和情境後，融入自己的文人特質和中國傳統文化學養，並將這種簡筆畫發揚光大，自成一家，成就了獨樹一格的「子愷畫派」。[4]

回國後豐子愷便在上海、浙江及重慶等地從事美術及音樂教育工作。他在白馬湖畔的春暉中學任教時，以古詩詞、兒童及現實社會中的眾生相為題材，勾勒出一幅幅漫畫，從一九四二年起

3　陳星，《豐子愷新傳 ── 清空藝海》，太原市，北岳文藝出版社，1998 年，頁 1-47。
4　陳星，《新月如水 ── 豐子愷師友交往實錄》，北京市，中華書局，2006年，頁 170-176

陸續發表于於報刊。抗日期間，豐子愷避難桂林，任教於桂林師範，後又轉往廣西宜山浙江大學任教，並隨校遷到貴州遵義。一九四二年，他到重慶任國立藝術專科學校教授。不久豐子愷辭去教職，專心於為繪畫和譯著。一九二七年起他開始創作《護生畫集》歷時四十六年，在完成《護生畫集》第五集的第二年即一九六六年，豐子愷六十九歲時，「文化大革命」開始，他遭受無情的批鬥，還下鄉勞動，在精神和肉體雙重折磨下，仍偷偷創作不輟，並提前繪作完成《護生畫集》第六集。

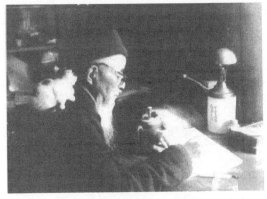

豐子愷於一九七五年九月十五日逝世；他一生雖淡泊名利，但卻因為是一位文藝界和教育界的知名人士，因而也擔任上海市文史館館務委員、中國美術家常務理事、上海市政協委員、上海外文協會理事、上海中國畫院首任院長、中國人民對外文化協會上海分會副會長、上海美術家協會主席、上海市文聯副主席……等職。

　　一九七八年他獲得平反。一九七九年六月他的骨灰被安放在上海烈士陵園革命幹部骨灰室。[5]該年十月《護生畫集》第六集在香港出版[6]。

5　陳星，《豐子愷漫畫研究》，杭州，西泠印社，2004 年，頁 201。
6　《護生畫集》1-6 集同時於 1979 年 10 月由香港時代圖書公司出版。

第二節　豐子愷與弘一法師

　　豐子愷是弘一法師的得意門生。弘一法師俗名李叔同，未出家前在浙江省立第一師範學校教音樂和美術。一九一四年，十七歲的豐子愷考進該校，成為李叔同的學生。李叔同在豐子愷心目中是一位既溫和而又嚴厲的先生，學生們個個對他又怕又愛。怕的是李叔同的威嚴，愛的是李叔同的人格。豐子愷在學習音樂和繪畫中，學出了趣味，這兩項功課深深影響了他，他的天分也使他在鋼琴、畫畫和篆刻上成為校內的佼佼者；尤其是繪畫，更是技高一籌。有一次李叔同叫住了他，並告訴他說：「你的畫進步得很快，我在南京（高等師範）和杭州兩處教課，沒見過像你這樣進步快速的人。你以後可以…」[7]受到自己最敬愛的老師讚美和鼓勵，從此豐子愷就放棄了原先想研究古文、外文或理化的心願，而努力朝繪畫這條藝術之路走下去。

　　李叔同的人格和個人魅力征服了豐子愷。豐子愷在「李叔同先生的教育精神」一文中寫道：

> 李叔同先生的教育精神是認真的、嚴肅的、獻身的……做一樣，像一樣。少年時做公子，像個翩翩公子。中年時做名士，像個風流名士；做話劇，像個演員；學油畫，像個美術家；學鋼琴，像個音樂家；辦報紙，像個編者；當教員，像個老師；做和尚，像個高僧……李先生一做教師，就把洋裝脫下，換了一身布衣：灰色布長衫，黑布馬褂，

---

7 陳星，《豐子愷新傳》，太原市，北岳文藝出版社，1998 年，頁 19-20。

金邊眼鏡換了鋼絲邊眼鏡。對學生態度常是和藹可親，從來不罵人。學生犯了過失，他當時不說，過後特地叫這學生到房間來，和顏悅色，低聲下氣地開導他，態度的謙虛與鄭重，使學生非感動不可。」[8]

夏丏尊先生曾說李先生當教師，是有後光的。像佛菩薩那樣有後光，怎不教人崇敬呢！而豐子愷的崇敬他，更甚於他人。可見李叔同在豐子愷心目中的地位。

李叔同愛惜豐子愷，還特別教他日文，訓練他閱讀從日本得來的西洋藝術理論方面的知識。師徒二人如此的相知相惜，真情感人。這種師生之誼，持續了一輩子。

一位好的、能影響後世的藝術家，必有一顆不同於一般人的心靈。李叔同是豐子愷的心靈導師。在思想、情操和藝術修養各方面，都深受李叔同的薰陶。豐子愷在「李叔同先生的文藝觀」一文中說：他的案頭卻總放著一冊明代劉宗周著關於古代賢人嘉言懿行的書──《人譜》，並且還在封面上寫著「身體力行」四個字，每個字旁邊又加上一個紅圈。李叔同常告訴豐子愷首重人格修養，次重文藝技術，並舉書中「士先器識而後文藝」之句，告誡豐子愷要做一個好的文藝家，必先做一個好人。他認為一個好的文藝家若沒有「器識」，無論技藝何等精通熟練，亦不足道。他還告誡豐子愷：應使文藝以人傳，不可人以文藝傳。師長的教誨，為豐子愷開了一扇明窗，讓他終生奉行。李叔同出家時，將這本案頭書《人譜》贈送給豐子愷，可見他對豐子愷的期許。李叔同出家後師徒二人時相往來，一九一九年豐子愷畢業離校，與友人劉質平、吳夢非創辦上海專科師範學校並擔任教職，一九二

---

8 豐子愷，《豐子愷文選》第四集，台北，洪範書店，民 71 年，頁 173-174。

一年去日本遊學十個月,回國後展開他的教職和創作生涯,並與六年不見的弘一法師見面。第二年即一九二六年秋天,弘一法師在行腳中都曾在豐子愷家中小住過;一九二七年弘一法師來上海,在豐子愷家中住了一個月之久;師徒二人朝夕相處,深受弘一法師薰陶的豐子愷也於當年皈依佛門,成為在家居士,弘一法師即是他的見證師,並為他取法號「嬰行」。[9]

在這次的相聚中,師徒二人相談繪製和出版護生畫事。此後豐子愷為履行師囑,展開他這一生中最長的創作記錄,用四十六年的時間繪製《護生畫集》共六冊,圓了弘一法師以藝術作方便,以人道主義為宗趣的文字般若,也圓了自己以畫說法,長養大眾慈悲心的共同心願。這一諾千金的尊師重道情誼,除了他對恩師的孺慕之情,更是他受恩師人格和悲心所感召的;而信守諾言不畏艱難險阻則是豐子愷自己高尚人格所展現的芬芳。

《護生畫集》的成就和影響,是弘一法師和門生豐子愷共同為世人留下的珍貴美好禮物。

第三節　豐子愷與《護生畫集》

一、《護生畫集》的創作與出版

《護生畫集》的創作和出版,是弘一法師「以畫說法」的大願,而此構想之產生,實由於受印光大師之影響所致。高明芳在〈豐子愷與《護生畫集》的編繪〉一文中說:

> 弘一法師素來崇仰印光大師,曾經三次致書陳情,希望列

---

9 陳星,《白馬湖畔話弘一》,台北,東大圖書,2002 年,頁 57-66。

入門下弟子。他在致友人的信函中，也每提及「於當代善知識中，最服膺者，惟印光大師。」並說印光大師「為當世第一高僧，品格高潔嚴屬，為余所最服膺者。」

1920 年代初，那時距離第一次世界大戰（1914-1918）才數年的光景，而中國境內從日本占領山東半島、軍閥混戰，繼之北伐，戰爭的烽火就未停息過。印光大師便於此時倡導戒殺放生，祈願增長社會上仁愛的風氣。弘一法師從江灣返回溫州後，便以書信和豐子愷商討編繪事宜。[10]

由於印光大師提倡戒殺吃素的的因緣，促成弘一法師和豐子愷師徒二人發願繪作《護生畫集》，而展開長達四十六年的創作。

豐子愷的女兒豐一吟女士，在其著作《我的父親豐子愷》一書中寫道：「如果撇開豐子愷的佛教思想來談他的一生，就不可能如實地反映出他的世界觀。音樂美術啟蒙老師李叔同的出家，對這位學生的思想產生了深遠的影響。應該說，佛教思想貫穿了豐子愷的一生，尤其是在皈依為三寶弟子後。《護生畫集》可以說是豐子愷的佛教思想的代表作。」[11]

佛教的放生思想從小就影響著豐子愷，豐一吟說：「豐子愷從小受到他父母親不殺生的影響。在故鄉時，每年到放生節，母親總是買了許多螺螄和烏龜去河裏放生，惇德堂老屋的天井裏也經常養著許多烏龜。幼小的慈玉看在眼裏，印象是很深刻的。長大後，由於受弘一法師影響，放生護生的念頭更是與日俱增，於是萌發了勸世護生的念頭。」[12]豐一吟這些簡短的字句中，已勾

---

10 高明芳，〈豐子愷與《護生畫集》的編繪〉，《國史館學術集刊》第十三期，民 96 年 9 月，頁 214。

11 豐一吟，《我的父親豐子愷》，北京市，團結出版社，2007 年，頁 156。

12 豐一吟，《我的父親豐子愷》，北京市，團結出版社，2007 年，頁 156。

勒出豐子愷長大後皈依佛門以及繪作《護生畫集》的契機。

豐一吟還說:「一九二八年,豐子愷與弘一法師合作《護生畫集》(初集),共五十對字畫。由豐子愷作畫,弘一法師親手寫詩,一詩一畫相對照。豐子愷以此畫冊恭祝弘一法師五十歲生日。卷首由馬一浮親書序言長達5頁。」[13]

護生畫的創作緣起於一九二七年。那年秋天,弘一法師雲遊至上海,與豐子愷討論編繪《護生畫集》的計畫。豐子愷在《護生畫集》第三集序中說:「弘一法師與我同住上海居士林,合作護生畫初集,共五十幅。我作畫,法師寫詩。」

《護生畫集》的繪製和出版,始於豐子愷為弘一法師五十歲祝壽而起,經師徒二人討論而產生。一九二九年《護生畫集》第一集出版時,豐子愷三十二歲,弘一法師五十歲,豐子愷繪護生畫五十幅為大師五十歲生日祝壽。畫集中的護生詩,其中十七首引用古德詩,三十三首由弘一法師自作,並親自書寫。

豐一吟在回憶父親創作《護生畫集》的經過時說:

> 當時,弘一法師住在溫州,與豐子愷魚雁往返,對每頁畫稿,均細加審視,然後考慮恰切之題字。字的大小及所占地位,必求其與畫幅相稱,互相調和。甚至對裝訂、封面,

---

13 同上註。

也要仔細關照，一絲不苟。在一九二八年農曆八月二十一日（西曆 10 月 4 日）致豐子愷及畫集策劃者李圓淨居士的長達五頁的信中，弘一法師這樣諄諄囑咐：『案此畫集為通俗之藝術品。應以優美柔和之情調，令閱者生起淒涼悲憫之感想，乃可不失藝術之價值。若紙上充滿殘酷之氣，而標題更用開棺懸梁示眾等粗暴之文字，則令閱者起厭惡不快之感，似有未可。更就感動人心而論，則優美之作品，似較殘酷之作品感人較深。因殘酷之作品，僅能令人受一時猛烈之刺激。若優美之作品，則能耐人尋味，如食橄欖然。』……繼而又說：『依以上所述之意見，朽人將此畫集重為編訂……殘酷之作品，雖亦選入三四幅，然為數不多，雜入中間，亦無大礙。就全體觀之，似較舊編者稍近優美。……』一九二八年底，弘一法師為《護生畫初集》事，專程來上海商量定稿，於一九二九年二月由上海開明書店、佛學書局等出版發行。一九三三年八月出英譯本，由黃茂林等英譯。[14]

第一集完成後，弘一法師囑咐豐子愷每隔十年繪製續集。豐子愷在《護生畫集》第三集序中說：「法師六十歲時（1939 年）住福建泉州，我避寇居廣西宜山。我作護生畫續集，共六十幅，由宜山寄到泉州去請法師書寫。」[15]這是師徒二人第二次的合作。此時已相隔十年，豐子愷依約於弘一法師六十歲時，繪護生畫六十幅，出版《護生畫集》第二集。第二集六十首詩中，三十二首為豐子愷所作，其餘為古人作品，由弘一法師親筆書寫。不過弘一法師在第二集出版後不久，於一九四二年，六十三歲時於福建

14 豐一吟，《我的父親豐子愷》，北京市，團結出版社，2007 年，頁 157。
15 豐子愷，《護生畫集》第三集，台北，純文學出版社，民 79 年，頁 1。

泉州示寂，無法親眼目睹往後四集的出版。

　　第二集的內容與第一集已全然不同，豐子愷聽進了恩師的諄諄教誨，加上在戰火的洗禮中，已然了解驚慌奔走之苦，也深深體會身為動物之一的人類，瀕臨死亡時的驚恐心情，因而對其他有情識的動物被抓拿及被屠殺時的情緒反應也能感同身受，故第二集畫冊中，充滿了惜物、護生、祥和、慈愛之氣，可以說處處顯現鳥語花香，讓讀者看到一沙一世界，一花一菩提，有情無情同源種智的智慧之光。

　　《護生畫集》第三集的七十首題詩中，豐子愷以「緣緣堂主」的署名自已創作二十二首護生詩，其餘皆選自古人的作品，由葉恭綽（1881－1968）先生書寫。豐子愷在序中提到在繪製第二集護生畫時，與弘一法師書信往返，他說：「法師從泉州來信云：「朽人七十歲時，請仁者作護生畫第三集，共七十幅；八十歲時，做第四集，共八十幅；九十歲時，作第五集，共九十幅；百歲時，作第六集，共百幅。護生畫功德於此圓滿。」[16]

　　師長的囑咐，豐子愷定當要完成。但他在序中寫道：「那時寇勢兇惡，我流亡逃命，生死難卜，受法師這偉大的囑咐，惶恐異常。心念即在承平之世，而法師住世百年，畫第六集時我應當是八十二歲。我豈敢希望這樣的長壽呢？我覆信說「世壽所許，定當遵囑。」[17]

　　護生畫第三集尚未繪製，弘一法師已不在人世，而且正值對日抗戰期間，烽火四起，豐子愷過著顛沛流離的艱苦生活。他從宜山逃到貴州遵義，再逃到四川重慶。弘一法師示寂後三年，日本戰敗投降，豐子愷回到故鄉杭州。一九四九年春，豐子愷遊閩

16　豐子愷，《護生畫集》第三集，台北，純文學出版社，民 79 年，頁 1。
17　豐子愷，《護生畫集》第三集，台北，純文學出版社，民 79 年，頁 1。

南，赴泉州清涼山謁弘一法師示寂處。泉州有一位居士拿出一封信來給他看，那封信是當年豐子愷寄給弘一法師，而法師送給這位居士留存的。豐子愷展閱信件赫然見到自己親筆所寫的「世壽所許，定當遵囑」幾個字。那年正是法師七十歲之年。豐子愷從沒忘記與恩師的約定，於是離開泉州來到廈門，就在當地租了一間屋子（一月十四日，豐子愷在廈門賃居古城西路四十三號二樓）[18]，閉門三個月，畫成護生畫第三集，共七十幅。大師七十歲冥壽時，第三集順利出版。

　　《護生畫集》第四集於一九六一年在新加坡出版，是由豐子愷寄交廣洽法師籌募款項付印的。第四集的八十篇題句，絕大部分取材於古籍所載的故事，由朱幼蘭（1909-1990）書寫。廣洽法師（1900-1994）在該集的序中說：「一九四八年秋余返廈門，適值子愷居士客居古城西路一高樓上，為弘一法師七十冥壽作護生畫第三集。期間時相過從。不久畫成，子愷居士攜稿返上海付印，臨別告余曰：十年後當再作第四集八十幅，深恐人生無常，世事多磨，今後當隨時選材，預先作畫，絡續寄奉，乞代保存，並加督促。余應其請。歲月如流，匆匆已歷十年。且喜彼此無恙，而檢點畫幅，恰滿八十。此真所謂勝願必遂，有志竟成者。函請朱幼蘭居士書寫詩文，以十方善信喜捨淨財，刊印此護生畫第四集，敬祝，弘一法師八十冥壽。」[19]

　　豐子愷在後記中亦說：「廣洽法師將予歷年陸續寫寄之護生畫八十幅在星洲付印，以祝弘一法師八十冥壽。此乃予之宿願，

18　陳星，《護生畫集》出版前言，
　　http://www.fjdh.com/zhuanti/hongyi/08hshj/08hshj.htm 佛教導航。
　　（2009.10.20）。
19　豐子愷，《護生畫集》第四集，台北，純文學出版社，民 79 年，頁 1。

人事粟六，遷延未償；今得法師代為玉成，殊感欣慰。」[20]

　　第五集於一九六五年九月由新加坡薝葡院出版，其中的題句，有四十四首是豐子愷自己創作的的護生詩，其署名多半以一九六〇年代初期他所翻譯的日本古典長篇小說《源氏物語》中的人物名字。

　　當時抗日戰爭已結束，外患雖掃，內亂卻不斷，國共之爭及接下來的文化大革命，文人慘遭清算，豐子愷也難倖免。

　　第三集出版之後的二十年間，雖然環境惡劣，生活亦苦不堪言，但豐子愷並沒有放棄護生畫的繪製，畫好的圖稿，無法出版，他就寄往新加坡薝葡院廣洽法師處，由法師籌款為之印製第四和第五集。第五集出版後，豐子愷考慮弘一法師百歲冥壽時，他自己年事已高，若還在世也已經八十二歲，不知自己是否能享此高壽，由於擔心無法完成繪製百幅護生畫的心願，於是提前作畫，並由朱幼蘭題詞。文革是中國文化大浩劫，在破四舊的口號下，豐子愷被列為上海市十大重點批鬥對象，他的護生畫當然也被列為「反動書刊」。此時要續作護生畫第六集，處境險惡，但他仍堅持要使護生畫功德圓滿。

　　豐子愷繪作護生畫第六集是在極其保密的情況下進行的。由於通信不方便，就連廣洽法師也不知實情。廣洽法師在《護生畫集》第六冊序言中就說：「從此數年之後，往來音問，若斷若續，似有不能言之隱衷……。」[21]

　　豐一吟回憶父親的《護生畫集》時說：豐子愷因從一九三八到一九七三年，經歷了抗戰的烽火和「文革」的浩劫，鬱悒致癌，於一九七五年去世。如按常規，護生畫集第六集應于一九七九年

---

20 同上註，頁 161。
21 豐子愷，《護生畫集》第六集，台北，純文學出版社，民 79 年，頁 6。

畫成，次年出版。然而豐子愷似乎預感到自己世壽無多，竟於一九七三年（提早 6 年！）毅然決然地策劃此事。[22]

　　文革期間豐子愷偷偷繪作《護生畫集》第六集，豐一吟回憶說：

> 自一九六六年所謂「文化大革命」開始以來，連街上也貼出了批判豐子愷的大字報，《護生畫集》當然更是重點批判的內容。在此四面楚歌之際，豐子愷臨危不懼，矢志實踐對先師許下的諾言，要使六集護生畫功德圓滿。動亂中，有關書籍遭受損失，缺乏畫材。其時，以弟子自稱的朱幼蘭居士仍暗中頻頻來訪。豐子愷與他談及此事，朱幼蘭是一位虔誠的佛教徒，敢冒風險代為搜集資料。他在舊書中找到一冊《動物鑒》送去，豐子愷甚為滿意。於是開始了這意義深長的創作。白天隨時可能有「造反派」光臨，不便作畫，便在清晨早起，悄悄地伏案工作。一百幅畫很快就完成。他對來訪的朱幼蘭說：「作這冊護生畫集，是擔著很大的風險的。為報師恩，為踐前約，也就顧不得許多了！」又說：「這一冊的題詞，本來想再麻煩你。因為風險太大了，還是等來日再說吧。」朱幼蘭聽了這話，十分感動。想到豐先生替別人的安全擔心，卻不考慮自己的安全，於是他自告奮勇說：「我是佛門弟子，為宏法利生，也願擔此風險，樂於題詞。」豐子愷見他如此至誠，便將題詞的重任委託於他。就這樣，在洗劫期間，竟奇跡般的暗中完成了《護生畫六集》的一百幅字畫！[23]

　　待弘一法師百歲冥壽《護生畫集》第六集問世時，豐子愷已

---

22 豐一吟，《我的父親豐子愷》，北京市，團結出版社，2007 年，頁 160。
23 同上註，頁 161。

於前四年即一九七五年辭世，享年七十八歲。他的先見讓他如願完成護生畫的繪製，雖無法見到第六集的出版，卻心願已了，沒有遺憾。[24]

第六集的出版，尚有一段故事要敘述。子敏[25]先生說豐子愷完成第六集護生畫的繪製後，並沒有像第四和第五集那樣寄給新加坡的廣洽法師。廣洽法師後來能取得遺稿，是因為他在一九七九年時前來上海祭弔老友，才發現這份遺稿，而攜回新加坡，於一九八○年出版。[26]

護生畫第六集於一九七三年完成後，豐子愷自知不久于人世，便托朱幼蘭保管。一九七五年九月十五日，豐子愷與世長辭，終於未能見到六集護生畫出齊。「文革」結束後，廣洽法師于一九七八年秋再度赴滬。他十分關心第六集的情況。當他從朱幼蘭那裏瞭解到實情後，內心十分感動。廣洽法師在《方外知音何處尋》一文裏說：「不受環境的挫折而停頓，不受病魔的侵患而退餒，以護生則護心，永遠保持這顆赤裸裸對待人的良心善念，生死以之，義無反顧。」於是他在離開上海時，即將原稿帶走，隨後募款將第一至第六冊於一九七九年十月同時由香港時代圖書有限公司出版，護生畫於此功德圓滿。（六冊護生畫原稿後由廣洽

---

24 林海音，〈護生畫集的印製緣起〉，《弘一法師與豐子愷》，台北，純文學出版社，民 79 年，頁 3-5。

25 子敏，本名林良，生於民國 13 年，福建省同安縣人。曾任國語日報主編、編譯主任、出版部經理、社長，為中華兒童文學學會第一屆理事長，現任國語日報社董事長，也是著名語文教育、兒童文學創作及散文寫作家。作品包括《小太陽》、《和諧人生》、《小方舟》、《鄉情》、《現代爸爸》、《爸爸的十六封信》、《彩虹街》等。

26 子敏，〈豐子愷的故事〉，《弘一法師與豐子愷》，台北，純文學出版社，民 79 年，頁 12。

法師于一九八五年九月捐給浙江博物館收藏）[27]

　　廣洽法師在第六集序中寫道：「因感江山依舊，知音寥落，而一代華夏之文星，竟被陰霾之掩沒，幾至顛沛溝壑，不禁悲從中來，潸然淚下！蓋居士處此逆境突襲之期間，仍秉其剛毅之意志、真摯之感情，為報師恩，為踐宿約，默默的籌火中宵，雞鳴早起，孜孜不息選擇題材，悄悄繪就此百幅護生遺作的精品，以待機緣；不幸於一九七五年九月十五日賫志以終，享壽七十有八，余展閱遺稿，百感交集，什襲珍藏，親攜飛返來星，以籌出版也。」[28]

　　夏丏尊先生在《護生畫集》第二集的序言裡提到：「弘一和尚五十歲時，子愷繪護生畫五十幅，和尚親為題詞五十篇，結集出版後流通，即所謂護生畫集是也。今歲和尚六十之年，斯世正殺機熾盛，弱肉強食，閻浮提大半輪入劫火，子愷於顛沛流離之中，依前例續繪護生畫六十幅為壽，和尚仍為書寫題詞，使流通人間，名曰續護生畫集。」[29]《護生畫集》第一集與第二集是由弘一法師和豐子愷聯合創作的，弘一法師親題詩文，由豐子愷作畫，師徒二人合作無間，在當時創下佳話。弘一法師示寂後，其後的四集護生畫，詩文的部份由當時文人雅士共同完成的。廣洽法師在第六集的序中言：「護生畫集之得能繼續出版，每次皆獲良師益友異苔同岑之協助，且多為當代中國文學藝術界知名之士，就余所知者如馬一浮、葉恭綽、夏丏尊、李圓淨諸先生及朱幼蘭居士等，皆樂為之分勞奔走，以竟其成。」可見《護生畫集》除了為弘一法師及豐子愷師徒的共同創作外，其序文、題詩文、後記等，都是當時名士之作，可以說是當代文化名人及書法名家

27 豐一吟，《我的父親豐子愷》，北京市，團結出版社，2007 年，頁 162。
28 豐子愷，《護生畫集》第六集，台北，純文學出版社，民 79 年，頁 1-2。
29 夏丏尊序，豐子愷，《護生畫集》第二集，頁 1。

共襄盛舉而共同創作完成的。

　　由以上的敘述中，可見護生畫的出版經歷了長時間的創作，共計四十六年，這期間時局和豐子愷個人的生活及遭遇也一波三折，備極艱困，但最後終能完成六冊畫集的創作和出版。

　　以下整理《護生畫集》初次出版的年代：

表一：《護生畫集》各集初次出版年代

集　數	出　版　地	出　版　社	出　版　年
第一集	上　海	開明書店出版	1929 年 2 月
第二集	上　海	開明書店出版	1940 年 11 月
第三集	上　海	大法輪書局出版	1949 年 6 月
第四集	新加坡	薔蔔院出版	1962 年
第五集	新加坡	薔蔔院出版	1965 年 9 月
第一至六集	香　港	時代圖書公司出版	1979 年 10 月

　　以上所列為《護生畫集》各集第一次出版情況，畫集流布以後版本很多（包括各種選本），全套本以臺灣純文學出版社的版本影響較大。深圳的海天出版社現在出版的是中國大陸第一部完整的《護生畫集》共六冊，且補齊了被港臺版本遺漏的若干原版本的序跋文，稱得上是一部相當完備的版本了[30]。目前台灣可見的選本亦多，佛教、愛護動物團體及素食業者有各種選本出版，為結緣的善書。

　　《護生畫集》第一、二集出版以後，引起熱烈迴響，在佛教界更是大肆流傳，諸如大中書局、大法輪書局、大雄書店、佛學

30　陳星，《護生畫集》出版前言，
　　http://www.fjdh.com/zhuanti/hongyi/08hshj/08hshj.htm 佛教導航。

書局等佛教出版機構皆相繼印行。其成就實已超越弘一法師的期望，大師的文字般若也如願達到感動和教化人心的目的。據統計，僅《護生畫集》第一冊就有十五種版本之多。其中有的註明出版者，有的沒有註明。而就印數而言，每種版本每次印刷，少則一千五百冊，多則五千冊，這些數字相加，護生畫流布之廣可想而知。這樣的發行量在當時的出版界是很少見的。此外，還有幾種英譯本問世，如中國保護動物會於一九三三年八月初版的，由黃茂林翻譯的英譯本，首次印數也達一千五百冊。[31]

　　豐一吟在《我的父親豐子愷》一書中亦說：自從護生畫一至六集於一九七九年十月由薝蔔院全套出版後，全世界紛紛翻印重版。其印數之多，無法計算。因閱此書而改為吃素者，不乏其人。其影響之大，可想而知。趙樸初居士高度評價《護生畫集》，稱此畫集為「近代佛教藝術的佳構」，並建議上海佛教居士林為豐子愷設功德位。[32]

二、《護生畫集》的表現形式

　　護生畫第一、二集中的詩文，是弘一法師親自作詩及書寫的，對於作詩，弘一法師對自己下了評語，他說：「朽人已十數年未嘗作詩。至於白話詩，向不能做，今勉強為之。初作時，稍覺吃力。以後即妙思泉湧，信手揮寫，即可成就。其中頗有可觀之作，是誠佛菩薩慈力冥加，匪可思議者矣。」[33]可見法師為了引導俗世之人有機會種善根，其用心良苦，他自嘲畫集中的詩文不登大雅之堂，但是也由於詩文的淺顯易懂，畫集之流布才能無遠弗屆。

---

31 同上註。
32 豐一吟，《我的父親豐子愷》，北京市，團結出版社，2007 年，頁 157。
33 林子青編，《弘一法師書信》，北京，三聯出版社，頁 197。

　　弘一法師在一九二八年九月十二日給豐子愷寫信時提到:「今此畫集編輯之宗旨,前已與李居士陳說。第一,專為新派知識階級之人(高小畢業以上之程度)閱覽。至他種人,只能隨分獲其少益。第二,專為不信佛法,不喜閱佛書之人閱覽。(現在戒殺放生之書出版甚多,彼有善根者,久已能閱其書,而奉行惟謹。不必需此畫集也。)近來戒殺之書雖多,但適於以上兩種人之閱讀者,則殊為希有。故此畫集,不得不編印行世。能使閱者愛慕其畫法嶄新,研玩不釋手,自然能於戒殺放生之事,種植善根也。」[34]大師原為藝術家,深知藝術作品之影響人心。豐子愷的畫風獨特,為當時人們所喜愛研玩。大師是名人,加上豐子愷的高知名度,師徒兩人的合作,果然創下佳績,讓護生畫廣為流傳,也實現了以藝術作方便,人道主義為宗趣的理想。

　　《護生畫集》共出版六集,其流布,始自一九二九年。每集均相距十年。第二集出版時,夏丏尊先生在序言中言提到:「第一集與第二集相距十年,子愷作風,漸近自然,和尚亦人書俱老。至其內容旨趣,前後更大有不同。」[35]由此敘述中,可見十年時光,豐子愷的人生歷練和思維已大不相同。夏丏尊先生在序言中亦提到:「初集取境,多有令人怵目驚心不忍卒覩者。續集則一掃悽慘罪過之場面。所表現者,皆萬物自得之趣與彼我之感應同情,閱卷詩趣盎然,幾使閱者不信此乃勸善之書。」[36]「蓋初集乃著眼於斥妄即戒殺,續集多著眼於顯正即護生。戒殺與護生,乃一善行之兩面。戒殺是方便,護生始為究竟也。」[37]從其敘述

34 林子青編,《弘一法師書信》,北京,三聯出版社,頁83-84。
35 夏丏尊序,豐子愷,《護生畫集》第二集序,頁1-2。
36 同上註。
37 同上註。

中，可見豐子愷在第一集出版後的十年間，在思想上有巨大的改變，護生畫第一集的內容，有許多殺生和虐待動物的場面，如「今日與明朝」、「訣別之音」、「倘使羊識字」、「示眾」、「修羅」、「喜慶的代價」、「劊子手」、「屍林」、「開棺」…等等篇章，都血淋淋的，確如夏丏尊先生所說的令人怵目驚心不忍卒覩。但是第二集的內容則大不相同，大都是人與動物之愛、人與自然和諧相處、動物與動物之間的愛、放生等，讀來趣味盎然，如沐春風。如夏丏尊先生所說，第二集是以顯正即護生的觀念，將讀者帶入「愛」的境界中。以簡單的漫畫和題詞，闡述戒殺、護生、愛物、惻隱之心、友愛、平等和慈悲；那種無緣大慈，同體大悲的愛，讀來讓人心生愉悅與感動。護生畫第二集的特色，是按照弘一法師的意見繪作的。在編第一集時，法師對第二集已有構想，「擬多用優美柔和之作，及合於護生正面之意者。至殘酷之作，依此次之刪遺者，酌選三四幅足矣，無需再多畫也。」[38]

　　《護生畫集》第三集的內容，大多是讚頌動物、欣賞動物以及人與動物互動中的生活情趣。護生畫第四集的內容，在畫集後記中豐子愷寫道：「該集所刊，絕大部分取材於古籍記載。其中雖有若干則近似玄祕，然古來人類愛護生靈之心，歷歷可見，請勿拘泥其事實可也。子愷於校閱稿樣之夜，夢見千禽百獸，拜舞於前。近證生死之事，感人最深。普勸世人，勿貪口腹之慾而妄行殺戮，則弘一法師、廣洽法師、捨財諸信善及書畫作者之本願也」[39]。而第五集則是取材自古人名言以及豐子愷本人的感想。至於第六集的繪作，已值文革時期，豐子愷被扣上「反動學術權威」、「反革命黑畫家」、「反共老手」、「漏網大右派」的帽

---

38 林子青編，《弘一法師書信》，北京，三聯出版社，2007 年，頁 206。
39 豐子愷，《護生畫集》第四集，台北，純文學出版社，民 79 年，頁 161。

子，成了上海市文藝界十大重點批鬥對象、大字報、逼供、抄家、關牛棚、下鄉勞動、遊街使他受盡折磨，卻始終不忘對恩師的承諾。第六集是在如此艱難的情況下於一九七三年提前繪作完成的。

　　古今中外的漫畫家，大都以諷世為主題而作畫，諷刺時事、政治人物、社會現象、知名人氏……等等。但是豐子愷與眾不同，他是一位充滿悲心的佛教徒和儒者，他以「生活」為主要場景，以「市井小民」為主角，畫出生活中的種種美和情趣。他是一位社會觀察家，當然也看到政府和社會上所發生的醜陋事，但是他不以「斥罵」表達，而以「感慨」為顯[40]，將醜態隱藏於漫畫深處，有識之士看了漫畫自然能懂得他的想法，並生出感同身受的心。

　　綜上所述，弘一法師與豐子愷師徒二人，在《護生畫集》的合作上，都為彼此的文學和藝術生命加分，他們在文學、繪畫、書法、詩詞及佛學思想上，相互融合並表現在《護生畫集》的內容上，彼此相得益彰，但是他們卻各自有其文學、藝術的領域和生命力。這方面，弘一法師是弘一法師，豐子愷是豐子愷，他們二位在當時都是文化界名人，但是豐子愷的成名，非來自弘一法師。在還未繪作《護生畫集》前，豐子愷已是一位家喻戶曉的散文家、畫家和音樂及藝術方面的教育家。

　　弘一法師和豐子愷及諸位文化名流所合作的《護生畫集》共六冊，茲將每冊的畫材來源、護生詩詞、詩詞創作者、書寫者等，以圖表整理如下：

40　子敏，《弘一法師與豐子愷》，台北，純文學出版社，民79年，頁10。

表二：《護生畫集》題材及詩詞來源[41]

集　數	畫　材	護生詩詞	題　詩　及　故　事　出　處	書　寫
第一集	豐子愷自行選材	弘一法師作三十三首，引用古詩十七首	蘇軾、白居易、杜甫、黃庭堅、周思仁、耐菴道人、陶周望、葉唐夫、回道人、彭際清、顧雲禪師、慧道人、弘一法師…	弘一法師
第二集	豐子愷自行選材	豐子愷作三十二首，引用古詩二十八首	白居易、韓愈、孔子家語、人譜、隨園詩話、智顗、丘為、杜荀、陳繼儒、陸甫皇、翁卷、范大成、即仁、嬰行、學童、東園、韓非子、王仁欲、豐子愷以多種筆名…	弘一法師
第三集	豐子愷自行選材	豐子愷作二十二首，引用古詩四十八首	蘇軾、白居易、陸游、歐陽修、辛稼軒、王昌齡、曹植等、寒山子、彭紹升、趙孟頫、方孝儒、陸龜蒙、司空圖、王淑、葉茵、王惲、周思仁、范大成、詞慣禪師、壽光禪師、蓮舟上人、錢陳群、寒山子、緣緣堂主、齊東野語…	葉恭綽
第四集	豐子愷自行選材	選自古籍	朱熹、俞曲園筆記、虞初新志、梅溪叢話、閱微草堂筆記、齊東野語、說苑、五總志、松濤館筆記…	朱幼蘭
第五集	豐子愷自行選材	豐子愷作四十四首，引用古詩四十六首	聊齋誌異、開元天寶遺事、魏書、南史、朧月夜話、孟浩然、冷泉落葉、朱雀、明石、夕霧、藤壺、學童、玉鬘、冷泉、朧月夜、小君、光源、五節、夕霧、惟光、紅梅、阿闍梨、熏君、花散裏、桐壺、明石、軒端荻、雲居雁、夕顏、葵姬、秋好居士、朱雀、浮舟、落葉…	虞愚
第六集	朱幼蘭居士提供《動物鑒》	選自古籍	閱微草堂筆、聖師錄、警心錄、蜀志鄧芝傳注、兒歌、陶朱新錄、酌泉錄、新齋諧、勸世叢談、搜神記、明通紀、諸宮故事、同生錄、遼史、廣信府志、通鑑、孔子家語、職兮論、宋史、滇南雜志、湧幢小品、唐詩金粉、開元遺事、史記、內觀日疏、梁書處士傳、南史隱逸傳、異苑、吳至孫堅傳、茶餘客話、朝野僉載、江南餘載、談薈…	朱幼蘭

41 此表第三欄中護生詩詞的數目，參考高明芳，〈豐子愷與護生畫集的編繪〉，《國史館學術集刊》，13 期，民 96 年 9 月，頁 216-222。（2009.9.20）

　　豐一吟在《我的父親豐子愷》一書中作了一個統計，與上列稍有出入。她寫道：六冊《護生畫集》的文字，由豐子愷撰文者，第 2 集中共 21 篇或 27 篇（筆名「即仁」為弘公無疑；杜衡、東園所寫 6 篇，是誰的筆名，尚存疑），第 3 集中共 20 篇，第 5 集中共 44 篇（第 1、4、6 集中沒有他撰的文字）。總共 87 或 93 篇。所用筆名計有：子愷、嬰行、智顗、緣緣堂主（人）等。作第 5 集時，正當他譯日本古典長篇小說《源氏物語》時，故採用了《源氏物語》中 23 個主人公名為筆名：玉鬘、藤壺、冷泉、朧月夜、小君、光源、五節、夕霧、惟光、紅梅、阿闍梨、熏君、花散裏、桐壺、明石、軒端荻、雲居雁、夕顏、葵姬、秋好居士、朱雀、浮舟、落葉等等。

第三章 「護生畫集」的思想與意境

　　外來思想會衝擊傳統思想，這是毋庸置疑的，但是思想的改變也由於內在的需求。中國傳統哲學思想，從佛教傳入以後就開始產生變化，那是儒釋道三家思想的融合，其變化是緩慢而自然的。近代造成中國傳統哲學加速改變的有兩個重要因素，一是五四運動帶來的文體革新，改變了中國哲學的形貌，使文字符號脫離音樂性和藝術性，而特重其意義的顯示。一是西方哲學的吸收，為中國哲學引進新觀念、新方法、新問題，以及新的思考範疇。[1]

　　豐子愷生長的時代，五四之前歐洲思想已進入並影響中國，而五四之後社會主義逐漸興起，到一九三一年前達到最高點。接著抗戰帶來民族的自覺和民族主義思潮的澎拜，這樣一個社會動亂，思想混亂的時代，豐子愷所信仰的佛教也受大環境的影響而有所改變。民國以來政府提出廟產興學之議，章太炎提出「自護寺產，自辦學校」來因應；辛亥革命之後，長江下游軍人駐紮寺觀，鄉里豪強勒令僧人充軍和出資，也有豪奪寺產和砸毀佛像的情形，地方官吏和土豪劣紳勾結兼併廟產，僧眾為了寺產問題難以安心修道。民國初年佛教再次面臨廟產興學問題，全國佛教徒聯合起來奔走抗議，才得以保存。在此混亂的局面中，寺院為自保而興學之風盛行，叢林僧團制度已被破壞且變形，佛法義理不

---

1 韋政通，《中國思想傳統的現代反思》，台北市，桂冠圖書，1990 年，頁33。

再被重視，佛教在社會上的地位因而低落，太虛大師（1889-1947）因此提出革新佛教的主張。[2]弘一法師此時踏入空門以戒律為主要修持並振興律宗，成為一代高僧。豐子愷在弘一法師的薰陶和啟迪下，信佛、學佛並創作散文和繪作《護生畫集》，傳達悲天憫人的護生思想，雖然無法振興佛教，但是卻以文字及圖畫般若深入民心，遍灑慈悲和善根的種子，影響世人。

　　一九二七年豐子愷開始繪作《護生畫集》，那年他也在弘一法師的見證下皈依佛門，法號嬰行。被譽為「中國漫畫之父」的豐子愷，其漫畫創作始於一九一二年。當時豐子愷任教於浙江上虞白馬湖畔的春暉中學，與朱自清、夏丏尊、朱光潛、匡互生、俞平伯、葉聖陶、經亨頤、劉大白、劉薰宇、劉叔琴等文人雅士不但為同事，有些還於湖畔比鄰而居，課餘飲酒、談文、論詩、繪畫，集風雅於一時，形成文藝史上重要的「白馬湖風格作家群」。他們的風格樸實、清醇、雋永，各有不同的文采和風華。其中夏丏尊意象與情緒並重，讀其散文親切如與摯友談心；朱自清意在表現自己，風華從樸素中來。朱光潛以美學為底韻，說理清澈深刻。俞平伯自然適意，灑脫名士風。葉聖陶清新簡約，腳踏實地。經亨頤於此結下大好湖山詩畫緣，並詠白馬湖舊詩。劉大白於湖山夜色中詠白馬湖新詩。劉薰宇、劉叔琴、匡互生作品講求科學與人生。而豐子愷的散文瀟灑有餘音，人間情味多；其詩詞則具家常味和人間相，並以漫畫的獨特魅力征服讀者。[3]

　　湖光山色以及文人間的相互薰陶，加上好友和師長的鼓勵，

---

2 馬志蓉，《豐子愷散文護生思想之研究》，華梵大學東方人文思想研究所碩士論文，2001 年，頁 19-33。

3 張堂錡，《白馬湖作家群研究》，東吳大學中國文學研究所博士論文，1999年。

心思細膩、多情善感的豐子愷開始寫作散文和繪畫。他的畫作〈人散後 ── 一鉤新月天如水〉於一九四二年首次發表於朱自清和俞平伯等主編的文藝月刊《我們的七月》。之後，在鄭振鐸（1898－1958）[4]的賞識下，其繪畫作品陸續發表於《文學週報》上，並以「漫畫」專欄刊出。自此，中國才開始有「漫畫」之名稱。一九五二年豐子愷出版了第一本畫冊《子愷漫畫》，因廣受歡迎，從此豐子愷終其一生繪作不輟，共出版了五十餘種畫冊。其中流傳最廣也影響最為深遠的即是《護生畫集》。

　　《護生畫集》是以慈悲護生為主的單幅漫畫，每幅均配以題詩，圖文均簡潔易讀。其內容的文學表現包括了詩、文、書、畫以及儒、釋、道三家的哲學思維等幾種意境。本章就其文學情境、佛學義理、儒道思維及生態觀等各方面加以闡述。

第一節　《護生畫集》的文學情境

　　情，依名詞解，為人心理上發乎自然的狀態，也可說是一種意念，如情懷；亦作趣味解，如情趣 [5]；境，作疆界、地方、際

---

4 鄭振鐸，福建長樂人，曾參與五四運動，是文化界全才式的人物，既是文學家、評論家、文學史家、文獻學家，也是藝術史家、考古學家、藏書家。歷任中國中央人民政府文化部文物事業管理局局長，兼中國科學院考古研究所和文學研究所所長，1954 年任文化部副部長。一生編輯與著述作品甚豐，主要著作有《插圖本中國文學史》、《中國俗文學史》、《俄國文學史略》、《近百年古城古墓發掘史》、《中國歷史參考圖譜》。他曾任《小說月報》、《世界文庫》等刊物主編，並與耿濟之共同翻譯〈國際歌〉的歌詞，也是「漫畫」一詞的發明人。1958 年，他率團訪問阿富汗時，不幸因飛機失事罹難。

5 薛頌留主編，《辭典》，台北市，大中國圖書公司，民 79 年，頁 296。

遇、程度解[6]。依此解釋，文學情境可解說為：文學或藝術作品中的美和意趣，帶給人感情上的愉悅，讓人心靈上得到感動和提昇。《護生畫集》中許多漫畫和詩詞，涵富文學情境，令人讀來趣味盎然。

豐子愷處於一個思想上有巨大衝擊和變化的時代，鴉片戰爭和中國門戶洞開以及五四文學新思潮所帶來影響，在政治、經濟和文化上都讓中國起了重大的變化。白話文體給傳統文字和文學思維，注入了新的養分，新文學運動也因而風起雲湧。豐子愷在這一波新的文學風氣下，除了寫作和繪畫，亦從事日文、英文、俄文等文學作品及理論方面書籍的翻譯，還譯過佛教論著（《大乘起信論新譯》，日本湯次了榮著，豐子愷譯）。

《護生畫集》的繪作和題詩，是新潮且超越傳統的，但是其詩詞卻兼顧了傳統和現代的美。豐子愷用毛筆簡單勾勒的簡筆畫，畫面雖然看似簡單，但是含意深遠；與畫作搭配的詩詞，除了引用古詩或古籍中的作品之外，第一集非古詩部分是由弘一法師所創作的，其餘各集則為豐子愷所創作；文字皆為平易近人的白話詩或句子。其選繪的古詩詞或創作的文字，涵富文學情境，讓讀者感受到欣賞文學及藝術作品的美和心靈感動。

舉下列幾篇為例：

1.第一集，頁 55-56，「投宿」（圖 1）：

「夕日落江渚，炊煙起村墅。小鳥亦歸家，殷殷戀舊主。」
── 弘一詩並書寫。

此圖文中描繪的是夕陽西沉，逐漸落入江裡的小沙洲，村落中也已炊煙四起。在此傍晚時分，覓食的小鳥兒亦雙雙飛回窩巢。

---

6 同上註，頁 171。

圖1

牠們的巢就築在一戶人家的屋簷下；這巢還是去歲撫育幼鳥的窩，只因主人家慈悲和善，鳥兒依戀舊主，重回舊時巢穴。如此圖文，寫的是尋常百姓的生活，溫馨感人。文學取材於現實生活中，才能成為動人的作品。

2.第一集，頁59-60，〈松間的音樂隊〉（圖2）：

「家住夕陽江上村，一灣流水遶柴門。種來松樹高於屋，借與春禽養子孫。」── 明葉唐夫詩，弘一書。

此圖文中的家屋、竹籬、松樹、飛鳥，看似尋常，但卻含蘊深意，表現出環境的和諧、美好，林木受到愛惜和保護，樹上茂密的枝葉是野生動物的家。以現代眼光來詮釋，就是環

圖2

境綠化成功的結果，屋旁的樹上築有鳥巢，蘊涵著慈悲和護生的深意在其中。圖中有大地上的自然環境，有家屋的人為環境，有人及人的生活和生活態度，有人與自然的關係等，這些都是此畫

可以加以延伸的文學情境。[7]

3.第二集，頁3-4，「蝴蝶來儀」（圖3）：

「蝴蝶兒，約伴近窗飛，不為瓶中花有蜜，只緣聽讀護生詩，欲去又遲遲。」——杜蘅補題，弘一書。

此圖文描繪出悠閒的生活，茶餘飯後兩人臨窗展讀護生詩，輕聲細語地討論著。窗外松樹送來涼風，桌上的瓶花散發出陣陣幽香，吸引蝴蝶來儀，卻又偏偏解讀成蝴蝶是來聽讀護生詩

圖3

的。美好愉悅的情境中，人、蝴蝶、詩、松、瓶、花、桌、窗等都是主角。

4.第二集，頁7-8，「催喚山童為解圍」（圖4）：

「靜看簷蛛結網低，無端妨礙小蟲飛。蜻蜓倒掛蜂兒窘，催喚山童為解圍。」——宋范大成詩，弘一書。

此圖文描繪一位雅士，本自在悠閒地在院中品茗賞景，視野遼闊的遠山，令人心曠神

圖4

---

7 林少雯，〈極樂世界和人間天堂的寶樹〉，《中華佛教僧伽會第八屆佛學論文獎》，2009年，頁4。

怡。正遊目騁懷之際，忽見屋簷下的蛛絲網著了蜻蜓和蜜蜂兒，一時慈悲心起，想出手相救，怎奈蛛網高懸，伸手難及，於是疾呼山童取竹竿來為小生物解圍。惻隱之心人皆有之，於生活中自然生起，也是一種文學情境。

　　5.第二集，頁 9-10，「黃蜂何處知消息，便解尋香隔舍來」（圖 5）：

圖 5

「行遍江村未有梅，一華忽向暖枝開。黃蜂何處知消息，便解尋香隔舍來」──宋翁卷詩，弘一書。

　　此圖文描述的是春暖花開，舉目春意盎然，紅梅枝頭綻開，白日蜂蝶飛舞，夜來暗香

浮動，舒人胸懷。尋香，尋到的是生活的優閒和心境的平和；讓人不由聯想起唐朝無盡藏比丘尼的「悟道詩」：「終日尋春不見春，芒鞋踏遍嶺頭雲。歸來笑拈梅花嗅，春在枝頭已十分。」[8]的詩句。原來，驀然回首，不經意間，人融入自然中，與自然合一，體會綠樹紅花，燦爛繽紛，四季分明，清風明月，山川宏偉，在在扣人心弦，處處都有無情說法，顯現佛法的精髓，能靜心坐下來頃聽，在悟道詩句中，暗喻苦惱眾生，迷失本性，忘了自己本來面目，在貪瞋痴三毒的蠱惑下，只知追逐空泛的人間繁華，來填補空虛的心靈，而不懂得返璞歸真去尋回自己本具的佛性，以

---

8 文學藝術古詩詞欣賞，
　http://big5.zhengjian.org/articles/2003/12/25/25073.html，（2010.2.5）。

致無始以來總是在心外求法，而不知法就在自己心中。「尋香」詩裡的「梅」，和悟道詩中的「春」，字字句句都在提醒人們要看破苦、空、無常，不要執著，應隨緣自在的生活；有情眾生從一草一木或一沙一石中去體會佛法，親近佛法，讓智慧增長，生活就能更加自在無礙。[9]此圖文既是文學也富有佛學旨趣。

　　6.第二集，頁 13-14，「銜泥帶得落花歸」（圖 6）：

圖 6

　　「一年社日都忘了，忽見庭前燕子飛。禽鳥也知勤作室，銜泥帶得落花歸。」──清呂霜詩，弘一書。

　　圖文描繪的是尋常日子中的點點滴滴，家庭主婦在相夫、教子、家事等忙碌生活中，已忘了時序更迭，見到乳燕銜泥而歸重新修築去年舊巢，才驚覺春天已到。如此家常的一幅圖畫和文字，卻叫人生出莫名感動，這就是文學和繪畫的力量。

　　7.第二集，頁 31-32，「燕子飛來枕上」（圖 7）：

　　「燕子飛來枕上，不復見人畏避。只緣無惱害心，到處春風和氣」－學童補題，弘一書。

　　圖文中人與野生動物和諧相處，

圖 7

9 林少雯，〈極樂世界和人間天堂的寶樹〉，《中華佛教僧伽會第八屆佛學論文獎》，2009 年，頁 7。

只因人無殺害動物的心，動物也是有靈性的，自然能感知而與人親近，這是尋常生活中一種文學和藝術的情境。

8.第二集，頁43-44，「好鳥枝頭亦朋友」（圖8）：

圖 8

「獨坐誰相伴，春禽枝上鳴。天籟真且美，似梵土迦陵。」
——杜蘅補題，弘一書。

此圖文在歌頌生活，只要把常見到的花草樹木以及野生動物，如麻雀和家燕當成好朋友，牠們隨處出現故而時時都能帶給人好心情。這種生活充滿文學和音樂，這種天籟之音，可以媲美佛國淨土勝妙的天樂。

9.第三集，頁83-84，「新竹成陰無彈射，不妨同享北窗風」（圖9）：

「飛來山鳥語惺忪，卻是幽人半睡中。新竹成陰無彈射，不妨同享北窗風。」——宋陸游護生吟，葉恭綽書。

描寫的是幽人於午後橫躺竹席上小歇，搖著蒲扇，半睡半醒中，山間小鳥飛臨窗台啁啾低鳴，音聲悅耳。此時窗外新竹已成陰，主人

圖 9

家平日並不以彈弓射鳥禽，還邀請飛鳥同享北窗吹來的涼風。描繪出懂得享受生活的人，遠離塵囂，過著充滿著文學與音樂的生活，與上篇「好鳥枝頭亦朋友」有異曲同工之妙。

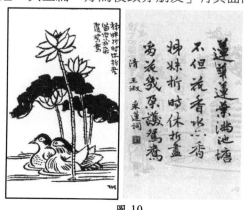

圖 10

10. 第三集，頁 93-94，「姐妹折時休折盡，留花幾朵護鴛鴦」（圖 10）：

「蓮華蓮葉滿池塘，不但花香水亦香。姐妹折時休折盡，留花幾朵護鴛鴦。」—— 清王淑採蓮詞，葉恭綽書。

此圖文一語雙關，充滿浪漫氣息。蓮花蓮葉花香水香固然迷人，但是成雙成對相親相愛的鴛鴦，更令這一對小姑獨處的姊妹花羨煞也！看到鴛鴦想到自己，不禁對鴛鴦多加以疼惜。此圖除了文學及對愛情的浪漫想像，也蘊涵護生的意涵在內。

11.第四集，頁 155-156，「眠鷗讓客」（圖 11）：

「入夜始維舟，黃蘆古渡頭，眠鷗知讓客，飛過蓼花洲。」—— 真山民詩，朱幼蘭書。

圖中一艘江南常見的烏棚船，在江上行駛著，入夜時船泊在一處古渡頭。蘆花深處驚起

圖 11

一群鷗鳥，展翅飛過開滿水蓼花的沙洲。圖文意境皆美，人類和自然界能如此和諧禮讓，即是最美的藝文情境。

12.第四集，頁 157-158，「柳浪聞鶯」（圖 12）：

「葉葉東風楊柳青，青驄得得傍花行，勸郎收卻金丸彈，留個鶯兒叫一聲。」──陶月山西湖竹枝詞，朱幼蘭書。

此圖描繪波平如境的湖面上，映照著山光雲影，楊柳樹垂下纖細

圖 12

枝條，隨風款擺搖曳，如同綠色波浪般。得得的馬蹄聲中，一位騎在毛色青白夾雜的馬背上穿花而來的人哪，勸你收拾起金丸彈，休要射殺鳥兒，讓黃鶯兒在柳浪中歡聲歌唱吧！多美的境界，圖和文都令人陶醉，在美好的湖光山色和柳浪中，還傳達了護生的美意。

13.第五集，頁 9-10，「捲簾飛入兩蜻蜓」（圖 13）：

「小山如畫仿眉青，已潤莓苔雨乍晴。滿戶風來潮未退，捲簾飛入兩蜻蜓。」──清蔣於野詩，虞愚書。

圖 13

　　圖中一位少女站在露台上，抬眼望去，眼前的山色如黛，微雨過後陽光初現，石上青苔還是潤澤的。一陣風來吹過屋內每個角落，遠遠的江上潮水仍漲，少女提起纖手捲起竹簾兒，在窗外盤旋的蜻蜓雙雙飛入屋內。此圖文詩畫皆美，最美的不是遠山、近樹和露台前的花草，而是那隨著竹簾兒捲起之後飛進來的兩隻蜻蜓。此畫顯現出人與小動物之間相親相憐且互動良好的一片和氣，讓生活中處處充滿驚喜和愉悅之情。

　　14.第五集，頁53-54，「一鵲噪新晴」（圖14）：

「雨過花添色，風來竹作聲，小窗無個事，一鵲噪新晴。」 —— 雨後即事詩，虞愚書。

　　此圖文表現出一種動靜對比的美。雨過，窗外的花色像被洗滌過一般顏色更加

圖14

鮮嫩艷麗。風起，傳來一片竹葉沙沙聲。閒來無事窗前小坐，聽得那鵲鳥在雨後初晴時聒噪地高唱著。此畫中，那位閒人靜靜地坐在一張舒適的竹椅上，搖著扇子，心如止水；雨過天晴的窗外大自然正忙碌地轉換新風景。人能閒下來享受家屋外的小小自然界，從中得到感動和體悟，是最幸福快樂的，這才是美好的生活。

　　15.第五集，頁59-60，「客來不入門，坐愛千年樹」（圖15）：

　　「茅屋兩三間，草草避風雨。客來不入門，坐愛千年樹。」 —— 明張承容詩，虞愚書。

　　圖文描寫的是人與自然融為一體的歡欣愉悅之情。此情境中

圖 15

有樹的地方就是家，就是客廳和起居間。在枝葉茂密猶如傘蓋的樹下閒坐，聊天、喝茶、下棋，舒適愜意；家附近的綠樹，更是孩童歇息、爬樹、玩樂、吹笛自娛的好地方。畫中自然與人在生活上緊密結合，家屋四周就是樹，樹木陪著孩子一起長大；屋外的老樹，甚至看盡家族中好幾代人的成長和興衰，是人們最忠實的夥伴。[10]此圖道盡最真、最自然也最富文學趣味的生活美學。

　　以上十五幅圖文，每一幅畫的都是尋常百姓的生活，但是卻幅幅動人，讀者在畫作和題詞中欣賞到生活的美和好，體悟到季節更迭帶來的驚喜，也讓人感受平日常見到的花草樹木以及小動物小昆蟲等，是人們多麼重要的夥伴，給人帶來多大的心靈撫慰。沒有一字說教，沒有一句勸善，但是卻處處充滿著文學的美和惜物護生的意趣。這正如豐子愷的散文－瀟灑有餘音，人間情味多；其家常味和人間相，以獨特的漫畫魅力征服了讀者。

　　以上所舉「護生畫集」中數圖，所營造的美好環境，可提供舒適的生活和寧靜的空間，在花木扶疏與祥和安寧中，使人體悟無情亦能說法，聞之令人生命豐富，心靈提升。自然界中一沙一

---

10 林少雯，〈極樂世界和人間天堂的寶樹〉，《中華佛教僧伽會第八屆佛學論文獎》，2009 年，頁 6。

世界，一花一菩提，「溪聲盡是廣長舌，山色無非清淨身」[11]、「青青翠竹總是法門，鬱鬱黃花無非般若」[12]無情處處演說佛法，處身於美好的大自然中，用心體會，那種意境恍若置身極樂世界，也彷彿在七寶行樹間，感受「微風吹動，諸寶行樹及寶羅網出微妙音，譬如百千種樂同時俱作，聞是音者皆自然生念佛、念法、念僧之心。」[13]

第二節　《護生畫集》的佛學義理

　　豐子愷是一位傳統但是能夠吸取新思潮的文人和畫家，五四新文學運動給他帶來西方新視野，也為中國傳統文學注入新養分，但是中國傳統文化深厚的底蘊和精隨早已在豐子愷的心中紮根，那是撼動不了的。加上豐子愷得自於弘一法師人格的感召和佛學的薰陶，且皈依佛門，成為一位居士。他慈悲、仁厚和善於觀察的心，以及歷經戰爭、逃難，看盡人事滄桑及滄海桑田，讓他更加體悟無常，他以中西揉合的文藝風格下筆為文、為畫，發揮儒家傳統的入世思想，以人本和生活出發，以佛家的慈悲和儒家的惻隱之心，描繪天下眾生相；以宗教家悲天憫人的胸懷，用文字和畫來說法，勝過千言萬語。

11　《阿彌陀經疏鈔事義》卷 1，（CBETA, X22, no. 425, p. 693, c18）。CBETA 為中華電子佛典協會製作之電子佛典，《大正藏》代號為 T，《卍新纂續藏經》代號為 X，依冊數、經號、頁數、欄數、行數之順序紀錄，此註為《卍新纂續藏經》第 22 冊，425 經，第 693 頁第 3 欄第 18 行。本文以下所引 CBETA 電子佛典均依此方式解讀。

12　《大慧普覺禪師語錄》卷十五，《大正藏》第 47 冊，頁 875 上 3-4 行。

13　《佛說阿彌陀經》，CBETA, T12, no. 366, p. 347, a21-23。

豐子愷與恩師弘一法師合作所繪作的護生畫，既名「護生」，當是以慈悲為主要精神。護生，雖不等於戒殺，但是戒殺被視為護生重要的一環。《護生畫集》的創作是為了「以畫說法」，所說的法即「護生」。護，是救助、保衛、袒護、贊同、擁護之意[14]；生，是生存、生命、眾生、滋長之意[15]，故護生即是愛惜擁護物命，戒殺即不加以迫害和殺害；有了護生的心，即能減少殺害的行為，這是慈悲心和慈悲行的表現。

一、《護生畫集》的護生和戒殺思想

印順導師在其著作《教制教典與教學》書中說，「護生」為佛法的重要核心，是佛教所本有的，大乘佛法所徹底發揚的。慈悲為本的不殺生，不食肉，都根源於此。大體上與蔬食及不肉食相近。然依佛法說：佛教徒並非絕對的蔬食（喫菜）主義者，蔬菜中的葷辛 —— 蒜薤等是不食的。也不是絕對的反肉食（從動物而來的食品）者，牛羊的乳酪，是佛所許食的。所以佛法不是一般所想像的食菜、不食肉，佛教徒的不食肉，只是「不殺生」的實踐。不殺生，為佛教處世利生的根本法則。一切戒行—道德的行為，都是以此為根源的。[16]

佛法戒律中的五戒[17]，十善戒[18]，排首的就是不殺生。因眾生重命，能憐憫並尊重眾生之命而不殺，可長養慈悲心。不殺，是不傷害他人的內命，人的生命和健康是生存的第一要件；不盜，

---

14 薛頌留主編，《辭典》，台北，大中國圖書公司，民 79 年，頁 921。
15 同上註，頁 610。
16 釋印順，《教制教典與教學》，台北，正聞出版社，2000 年，頁 98。
17 五戒為：不殺生、不偷盜、不邪淫、不妄語、不飲酒。
18 十善戒為：永離殺生、偷、邪淫、妄語、兩舌、惡口、綺語、貪欲、瞋恚、癡見。

是不侵害他人的外命，即錢財等維生之物；尊重他人的身命和財產，就是護生。佛法向來講求眾生平等，眾生一詞可作三解：一，眾生又名有情，即一切有情識的動物。二，集眾緣所生[19]，名為眾生。三，歷眾多生死[20]，名為眾生。十法界中[21]，除佛之外，九界有情，皆名眾生。眾生既是平等的，眾生也都是愛惜生命且貪生怕死的，故而「護生」和「戒殺」是慈悲心的展現，是佛法所主張的。

　　佛陀制「不殺生戒」，有其制戒因緣[22]。「不殺生戒」規範的內容包括自手斷人命、持刀授與人殺[23]、自殺、教人殺、教自殺[24]、奪胎命、勸死、讚死[25]…等種種殺生行為，其主要對象指殺人。也有殺畜生、殺鬼神的。殺生行為指的是殺害有情識，能感知苦樂的眾生。殺生的罪罰亦有差別，主要是依殺者的心境和對象而分。佛法及護生的對象主要為人，旁及一切有情。因此殺人較殺畜生的罪罰重。殺人是殺與自己形體相同的眾生，與殺雞、鴨、魚、螞蟻…等其殘忍心境是有差別的。人與畜生不同在於人有思想、能分辨、能忍、有慚愧心，有此等不同於畜生的智慧，

---

19 十二緣起，分別為無明、行、識、名色、六處、觸、受、愛、取、有、生、老死等。

20 有情在生死中流轉，至悟出緣起法的真理，釐清宇宙人生的奧秘而悟道，即能脫離生死輪迴。

21 十法界分為四聖與六凡，四聖是指佛、菩薩、緣覺、聲聞四種聖者的果位，為聖者之悟界；六凡則指天、人、阿修羅、畜生、餓鬼及地獄等六界，為凡夫之迷界，亦即六道輪迴的世界。

22 參考《五分律》，《大正藏》第 22 冊，頁 7 上-8 中；《僧祇律》，《大正藏》第 22 冊，頁 253 下-255 上；《四分律》，《大正藏》第 22 冊，頁 575 下-576 中；《十誦律》，《大正藏》第 23 冊，頁 7 中-8 中》；《根本說一切有部毘奈耶》，《大正藏》第 23 冊，頁 658 中-660 中。

23 後秦佛陀耶舍譯，《四分律比丘戒本》，《大正藏》第 22 冊，頁 1015 下。

24 劉宋·佛陀什等譯，《彌沙塞五分戒本》，《大正藏》第 22 冊，頁 195 上。

25 唐義淨譯，《根本說一切有部戒經》，《大正藏》第 24 冊，頁 6501 上。

還殺人，當為重罪。不過殺人也有不同原因，如戰爭、自衛...種種情況，罪責自有不同。[26]《護生畫集》的護生和戒殺，主要對象指的是自然環境和動物。

以下列舉《護生畫集》中富有護生精神的圖文：

（一）護　生

1.第五集，頁 71-72，「救蟻」（圖 16）：

圖 16

「二宋（宋郊、宋祁）幼時有胡僧見而謂曰：小宋當魁天下，大宋亦不失甲科，後十於年，大宋又遇僧，僧驚曰：公風神異昔，能活數百萬性命者，宋笑曰：貧儒何力及是，僧曰，公試思之，大宋俯思良久曰：旬前堂下有蟻穴，為暴雨所侵，吾戲編竹為橋，以渡群蟻，由是蟻命獲全，得非此乎，僧曰：是也。小宋今歲固當首捷，然公終不出小宋下，比唱第，小宋果中道選憲章，太后當朝，謂不可以弟先兄，乃大宋為第一，小宋為第十，始信僧不妄。」
—— 見李元綱厚德錄，虞愚書寫。

此圖文描寫的是宋郊在自家堂前見蟻穴因暴雨而淹水，一念之慈而搭竹橋於水中救護百萬群蟻。宋郊不以螻蟻之小而棄之不顧，可謂仁者，其慈心護生誠可敬也！

---

26 曾喜雀《從佛制「不殺生戒」到護生》，玄奘大學宗教研究所碩士論文，2005 年，頁 16-32。

2.第一集，頁 49-50，「生機」（圖 17）：

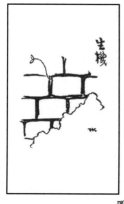

圖 17

「小草出牆腰，亦復饒佳致，我為勤灌溉，欣欣有生意。」
── 弘一詩並書寫。

此圖描繪的是一株由牆縫中努力鑽出來的小葉芽，可能是一株小草，也可能是一棵小樹苗，只憑藉著磚牆細縫中的一點灰土和水，就能迎著陽光冒出新芽。它不選擇環境能隨遇而安，雖只是小芽兒一枝，卻充滿生機，其堅韌的生命力，令人感動，也給人啟發。所謂一枝草一點露，天生萬物自有它出生的因緣，也有它的生存之道，即使如這樣一枝小綠芽，我們也不能輕易折損它，要多加愛惜。此愛惜生物之心即是護生和慈悲心的顯現。

3.第一集，頁 83-84，「拾遺」（圖 18）：

「鉤帘歸乳燕，穴牖出痴蠅，愛鼠常留飯，憐蛾不點燈。」
── 宋蘇軾詩，弘一書寫。

此圖由蘇軾的詩文中描繪出帘、乳燕、窗牖、蠅、鼠、飯、蛾、燈，像似看

圖 18

圖說話,但是其中蘊涵了深刻的護生觀。圖中的小動物經常出現在人類生活中,除了乳燕,其他的都被人定調為害蟲,因為它們會影響或危害人類。以佛法來說眾生是平等的,以人的立場來認定什麼是益蟲和害蟲,有違佛法精神。

4.第一集,頁97-98,「老鴨造像」(圖19):

圖19

「罪惡第一為殺,天地大德曰生,老札札,延頸哀鳴,我為贖歸,畜於靈囿,功德回施群生,願悉無病長壽。」── 弘一詩並書寫。

此圖中的老鴨,為弘一法師於戊辰年十一月乘船時所見。此鴨被囚於樊籠內,將被送往他鄉以饗病者,謂食其肉可起沈疴。大師憫鴨老而將受戮,乃乞船主為之哀請,以三金贖老鴨攜歸,囑子愷圖其形補入畫集。大師一念之慈,令老鴨免於一死,還為其畫像,讓所有讀者都認識此鴨,真可謂幸福的老鴨。大師隨緣而發揮護生精神,正是佛法所歸。大師亦將此護生福德迴向[27]眾生,更是悲心的高度表現。

5.第二集,頁27-28,「自掃雪中歸鹿跡,天明恐有獵人尋」(圖20):

---

27 大乘佛法中迴向為修行主要法門之一。迴向,是將自己所得的善法福德轉向給他人。《華嚴經》有〈十迴向品〉,是佛及菩薩將善根福德迴向給眾生、菩提及法界,為修行法門,亦為佛菩薩以慈悲心,救渡眾生脫離苦海的行願。

圖 20

「萬峰迴遶一峰深，到此常修苦行心。自掃雪中歸鹿跡，天明恐有獵人尋。」── 唐陸甫皇詩，弘一書寫。

此圖文的感人之處，在於深山萬壑中的隱者，在天尚未明時即起身，於冰雪寒風中清掃夜裡歸鹿的足跡，以免天明時獵人尋跡而來。此人的慈悲心及護生精神和行為，就是最好的修行。

6.第二集，頁 37-38，「溪邊不垂釣」（圖 21）：

圖 21

「溪邊不垂釣，山中不開門。開門山鳥驚，垂釣溪魚渾。」── 明陳繼儒詩，弘一書寫。

此圖文中一位幽人於溪邊賞景觀魚游，垂柳彎彎，溪水淙淙，早已心曠神怡，臨流何須垂釣！一位真正為眾生著想的仁者，連開啟柴門都輕巧地怕驚擾山鳥，這是何等的慈悲心，也是護生精神的極致。

7.第二集，11-12，「遠書」（圖 22）：

「何事春郊殺氣騰，疏狂游子獵飛禽。勸君莫射南來雁，恐有家書寄遠人。」── 即仁集古，弘一書。

圖 22

河事長邸殺氣騰

疏狂稗子擾飛禽

勸君莫射南來雁

恐有家書寄遠人

圖文傳達三種心情，一為護生，莫射南來雁；二為戒殺，欲平息獵飛雁的騰騰殺氣；三為擔心北雁南遷時捎有家書，這是為思鄉的遊子著想的慈悲心。此圖所表現的護生，能消除殺氣，確有護心效果。

8.第三集，頁 1-2，「吃的是草擠的是乳」（圖 23）：

「若慕牛力大，牛食草為糧；若慕豬體肥，豬食糟與糠。請觀牛與豬，不因食肉強。若慕肉味美，何不自割嘗；自割知痛苦，割他意揚揚。世無食肉者，屠門不開張。」── 狄葆賢詩，弘一書。

圖 23

此圖文是為動物請命，世上許多草食動物，不食肉，卻身強力壯，其身形及力氣均勝過人，營養家分析他們的肉質，都說味美營養高。分析肉質是站在人高彼低的立場，已失公允，將有情物化為商品，將其宰殺切割，令其痛苦，傷其性命，有違佛法不殺生的原則。

9.第一集，頁 13-14，「蘆菔有子芥有孫」（圖 24）：

「秋來霜露滿東園，蘆菔生兒芥有孫，我與何曾同一飽，不

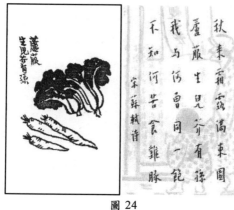

圖 24

知何苦食雞豚。」—— 宋蘇軾詩，弘一書。（蘆菔即蘿蔔）

此圖文描繪青菜蘿蔔在土壤中生長，陽光、空氣、水是其最基本的養分，有了這些它們就能生生不息。有謂蘿蔔是窮人的人蔘，植物蛋白質優於動物蛋白質，植物油脂比動物油脂對人體健康更能加分，這些都是經過專家學者所分析和研究出來的。食用蔬菜鮮果已足以飽腹，營養又足，何須殺生去取用有情眾生之肉體！既造殺業，又結仇恨！

10.第三集，頁 123-124，「咬得菜根百事成」（圖 25）：

「口腹貪饕豈有窮，咽喉一過總成空，何如惜福留餘地，養得清虛樂在中。」—— 宋蘇軾戒殺詩，弘一書。

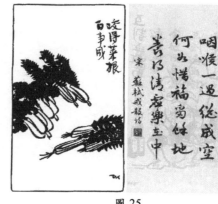

圖 25

此圖文為讚揚素食的好處，膏粱厚味只為滿足喉下三吋，口腹貪饕永無窮盡，大魚大肉咽喉一過總成空；若能咬得菜根香，既能惜福留餘地，又能少造殺業長養慈悲，還能健康清爽無負擔，養得清虛樂在其中。

11.第三集，頁 125-126，「親摘園中蔬，敬奉君子宴」（圖 26）：

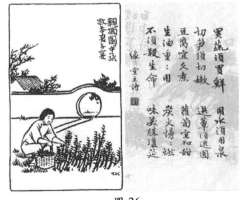

圖 26

「買蔬須買鮮，用水
須用泉，切筍宜切嫩，選
蕈須選圓，豆腐宜久煮，
蘿蔔宜加甜，生油重重
用，炭火慢慢燃，不須殺
生命，味美勝瓊筵。」一
緣緣堂主詩，弘一書。

此圖亦在讚揚食蔬味
美勝過肉糜，經過廚房的
料理和火侯，青菜、鮮筍、豆腐、蘿蔔都能味美勝瓊筵，成為待
客的上選佳餚，不但不失禮，也讓貴客吃得健康愉快。

素食，選擇的都是清香清爽的蔬食。佛教中的素食，有幾種
葷辛是不食的。《梵網經順硃》卷 2 中云：

> 若佛子，不得食五辛。大蒜、茖葱、慈葱、蘭葱、興渠，
> 是五種，一切食中不得食。若故食者，犯輕垢罪，若佛子
> 不得等者。言五辛即五葷，非五腥。乃一、大蒜，一名葫，
> 即葫葱是。二、茖葱，即薤菜是。三、慈葱，即葱是。四、
> 蘭葱，即小蒜是。五、興渠，即蒕蒝。此方無此種。所言
> 不得食者，以此五辛熟食發婬，生噉增恚。[28]

從以上經文看，葷辛不論生食熟食，均會造成身心影響；不
食，是讓身心清淨故。

印順導師說，素食，為中國佛教界的傳統美德，符合深刻而

---

28 鳩摩羅什譯，《梵網經順硃》卷 2，（CBETA, X39, no. 699, p.52,b2-7.）。
　　CBETA 為中華電子佛典協會製作之電子佛典，《大正藏》代號為 T，《卍
　　新纂續藏經》代號為 X，依冊數、經號、頁數、欄數、行數之順序紀錄，
　　此註為《卍新纂續藏經》第 39 冊，699 經，第 52 頁第二欄第 2 至 7 行。
　　本文以下所引 CBETA 電子佛典均依此方式解讀。

崇高的佛教精神！唯有具備深厚文化根柢的中國佛教徒，才能充分發揮此精神。素食的意義，雖並不是一般素食者所完全了解，但到底是中國佛教界的優良特色！[29]素食，被視為個人的修持行為，而且戒殺、禁屠，曾影響到國家的政制[30]。梁武帝曾下勅斷食肉，《與周捨論斷肉勅》中言：

> 眾生所以不可殺生，凡一眾生具八萬戶虫，經亦說有八十億萬戶虫，若斷一眾生命，即是斷八萬戶虫命，自死眾生又不可食者，前所附虫雖已滅謝，後所附虫其數復眾，若煮若炙此斷附虫，皆無復命，利舌端少味害，無量眾生其中小者，非肉眼能觀，其中大者灼然共見，滅慈悲心增長惡毒，此實非沙門釋子所可應行。[31]

　　素食，即要戒殺，草木也有生命，所以食蔬還是不免殺生。又以為：素食（不肉食）是不能徹底的，飲一口水，水中就有多少生物！吸一口空氣，空氣中就有多少生物！如真的不殺生，不肉食，那就不能飲水，不能吸空氣。[32]印順導師認為佛法所說的殺生與不殺生，有著善惡，即道德與不道德的性質。從所殺的對象來說：殺生，指殺害有情識的眾生（近於一般所說的動物），牠們在受到傷害或死亡威脅時，會引起驚恐、苦痛，引發怨恨、憤激、敵對的行為。而草木是無情識的眾生，它們有生長、繁殖等生命現象，但受到傷害時，僅有物理的反應，而不會有心識的反應。故佛法所說的殺生，著重在對方是否有心識反應，是否會

---

29 釋印順，《教制教典與教學》，台北，正聞出版社，2000 年，頁 96。
30 梁武帝下詔禁止殺生，並令各寺設放生池，又廢止宗廟供獻犧牲之制。
31 《古今圖書集成》第 62 冊，〈博物彙編第二百十二卷神異典，放生部〉，台北，文星書店，民 53 年，頁 80。
32 釋印順，《教制教典與教學》，台北，正聞出版社，2000 年，頁 98。

因此引起相仇相敵的因果系。[33]

（二）戒　殺

夏丏尊在《護生畫集》第二集序中說：「戒殺與護生，乃一善行之兩面。戒殺是方便，護生始為究竟也。猶憶十年前和尚偶過上海，向坊間購請仿宋活字印經典。病其字體參差，行列不勻，因發願特寫字模一通，製成大小活字，以印佛籍。還山依字典部首逐一書寫，聚精會神，日作數十字，偏正肥瘦大小稍不當意，即易之。期月後書至刀部，忽中止。問其故，則曰：刀部之字，多有殺傷意，不忍下筆耳。其悲憫惻隱，有如此者。」[34]

弘一法師的悲心，連書寫時有「刀」字都不忍，因而護生畫是他度化世人的文字般若。讓世人能少殺、不殺、少造業，又能長養慈悲心，這也是佛法不殺生的主要意義。

《護生畫集》的出版，也引起一些人的議論，豐子愷在第三集的序中亦解說道：

> 這集子裡的畫，有人說是「自相矛盾」的。勸人勿殺食動物，勸人吃素菜……對植物也要護生，那麼，菜也不可割，豆也不可採，米麥都不可吃，人只得吃泥土砂石了！泥土砂石中也許有小動植物，人只得餓死了！── 曾經有人這樣質問我。我的解答如下：護生者，護心也。初集馬一浮先生序文中語，去除殘忍心，長養慈悲心，然後拿此心來待人處世。這是護生的主要目的。故曰「護生者，護心也。」詳言之：護生是護自己的心，並不是護動植物。再詳言之，殘殺動植物這種舉動，足以養成人的殘忍心，而把這殘忍

---

33 釋印順，《教制教典與教學》，台北，正聞出版社，2000 年，頁 99。
34 豐子愷，《護生畫集》第二集，頁 2。

心移用於同類的人。故護生實在是為人生，不是為動植物。
普勸世間讀此書者，切勿拘泥字面，而欲保護一切動植物，
那麼，你開水不得喝，飯也不得吃。因為用放大鏡看，一
滴水中有無數微生蟲和細菌。你燒開水燒飯時都把他們煮
殺了！開水和飯都是葷的！故我們對於動物的護生，即使
吃長齋，也是不徹底……割稻、採豆、拔蘿蔔、掘菜，原
來也是殘忍的行為。天地創造這些生物的本意，決不是為
了給人割食。人為了要生活而割食它們，是不得已的，是
必要的，不是無端的。這就似乎不覺得殘忍。只要不覺得
殘忍，不傷慈悲，我們護生的主要目的便達到了，故我在
這畫集中勸人素食，同時又勸人勿傷害植物，並不衝突，
並不矛盾。[35]

　　佛在人間，佛法也推廣在人間，並以人為主要度化對象；但
是佛法是廣大的，並不只是人類的，而是屬於一切有情的。佛菩
薩講經說法及救度眾生，上天入地其範圍遍於十法界，佛法所要
救濟的，是一切有情，而有情最珍惜的就是生命，故戒殺為戒律
中首戒，而殺生的罪孽和報應也是最強烈的。

　　《梵網經》卷 2 中云：

　　　佛言：佛子，若自殺、教人殺、方便讚歎殺、見作隨喜，
　　　乃至呪殺，殺因殺緣殺法殺業，乃至一切有命者不得故殺。
　　　是菩薩應起常住慈悲心孝順心，方便救護一切眾生，而自
　　　恣心快意殺生者，是菩薩波羅夷罪。[36]

　　佛弟子犯菩薩波羅夷罪，是下無間地獄的重罪。《梵網經盧
舍那佛說菩薩心地戒品》卷十下云：

---

35 豐子愷，《護生畫集》第三集，頁 3-5。
36 鳩摩羅什譯，《梵網經》卷 2，（CBETA, T24, no.1484, p.1004,b16-20）。

是菩薩十波羅提木叉,應當學,於中不應一一犯如微塵許,何況具足犯十戒。若有犯者不得現身發菩提心,亦失國王位轉輪王位,亦失比丘比丘尼位,亦失十發趣、十長養、十金剛、十地佛性、常住妙果,一切皆失墮三惡道中。二劫三劫不聞父母、三寶名字,以是不應一一犯,汝等一切諸菩薩今學當學已學。[37]

殺生,是為食其肉,眾生平等,何忍食其肉!眾生均有佛性,都是未來佛,怎可食其肉!佛在世時即制戒不應食肉。[38]

為何不應食肉?《入楞伽經》中云:

菩薩應觀一切是肉皆依父母膿血不淨赤白和合生不淨身,是故菩薩觀肉不淨不應食肉…食肉之人,眾生聞氣悉皆驚怖逃走遠離,是故菩薩修如實行,為化眾生不應食肉…一切虛空地中眾生,見食肉者皆生驚怖…亦如豺狼遊行世間常覓肉食,如牛噉草蜣蜋逐糞不知飽足。我身是肉正是其食不應逢見,即捨逃走離之遠去,如人畏懼羅剎無異。[39]

《大乘入楞伽經》卷 6 云:

一切諸肉皆是精血污穢所成,求清淨人云何取食。大慧。食肉之人眾生見之悉皆驚怖,修慈心者云何食肉…夫食肉者,身體臭穢惡名流布,賢聖善人不用親狎…夫血肉者,眾仙所棄群聖不食……以慈愍故不應食肉…如燒人肉其氣臭穢,與燒餘肉等無差別以…夫食肉者,見其形色則已生於貪滋味心,菩薩慈念一切眾生猶如己身,云何見之而作

37 鳩摩羅什譯《梵網經盧舍那佛說菩薩心地戒品》卷十下,《大正藏》第 24 冊,1005a16-23。

38 法顯譯,《佛說大般泥洹經》卷 3,(CBETA, T12, no.376, p.869, b15-17)。

39 菩提留支譯,《入楞伽經》卷 8,(CBETA, T16, no.671, p.561,c10-p.562, a2)。

食想，是故菩薩不應食肉。大慧，夫食肉者諸天遠離，口
氣常臭，睡夢不安覺已憂悚，夜叉惡鬼奪其精氣，心多驚
怖，食不知足，增長疾病易生瘡癬，恒被諸蟲之所唼食，
不能於食深生厭離。[40]

　　不食肉，就勿需殺生，佛制不食肉戒有其因緣，《四分律刪
繁補闕行事鈔》卷 3 中云：

有無量因緣不應食肉，略說十種：一者，一切眾生無始已
來常為六親，以親想故不應食肉。二，狐狗人馬屠者雜賣
故。三，不淨氣分所生長故。四，眾生聞氣悉生怖故。五，
令修行者慈心不生故。六，凡愚所習臭穢不淨無善名稱故。
七，令呪術不成就故。八，以食肉見形起識，以染味著故。
九，諸天所棄多惡夢虎狼聞香故。十，由食種種肉遂噉人
肉故。如班足王經說，今有凡愚多嗜諸肉，罪中之大勿過
於此。[41]

　　《涅槃經》、《楞伽經》、《梵網經》均有食肉斷大悲種之
說。

　　《梵網經盧舍那佛說菩薩心地戒品》卷十下云：

若佛子，故食肉一切肉不得食，斷大慈悲性種子，一切眾
生見而捨去，是故一切菩薩不得食一切眾生肉，食肉得無
量罪，若故食者，犯輕垢罪。[42]

　　《入楞伽經》卷八亦云：

世尊。我聞佛說諦觀六道，我所噉肉皆是我親，乃知食肉

40　實叉難陀譯，《大乘入楞伽經》卷 6，（CBETA, T16, no. 672, p.623, b6-c9）。
41　釋道宣撰述，《四分律刪繁補闕行事鈔》卷 3，（CBETA,T40, no. 1804, p. 118, a6-15）。
42　鳩摩羅什譯，《梵網經盧舍那佛說菩薩心地戒品》卷十下，《大正藏》第 24 冊，1005b10-13。

眾生大怨斷大慈種。長不善業是大苦本，世尊，我從今日
斷不食肉，及我眷屬亦不聽食，如來弟子有不食者，我當
畫夜親近擁護，若食肉者，我當與作大不饒益。[43]

太虛大師在〈佛教不食肉之真理〉中有言：

佛教不食肉之真正理由，固已包括乎衛生問題、道德問
題……能不食肉，殺業乃除；能除殺業，慈心斯成。能成
慈心，祥和可致，能致祥和，災歷自無。於是人生仁壽，
皆可期於聖賢，世界清淨，永能保其安樂。[44]

以下為《護生畫集》中若干勸人戒殺的圖文，這些圖文除最
後一篇外，其餘均引用自《護生畫集》第一集，因此較多血淋淋
的畫面。可以想見豐子愷因護生心切而在圖中表現的悽慘罪過之
場面。

1.第一集，頁23-24，「暗殺其一」（圖27）：

「若謂青蠅污，揮扇可驅除，豈必矜殘殺，傷生而自娛。」

── 弘一詩並書寫。

圖 27

此圖文繪的是拍
打蒼蠅的畫面。蒼蠅
飛進屋來，帶來細菌
污染食物，或在耳邊
飛翔製造嗡嗡擾人之
聲，總惹人討厭，很
自然地拿起蒼蠅拍又
狠又準地快速消滅

---

43 菩提留支譯，《入楞伽經》卷八，《大正藏》第 16 冊，561b26-c2。.
44 釋太虛，〈佛教不食肉之真理〉，《太虛全書》冊 31，頁 1458-1466。北京佛
教居士林，http://www.bjfjjsl.cn/fjys/show.php?itemid=154。（2009.10.18）。

牠，是很多人曾經有過的經驗，尤其在鄉下地方，更是常見。一
般人並沒意識到這就是在殺生，在造業。此圖文一出，提醒了多
少人這是一種不知不覺的殺生行為，有慈悲心者可能因此而不再
拿起蒼蠅拍。這一點悲心在心中滋長，即是喚醒佛性的開端。

2.第一集，頁 25-26，「暗殺其二」（圖 28）：

圖 28

「誰道群生性命
微，一般骨肉一般皮，
勸君莫打枝頭鳥，子在
巢中望母歸。」── 唐
白居易詩，弘一書。

此圖文與前圖一樣
名為「暗殺」，暗殺為
謀殺之意，讓人心中為
之一驚，拍打蒼蠅和獵
鳥，向來都是稀疏平常的事，但經豐子愷冠以「暗殺」之名，如
醍醐灌頂一般，讓人忽然間醒悟，動物均為血肉之軀，未經同意
謀其性命，無疑為暗殺行為。尤其打獵，若為謀生，情有可原，
若為休閒娛樂，就有
失慈悲。

3.第一集，頁
29-30，「生離歟？死
別歟？」（圖 29）：

「生離當惻惻，
臨行復回首，此去不
再還，念兒兒知否。」
── 弘一詩並書寫。

圖 29

　　圖中被繩索套住脖子的母羊,在就死前頻頻回首,羔羊則引頸望母,不知撫育自己的母親,此去天人永隔。這樣的圖無知稚子看了都難免悲傷,何況為人父母的,心中做何感想!

　　4.第一集,頁31-32,「倘使羊識字」(圖30):

　　　　　　　　　　　　　　　　「倘使羊識字,淚珠落如雨,口雖不能言,心中暗叫苦。」── 弘一詩並書寫。

　　　　　　　　　　　　　　　　此圖是以諷刺的手法來表現羊即將被屠。被拉出牢籠的羊原不知自己

圖30

要往何處去,忽然看到不久前還生活在一起卻忽然失蹤的朋友,已被殺並陳列在攤子上,如今輪到自己,可以想像羊發出無奈的悲鳴。

　　5.第一集,頁33-34「乞命」(圖31):

　　「吾不忍其觳觫,無罪而就死地,普勸諸仁者,同發慈悲意。」── 弘一詩並書寫。

　　此圖繪的是一頭跪地乞求饒命不死的牛,面對的是一位殺氣騰騰的屠夫,此時似乎再多的眼淚也無法軟化屠者

圖31

的心。無罪就死，怨恨難平，人同此心，心同此理，弘一法師普勸諸仁者，同發慈悲意，何其語重心長！

6.第一集，頁37-38，「我的腿！」（圖32）：

挾弩隱衣袂，入林群鳥號，狗屠一鳴鞭，眾吠從之囂，因果苟無徵，視斯亦已昭，與其啖群生，寧我吞千刀。

明陶周望詩，弘一書

圖32

「挾弩隱衣袂，入林群鳥號，狗屠一鳴鞭，眾吠從之囂，因果苟無徵，視斯亦已昭，與其啖群生，寧我吞千刀。」── 明陶周望詩，弘一書。

此圖文描繪的是殺生之罪，因果昭昭。欲殺之氣餤高漲，即使將弓弩隱藏於衣袂之中，入林群鳥仍能聞氣驚號，可見其殺氣令動物驚逃；作者不忍眾生，寧我吞千刀，其悲憫惻隱之心，有如此者！

7.第一集，頁39-40，「示眾」（圖33）：

「景象太淒慘，傷心不忍睹，夫復有何言，掩卷淚如雨。」── 弘一詩並書寫。

此圖文所描繪的情景，沒見到血，卻血淋淋的；沒見到淚，卻令人

景象太淒慘，傷心不忍睹，夫復有何言，掩卷淚如雨

圖33

淚如雨下；尤其是示眾的屠體豬頭，五官歷歷，似在哀號，而肉攤下的小狗，也俯首哀憐，真是景象太淒慘，夫復有何言！

8.第一集，頁41－42，「修羅」（圖34）：

顧雲禪師戒殺詩

千百年來盌裏羹
冤深如海恨難平
欲知世上刀兵劫
但聽屠門夜半聲

圖34

「千百年來碗裡羹，冤深如海恨難平，欲知世上刀兵劫，但聽屠門夜半聲。」－願雲禪師戒殺詩，弘一書。

此圖給人一種屠夫兇狠，刀下不留情，被屠動物血肉模糊的印象，前方小狗畏懼地俯首悲鳴，後方兩頭豬仔畏懼奔逃，千百年來碗裡羹，就是從屠殺開始的，人與動物結的這種怨，確是冤深如海恨難平。尤其詩文的最後兩句「欲知世上刀兵劫，但聽屠門夜半聲。」最讓人驚恐。

李炳南老居士在「戒殺與戰爭因素」的開示中提到：「一九三〇年代捷克的新羅瓦市，曾經舉行了一次萬國茹素大會，有一位英國華爾緒博士說：『要想避免人類流血，便須從餐桌上做起。』這兩句名言，非常動人！正與我們佛教的因果關係相合，雖然他並不是佛教徒，也知道戒殺的重要，因為我們佛教老早就說：『欲免世上刀兵劫，除非眾生不食肉。』」[45]慈壽禪師亦有一偈語：「世上多殺生，遂有刀兵劫，負命殺汝身，欠財焚汝宅；離散汝妻子，曾破他巢穴，報應各相當，洗耳聽佛說。」[46]偈子裡明白道出殺生的因果報應。

---

45 李炳南對「戒殺與戰爭因素」的開示，
　　http://blog.yam.com/jukyogame/article/19979089。2009.10.20。
46 《戒殺四十八問》卷1，（CBETA, X60, no. 1138, p. 817, b3）。

9.第一集，頁 43-44，「喜慶的代價」（圖 35）：

圖 35

「喜氣溢門楣，如何慘殺戮，唯欲家人歡，那管畜生哭。」
──弘一詩並書寫。

此圖文描繪出一種強烈的對比，顯現將自己快樂建築在別人痛苦上的殘忍。

10.第一集，頁 63-64，「劊子手」（圖 36）：

「一指納沸湯，渾身驚欲裂，一針刺己肉，遍體如刀割，魚死向人哀，雞死臨刀泣，哀泣各分明，聽者自不識。」－明陶周望詩，弘一書。

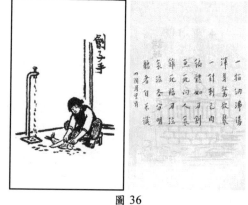

圖 36

此圖文以感同身受的慈悲心，為因人類永不滿足的口腹之慾而犧牲的動物哀泣。

11.第一集，頁 65-66，「肉」（圖 37）：

「豎首橫目人，豎目橫身獸，從獸者智攖，甘人者勇鬥。悲哉肉世界，奚物獲長壽。一虎當邑居，萬人怖而走。萬人懼虎心，物命誰當救。莫言他肉肥，可療吾身瘦。彼此電露命，但當相憫宥。共修三堅法，人獸兩無負。」──明陶周望詩，弘一書。

明間周堂詩

盤二肉橫眉豎目
從獸者智櫻
甘人者憂關
悲哉肉世界
害物復長壽
一盂當足居
萬物惟而走
彼此竜氣令
莫言他肉肥
萬命誰當救
物命誰當救
多寥吾月慶
其修三堅法
人獸兩無頂

圖 37

此圖將橫眉
豎目之人，與所
宰殺的動物屠
體，描繪得幾乎
像是同類，給人
同類相殘的印
象。肉的世界，
其實是不分的，
都是動物的死

屍。人也是動物的一種，與其他動物如兄如弟，應相互憐惜，而
不是彼此殺害。

12.第一集，頁 69-70，「被虜」（圖 38）：

「有命盡貪生，無分
人與畜，最怕是殺烹，最
苦是割肉，擒執未施刀，
魂驚氣先窒，喉斷叫聲
絕，顛倒三起伏，念此惻
肺肝，何忍縱口腹。──耐
菴道人詩，弘一書。

此圖中所描繪之人，
意氣昂揚地走著，還一邊

圖 38

吞雲吐霧，手捉一隻雞，正準備去宰殺，旁邊的雞仔正爭相走告。
此雞將面臨割侯、烹殺、割肉的命運，擒執未施刀，魂驚氣先窒，
人面臨生死關頭，亦復如此。顛倒三起伏，念此惻肺肝，何忍縱
口腹！

13.第一集，頁 71-72，「倒懸」（圖 39）：

始而倒懸，終以誅
戮，彼有何辜，受此荼毒，
人命則貴，物命則微，汝自
問心，判其是非。」── 弘
一詩並書寫。

　　此圖所繪之人，面帶微
笑，理所當然地倒提著兩隻
待宰的雞鴨，一點不覺殘
忍。試想若人倒懸，氣血衝

圖 39

腦，臉紅脖粗，青筋暴露，何其難受！佛法慈悲認為人命物命同
為有情眾生，彼有何辜不該受此荼毒。

　　14.第一集，頁 73-74，「屍林」（圖 40）：

「見其生，不
忍見其死，聞其
聲，不忍食其肉，
應起悲心，勿貪口
腹。」── 弘一詩
並書寫。

圖 40

　　此圖所描繪的
景象，在市場上經常可見，但成為圖像，望之加倍令人恐懼。屍
體成林，慘不忍睹。死屍之肉，不論有多新鮮，既然已死亡，就
開始腐爛，何新鮮之有？

　　15.第一集，頁 75-76，「刑場」（圖 41）：

「驀受刀砧苦，腸斷命猶牽，白刃千翻割，紅爐百沸煎，炮
烙加彼體，甘肥佐我筵，此事若無罪，勿畏蒼蒼天。」── 清周

圖 41

思仁詩，弘一書。

此圖稱烹煮「美味」的爐灶為「刑場」，刀砧、白刃、紅爐、沸煎、炮烙成為行刑的工具和方式，確實怵目驚心！

16.第一集，頁 77-78，「開棺」（圖 42）：

「惡臭陳穢，何云美味，掩鼻傷心，為之墮淚，智者善思，能勿悲愧。」－弘一詩並書寫。

圖 42

此圖所繪更加令人瞠目結舌，魚肉罐頭這種日常食品，不吃素的人幾乎都吃過，若吃前想到的是「開棺」，智者善思，能勿悲愧！

17.第一集，頁 79-80，「蠶的刑具」（圖 43）：

圖 43

「殘殺百千命，完成一襲衣，唯知求適體，豈毋傷仁慈。」──「布葛可以代綺羅，冬畏寒者宜衣駝絨以代絲錦」──弘一詩並書寫。

此圖描繪一位婦

人在繰絲織布，用蠶的性命來換取人身上的綾羅綢緞，這個場景活生生成為蠶的刑場和刑具，令人生起悲心，萬分不忍。

18.第三集，頁15-16，「將人試比畜」（圖44）：

圖44

「每饌必烹鮮，未見長肌肉，今朝血濺地，明日仍枵腹，彼命縱微賤，痛苦不能哭，殺我待如何，將人試比畜。」── 宋蘇軾戒殺詩，葉恭綽書。

此圖配上蘇軾的戒殺詩，只需看到圖中所命名的題目「將人試比畜」，就一切盡在不言中了。

19.第一集，頁45-46，「蕭然的除夜」（圖45）：

「鄰雞夜夜競先鳴，到此蕭然度五更，血染千刀流不盡，佐他杯酒話春生。」── 清彭際清除夕有感詩，弘一書。

圖45

此圖中一位孤獨老者，徹夜未眠，更鼓已敲五響，期待中的鄰雞未啼，此後也再聽不到此雞啼聲了，多麼寂靜的五更天，一想到這些雞已在除夕夜成了下酒菜餚，怎不令人傷悲！

以上3-19諸圖文，均為動物生時受虐，被捉拿、被綑綁、被

倒懸、被剝皮去內臟、被屠殺、被分屍、被滾水所燙煮、生前及死後被陳列。幅幅看來都令人驚心動魄；試想這些若發生在人身上，其錐心的痛楚、驚恐及怨恨足以讓人魂飛魄散。細讀其中詩文有生離死別的哀傷、有口難言的痛苦、無罪就死的冤屈、無奈乞命的悲鳴。

有情眾生「有命盡貪生，無分人與畜，最怕是殺烹，最苦是割肉，擒執未施刀，魂驚氣先窒，喉斷叫聲絕，顛倒三起伏，念此惻肺肝，何忍縱口腹。」這首耐菴道人詩，寫盡動物被屠殺的痛和人類口腹之慾的難以滿足。弘一法師的詩「喜氣溢門楣，如何慘殺戮，唯欲家人歡，那管畜生哭。」也道出人類貢高我慢的心態。清周思仁詩「驀受刀砧苦，腸斷命猶牽，白刃千翻割，紅爐百沸煎，炮烙加彼體，甘肥佐我筵，此事若無罪，勿畏蒼蒼天。」提醒世人在貪求口腹之慾的同時，應知因果報應。

世人多望錦衣玉食，玉食要殺生，錦衣亦要殺生。一襲錦繡絲帛，不知要殘害多少生靈。「蠶的刑具」之圖文，詩言「殘殺百千命，完成一襲衣」，據統計一床被面需七千隻蠶。蠶體雖小，與牛羊同為一命，一衣百千命，其殺業何其多。

《梵網菩薩戒經義疏發隱》卷4云：

> 麥繭斷命，十重殺中攝。鑊湯鑣車，殺具中攝。例養六畜，損害眾生中攝。為利資身，邪命自活中攝。而首楞嚴經亦禁綿絹，是知僧號衲子，士稱布衣。無待論矣，若夫王臣則惡衣服，美黻冕，自有古人之成訓在。[47]

造殺業，在佛法中該當何罪？《大方廣佛華嚴經》卷24云：

> 殺生之罪，能令眾生墮於地獄、畜生、餓鬼；若生人中，

---

47 鳩摩羅什譯，《梵網菩薩戒經義疏發隱》卷4，（CBETA, X38, no. 679, p.181, c17-21）。

得二種果報，一者、短命；二者、多病。[48]

殺生之罪，令眾生趣入三惡道，《護生畫集》的流布冀望眾生少造殺業，多種善根，長養慈心，增長慧命。此段落最後二圖文「將人試比畜」及「蕭然的除夜」，是弘一法師和豐子愷的苦口婆心，前者引用蘇軾戒殺詩，後者為彭際清除夕有感詩。這是一種反思，將人試比畜，是以同理心去感受被殺戮者的痛苦；血染千刀流不盡，殺戮過後，除夕夜到天明未合眼的老翁，已盼不到鄰雞競鳴。最後弘一法師不禁感慨地寫出：「景象太淒慘，傷心不忍睹，夫復有何言，掩卷淚如雨。」

上述名為「肉」之圖文，其詩有謂：「彼此電露命，但當相憫宥，共修三堅法，人獸兩無負。」《金剛般若波羅蜜經》云：

一切有為法，如夢、幻、泡、影，如露亦如電，應作如是觀。[49]

有為法即因緣和合而生的一切理法。既是因緣和合則為無常性。《大智度論》卷1中云：

一切有為法，皆無常相應，是第一義，云何言無常非實？所以者何？一切有為法，生、住、滅相，前生、次住、後滅故。[50]

《大智度論》卷6又云：

諸一切有為法，因緣生故無常；本無今有、已有還無故無常。因緣生故無常，無常故苦，苦故無我，無我故，有智

---

48 佛馱跋陀羅譯，《大方廣佛華嚴經》卷24，（CBETA, T09, no. 278, p.549, a28-b1）。

49 鳩摩羅什譯，《金剛般若波羅蜜經》卷1，（CBETA, T08, no. 235, p.752, b28-29）。

50 鳩摩羅什譯，《大智度論》卷1，〈摩訶般若波羅蜜經釋論序〉，（CBETA, T25, no. 1509, p.60, b19-21）。

者不應著我我所；若著我我所，得無量憂愁苦惱。一切世間中，心應厭求離欲。[51]

無常，謂一切有為法生滅遷流而不常住。一切有為法皆由因緣而生，依生、住、異、滅四相，於剎那間生滅，而為本無今有、今有後無，故總稱無常。《大智度論》43卷中舉出二種無常，即：念念無常，指一切有為法之剎那生滅。相續無常，指相續之法壞滅，如人壽命盡時則死滅。所以眾生均為生滅無常如電露之命，彼此該當相互珍惜扶持，共修三堅法，讓人獸兩無負。所謂三堅法，為佛法中的一種修行方法。《大薩遮尼乾子所說經》云：

云何無常？觀身無常，畢定當死，如是觀已，不為身故造諸惡業、邪命自活，當為此身修三堅法：一、修身堅，二、修命堅，三、修財堅。如是觀已，遠離一切身、口、意曲，行正直心。[52]

《大寶積經》卷117云：

是身無常不得久立，老病俱合會當歸死，已達此義，不用身故而造邪業，以不會身則修堅要，行三堅法。一曰身要、二曰命要、三曰財要。此身無常，一切眾生以為貴重，何所益乎？當行愍傷。何謂身要？身不犯惡謙卑恭順稽首博智。何謂命要？歸命三寶，奉修十德六度四等。何謂財要？捐已布施給諸貧乏。[53]

《注維摩詰經》卷4亦云：

身命財寶也，若忘身命棄財寶去封累而修道者，必獲無極

---

51 鳩摩羅什譯，《大智度論》卷6，（CBETA,T25, no.1509, p.78, c8-13）。

52 菩提留支譯，《大薩遮尼乾子所說經》卷7，（CBETA,T09, no.272, p.348, c22-26）。

53 藏竺法護譯，《大寶積經》卷117，（CBETA,T11, no.310, p.661, b25-c2）。

之身無窮之命無盡之財也。此三天地焚而不燒,劫數終而
不盡,故名堅法。以天帝樂著五欲不慮無常故勸修堅法也。
生曰:以求善本事也,身既無常,便應運使為善;命既危
脆,便應盡以行道;財有五家,便應用為施與。此皆無常
所不能壞,謂之堅法也。[54]

弘一法師所引明陶周望詩,「彼此電露命,但當相憫宥,共
修三堅法,人獸兩無負。」實是勸有情眾生,當然指的是人,憐
惜同屬電露之命的其他眾生,護生並戒殺,來長養慈悲心。

二、《護生畫集》的慈悲、緣起與眾生平等思想

佛法是以慈悲為本的,諸佛世尊都是以大悲為體,為上首,
為根本的。慈悲不只是對自己,也發乎真情對周遭的人、事、物
生出關懷和同情。換句話說,慈悲心起於一種人饑已饑,人溺己
溺的心理,這就是同理心,而同理心來自於人我之一體。從佛法
的緣起思想來說,認為世間的一切都是因緣和合而生,個體與群
體是無法分割的,像一張糾結的網,將一切有情眾生及器世界依
其正報與依報網結在一起。在彼此不可分割的關係中,會產生出
同情,這是由共同意識之下而生出的關切之情,並發展為與樂拔
苦的慈悲心行。

佛教的緣起思想,為「**有因有緣集世間,有因有緣世間集。
有因有緣滅世間,有因有緣世間滅。**」[55]緣起,是佛法的核心思
想,是與其他宗教思想不同的特質所在,也是佛陀在悟道後為眾
生開示的重點之一。緣起的內容就是佛陀所悟證的宇宙人生真
相。緣起的道理是讓世人證悟真理和熄滅苦惱的最佳方法。緣起

---

54 釋僧肇選,《注維摩詰經》卷4,(CBETA, T38, no. 1775, p.365, c18-25)。
55 《雜阿含經》卷2,(CBETA, T02, no. 99, p.12, c23-25)。

法的定義為「此有故彼有，此生故彼生」[56]；「此無故彼無，此滅故彼滅。」[57]它的意思是，任何存在及生滅都是有所依恃的，是相互影響和彼此關連及互為因果的，所以佛陀說「此甚深處，為緣起」[58]，意思就是緣起具有深廣的意義和內涵。

　　緣起法分別為：無明、行、識、名色、六處、觸、受、愛、取、有、生、老死等的十二項內容。緣起法從三世流轉來說，一切眾生，從無始以來，彼此都有密切的關係，都是我的父母，我的兄弟姊妹，我的夫婦及兒女。這種展轉而難以割捨的因果牽扯和輪迴關係所形成的共同意識，讓身為萬物之靈的人類，生出慈悲之心。佛家的慈，為利樂一切眾生；悲，為救濟一切眾生，慈心和悲心是報恩的心和行為的呈現。而儒家的慈悲，即仁與愛，是一切道德的根源及最高準繩。看來似乎神秘，但印順導師認為這就是人心映現緣起法則而流露的關切的同情。

　　緣起，即性空。緣起，是說世間的一切事物都是由眾緣和合而生起的；性空，是說眾緣所合成的諸法，其性本空，沒有一個真實的自體。印順導師在〈慈悲的根源〉一文中說：

　　　　從緣起性的平等性來說：緣起法是重重關係，無限的差別。這些差別的現象，都不是獨立的、實體的存在。所以從緣起法而深入到底裡，即通達一切法的無自性，而體現平等一如的法性。[59]

　　「法性，是諸法的本性，此本性，對有情眾生來說，即是佛性。對無情眾生來說，即稱為法性。法性也就是真相、真如、法

56 《雜阿含經》卷 10，（CBETA, T02, no. 99, p.67, a5）。
57 《雜阿含經》卷 10，（CBETA, T02, no. 99, p.67, a6-7）。
58 求那跋陀羅譯，《雜阿含經》卷第十二，《大正藏》第二冊，頁 83 下。
59 印順導師，《學佛三要》，台北，正聞出版社，2000 年，頁 123。

界、涅槃的別名。」[60]可見這緣起法的本性，不單單是相互依恃
的關係和彼此能發乎自然的關懷，其最深層、最源頭，是不可分
割的關係，是無二無別的，是平等的。這就是心、佛、眾生三無
差別的根源。三無差別，故是平等的，意指萬法一如，即所謂「性
相不二」之意。

　　心，為諸法之源頭和中心點；佛，是覺者；眾生，指有情眾
生及無情眾生。心、佛和眾生，包括：色法，即現象界的一切假
相；心法，指的是五蘊身心。不論是色法和心法，都是因緣所生，
是平等的，且均為無自性的，而且是本自清淨的，故心、佛、眾
生三無差別。印順導師說：「這平等一如的心境中，當然發生『同
體大悲』。有眾生在苦迫中，有眾生迷妄而還沒有成佛，這等於
自己的苦迫，自身的功德不圓滿。」[61]因為佛的法身，與眾生的
法身是共同的，沒有分別的，因此佛視他人的痛苦為自己的痛苦，
而生起拔苦與樂、平等絕對之悲心。初地以上之菩薩，攝眾生於
自體，以眾生之苦為己苦，生起哀傷之心。《大般涅槃經》卷 16
〈梵行品〉云：

> 譬如父母，見子遇患，心生苦惱，愍之愁毒，初無捨離；
> 菩薩摩訶薩住是地中，亦復如是。見諸眾生為煩惱病之所
> 纏切，心生愁惱，憂念如子，身諸毛孔，血皆流出，是故
> 此地名為一子。」[62]

《摩訶止觀》卷 6 中云：

> 起大慈悲愛同一子，今既斷惑入空，同體哀傷倍復隆重，

---

60 竹摩法師鑑定，陳孝義編，《佛學常見詞彙》，台北，佛陀教育基金會，
　　2008 年，頁 188。
61 印順導師，《學佛三要》，台北，正聞出版社，2000 年，頁 123。
62 北涼曇無讖譯，《大般涅槃經》卷 16，（CBETA, T12, no. 374, p.458,
　　c28-p.459, a3）。

先人後己，與拔彌篤……今眾生苦多未能得度，我若獨免，辜違先心不忘本懷……以己之疾，愍於彼疾，即是同體大悲。[63]

《普賢金剛薩埵略瑜伽念誦儀軌》卷 1 云：

我身既成普賢菩薩，發此心時成就無邊解脫，觀一切有情，自他無別，同體大悲。[64]

印順導師亦說：

大乘法中，慈悲利濟眾生的心行，盡未來際而不已，即由於此。一切眾生，特別是人類，不但由於緣起相的相依共存而引發共同意識的仁慈，而且每每是無意識地，直覺得對於眾生，對於人類的苦樂共同感。無論對自，無論對他，都有傾向於平等，傾向於和同，有著同一根源的直感與渴仰。這不是神在呼召我們，而是緣起法性的敞露於我們之前。我們雖不能體現他，但並不遠離他。由於種種顛倒，種種拘蔽，種種局限，而完全莫名其妙，但一種歪曲過的，透過自己意識妄想而再現的直覺，依舊透露出來。[65]

可見慈悲心的養成，在「同體大悲」的心行中，是會自然生起的。《護生畫集》的流布，是希望讀此畫集的人能「長養慈悲心」。印順導師在〈慈悲的長養〉一文中說：

慈悲心，是人類所同有的，只是不能擴充，不能離開自私與狹隘的立場而已。由於自私，狹隘，與雜染混淆，所以被稱為情愛。古人詠虎詞說：「虎為百獸尊，誰敢觸其怒！

---

63 隋天台智者大師，《摩訶止觀》卷 6，（CBETA, T46, no. 1911, p.75, c12-p.76, a2）。

64 不空譯，《普賢金剛薩埵略瑜伽念誦儀軌》卷 1，（CBETA, T20, no. 1124, p.532, a10-12）。

65 釋印順，《學佛三要》，台北，正聞出版社，2000 年，頁 123。

唯有父子情，一步一回顧」。慈愛實為有情所共有的，殘
忍的老虎，也還是如此。所以慈悲的修習，重在怎樣的擴
充他，淨化他，不為狹隘自我情見所歪曲。所以慈悲的修
習，稱為長養。」[66]

兇猛的老虎都能不食子，而對其子慈愛有加，人類更加應該
長養慈悲心。

修習佛法的人都了解從緣起法來看，眾生是平等的，人與人，
人與其他動物，甚至與其他空間的眾生都是平等無二的，而且是
相互關連的。《護生畫集》所傳達的「不食眾生肉」的思想，即
是視眾生皆為一體，並立於平等的地位；眾生既然都是平等的，
而且眾生的法體均為一，而非二，不論哪一界的眾生，都有機會
修行成佛，所以個個都是未來佛，怎可相互噉其肉，故食肉是不
符合佛法精神的。

《楞伽阿跋多羅寶經註解》卷云：

> 有無量因緣不應食肉，然我今當為汝略說。謂一切眾生從
> 本以來展轉因緣常為六親，以親想故，不應食肉。入楞伽
> 云：一切眾生從無始來，在生死中輪迴不息，靡不曾作父
> 母兄弟男女眷屬乃至朋友親愛侍使，易生而受鳥獸等身，
> 云何於中取而食之……以大悲前行故，視一切眾生猶如一
> 子，是故不應令食子肉……我佛直以不殺眾生，為第一戒。
> 視昆蟲肖翹無異己子。謂此而不戒則斷慈悲種子，其為仁
> 豈不博哉。[67]

印順導師在《學佛三要》中說：據古代聖者的傳授，長養慈

---

66 釋印順，《學佛三要》，台北，正聞出版社，2000 年，頁 133。

67 求那跋多羅譯，《楞伽阿跋多羅寶經註解》，（CBETA,T39, no.1789, p. 423,
b25-p.424, 10）。

悲心，略有二大法門：

1.自他互易觀：即設身處地，假想自己是對方，因為愛自己而能為他人著想，就會生起慈悲心。《法句經》說：「一切皆懼死，莫不畏杖痛。恕己可為譬，勿殺勿行杖」[68]。這與儒家的恕道一致，但還只是擴充自我的情愛，雖能長養慈悲，而不能淨化完成。

2.親怨平等觀：人對自己及親人會生出慈悲心，但是對自己所怨恨而視為仇敵之人，也能生起慈悲心，就是長養慈悲心的修習。觀察無始以來這都是於我有恩的，誰不是我的父母，親人、師長？而能對怨敵起慈悲心，並為他設想而使離苦得樂！慈心普遍到一切，這才是佛法中的慈悲。[69]

豐子愷在《護生畫集》中所傳達的慈悲思想，也符合了佛法所說的三種慈悲。印順導師在《學佛三要》書中說道：慈悲可分為三類：

1.眾生緣慈：這是一般凡情的慈愛。不明我法二空，以為實有眾生，見眾生有苦有樂，而生起慈悲的同情。這樣的慈愛，無論是大仁，博愛，終究是生死中事。

2.法緣慈：這是悟解得眾生的無我性，但根性下，不能徹底的了達一切法空。見到生死的惑、業、苦等因果鉤鎖，眾生老是在流轉中不得解脫，從此而引起慈悲。法緣慈，不是不緣眾生相，而是通達無我而緣依法和合的眾生。如不緣假名的我相，怎麼能起慈悲呢！

3.無所緣慈：佛菩薩是徹證一切法空的，緣起的假名眾生即

---

68 法救撰‧維祇難等譯，《法句經》卷 1〈18 刀杖品〉，（CBETA, T04, no. 210, p.565, b2-3）
69 釋印順，〈長養慈悲心〉，《學佛三要》，正聞出版社，2000 年，頁 133-135。

畢竟空，但是「畢竟空中不礙眾生」。佛菩薩的實證，如但證空性，怎麼能起慈悲？慈悲的激發，流露，是必緣眾生相的。唯有大乘的無緣慈，是通達我法畢竟空，而僅有如幻假名我法的。雖如此，佛具有大悲心，雖明知眾生是幻有假名但是亦發大慈心而救度之，即所謂「無緣大慈」。唯有最高的道德—大慈悲，才能徹證真實而成為般若。所以說：「佛心者，大慈悲是」。[70]印順導師在《華雨集》第一冊中亦說：「菩薩並非見到了真實的眾生，或真實的法而起慈悲心的。他是通達了一切法空之後而起慈悲心的，這便叫做無緣慈。在一切法空的深悟中，不礙緣有，還是見到眾生的苦痛，只是不將它執以為實有罷了。到這時，般若與慈悲二者便可說是合而為一，這才是真正的大乘慈悲，所以又叫它為同體大悲。一切法都是平等的，而就在這平等中，沒有了法與眾生的自性，而法與眾生宛然現前。即空而起慈，這便叫無緣慈。」[71]

　　佛常住於大慈悲。佛的慈善根力，普熏三業，於十方世界普現而作佛事，利益一切眾生，能拔一切眾生世間苦、分段生死苦及變易生死苦⋯⋯大悲是至極之果，因而佛之慈悲是能拔苦的。

　　拔苦有兩種，猶如慈悲有所分別，其不同在於所拔苦之不同。所以悲而能稱大者，如同藥樹王。茲將《阿毘達磨大毘婆沙論》中諸佛的大悲智表列如下：

表三：《阿毘達磨大毘婆沙論》中諸佛的大悲智[72]

大　　　悲	大　　悲　　之　　成　　就
拔濟有情，增上苦難，故名大悲	從地獄、傍生、鬼趣大苦難中拔濟令出，安置人天喜樂等處

70 釋印順，〈慈悲的體驗〉，《學佛三要》，正聞出版社，2000 年，頁 130-140。

71 釋印順，《華雨集》第一冊，正聞出版社，1993 年，頁 119。

72 玄奘譯，《阿毘達磨大毘婆沙論》，（CBETA, T27, no.1545, p. 159, b13-p. 160, b19）。

拔眾生出,增上淤泥,故名大悲	有情類沒在煩惱大淤泥中,授正法手拔之令出,安置聖道及道果中。
授諸有情,增上義利,故名大悲	教眾生斷三惡行,修三妙行,種植尊貴富樂種子,感得尊貴大富樂果,形色美妙眾所樂見,膚體細軟光明清淨,或為輪王,或作帝釋,或為魔主,或作梵王,展轉乃至或生有頂,或復種植三乘種子,引得三乘菩提涅槃。
大價所得,故名大悲	一切時於一切處,捨施一切所愛身財及妻子等,濟諸眾生置乏苦難,具足受持清淨禁戒,寧捨身命終無毀犯,打罵陵辱、割截身支乃至斷命,曾無瞋忿,精進苦行未嘗暫息,恒居寂靜專修靜慮,為勝慧故求法無怠,如是福德智慧資糧大價圓滿,乃得如是救眾苦難清淨大悲,非如二乘或施一食、持一宿戒,乃至思惟一四句頌便得彼果。
大加行得,故名大悲	經三無數大劫修習百千難行苦行,方得如是無限大悲,非如聲聞極利根者,經六十劫修諸加行便得菩提,非如獨覺極利根者,唯經百劫修諸加行便得菩提。
依大身起,故名大悲	依止三十二種大丈夫相所莊嚴身,八十隨好間飾支體,身真金色常光一尋無能見頂,眾生遇者無不獲益,大悲依止如是勝身,非如二乘所獲功德,依止粹陋支體,不具諸根缺減無威德身,亦能現起。
捨大安樂,救大苦難,故名大悲	佛世尊棄捨殊勝,增上熾盛,無量無邊不共佛法大安樂事,逾越百千俱胝大海、輪圍山等諸險難處,遊歷十方救眾生苦,作安樂事,如是皆由大悲威力。
為度無量難,化有情造作難,為大劬勞事,故名大悲	拔濟種種所化有情,或將阿難遊歷五趣,晝夜無間饒益有情,或為指鬘得度脫,故延促地界時遠時近,令其調伏然後化之,雖復成就增上慚愧而為有情現陰藏相,令彼見已誹謗止息,無量有情聞皆從化,雖復久斷輕躁調戲,而為有情現廣長舌,乃至髮際遍覆面輪,令諸有情因受佛化,如是等事無量無邊,一切皆由大悲威力。
傾動大捨,故名大悲	佛成就二種大法,一者大捨,二者大悲。若佛安住大捨法,假使十方諸有情類,一時吹擊大角大鼓,或現雷震掣電霹靂諸山大地傾覆動搖,不能令佛舉心視聽。若佛現起大悲法時,擊大捨山令其振動,亦令無量那羅延力所合成身,如大猛風吹小草葉處處飄轉作諸有情利樂勝事,由斯等義故名大悲。

　　《護生畫集》所傳達的佛法精神,如護生和戒殺,充分表現了佛法慈悲、緣起和眾生平等的思想。佛的大悲是與眾生不共的,是只有佛才有的悲心,是眾生無法望其項背的,這正是眾生可學

習之處。

　　以下為《護生畫集》中慈悲、眾生平等、放生及具有輪迴思想的圖文：

（一）《護生畫集》中的眾生平等思想

　　1.第一集，頁 1-2，「眾生」（圖 46）：

圖 46

「是亦眾生，與我體同，應起悲心，憐彼昏蒙，普勸世人，放生戒殺，不食其肉，乃謂愛物。」── 弘一詩並書寫。

　　此圖文表現的是眾生平等的思想，並勸人戒殺動物。眾生與我同體，不分你我，應平等對待，並多加愛惜。

　　2.第一集，頁 9-10「吾兒！?」（圖 47）：

「畜生亦有母子情，犬知護兒牛舐犢，雞為守雛身不離，鱔因愛子常惴縮，人貪滋味美口腹，何苦拆開他眷屬，畜生哀痛

圖 47

盡如人，只差有淚不能哭。」── 慧道人詩，弘一刪潤並書寫。

　　此圖文表現的是一個家庭被拆散的悲哀。畫的是一隻母雞才

離巢一會兒,回來要孵蛋時,驚異地看著自己生的蛋只剩下蛋殼。如果以同理心去思考,這是一位正在撫育嬰兒的母親,我們該做何感想!畜生亦有母子情,跟人類是一樣的。畜生哀痛盡如人,只差有淚不能哭而已。

3.第一集,頁87-88「平等」(圖48):

圖48

「我肉眾生肉,名殊體不殊,原同一種性,只是別形軀。」── 宋黃庭堅詩,弘一書寫。

此圖文有豐子愷的幽默,描繪一個人與一隻狗對望。狗在想什麼姑且不論,但是人似乎陷入沉思,正在思考人與狗之間,原為同一種性,只是形體有別而已。

4.第二集,頁59-60,「忠僕」(圖49):

「六畜之中,有功於世而無害於人者,惟牛與犬。尤不可食。」── 人譜,弘一書寫。

圖49

此圖描繪人類的忠僕牛與犬,牠們一生為主人鞠躬盡瘁,比家人更忠誠。家人有時還會反目成仇,而牛與犬是不會的,人應更加愛惜,怎可食其肉!

5.第二集，頁 65-66，「春草」（圖 50）：

其生間亦各欲遂其生耳。人譜

相與同生天地

木妨步則薙冠則芟之

春草

圖 50

「草妨步則薙之，木礙冠則芟之。其他任其自然，相與同生天地之間，亦各欲遂其生耳。」--人譜，弘一書寫。

　　此圖文寫一位仁者愛惜花草樹木，認為除非草木過分繁茂，影響步行及碰觸帽子，否則不予劃除或修剪，這是尊重生命的一種仁心。

　　6.第二集，頁 119-120，「楊枝淨水」（圖 51）

「毛道凡夫，火宅眾生胎卵濕化，一切有情，善根苟種，佛果終成。我不輕汝，汝毋自輕。」── 唐白居易詩，弘一書寫。

　　此畫描繪的是放生儀式，詩文充分發揮了眾生平等不可相輕，因

楊枝淨水

毛道凡夫火宅眾生胎卵濕化一切有情善根苟種佛果終成我不輕汝汝毋自輕

唐白居易偈此畫為放生儀式與護生意義的集眾真相同亦參觀之

圖 51

一切有情，善根苟種，終能成就佛果。

　　《金剛般若波羅蜜經》卷 1 中有云：

　　　所有一切眾生之類，若卵生、若胎生、若濕生、若化生，若有色、若無色，若有想、若無想、若非有想非無想，我皆令入無餘涅槃而滅度之……若菩薩有我相、人相、眾生

相、壽者相,即非菩薩。[73]

這段經文是佛陀告訴須菩提眾生平等,不分卵生、胎生、濕生、化生等型態。

7.第三集,頁 17-18,「義狗救豬」(圖 52):

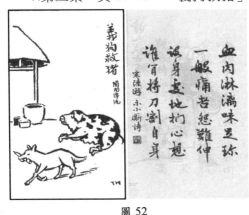

「血肉淋漓味足珍,一般痛苦怨難伸,設身處地捫心想,誰肯將刀割自身。」——宋陸游示小廝詩,葉恭綽書寫。

此圖文描繪一隻義犬,將屠夫的刀子叼走藏匿,試圖挽救豬被屠宰的命運。表現的是狗的忠義和奮不顧身與豬的無奈及悲鳴。連狗都能設身處地為豬著想,發揮慈悲和感同身受的心,何況身為人類!

圖 52

8.第五集,頁 159-160,「顯微鏡中」(圖 53):

「閒來展詩篇,隨意恣諷詠,忽見書頁上,有物蠕蠕動,其色如墨點,其小如針孔,顯微鏡下看,

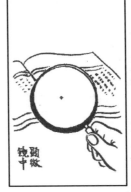

圖 53

---

73 鳩摩羅什譯,《金剛般若波羅蜜經》卷 1,(CBETA, T08, no. 235, p.749, a5-11)。

一看心頭悚，此乃一生命，形似小甲蟲，百體俱完備，頭角何崢嶸，急忙向前走，皇皇如有營，軀體雖甚小，秉命與人同，清風翻書頁，小蟲忽失蹤，縱浪大化中，不知其所終。」──緣緣堂主人詩，虞愚書寫。

　　此圖文描寫其色如墨點，其小如針孔的生物，不用放大鏡看以為只是一點灰塵，但其實是一隻百體俱完備的小甲蟲，其軀體雖小，秉命卻與人相同，人們如果稍加留心，並生出慈悲心，就不致在不經意中隨手一揉而誤殺一條生靈。

（二）《護生畫集》中的放生及輪迴

　　1.第一集，頁53-54，「遇赦」（圖54）：

圖54

汝欲延生聽我語，凡事惺惺須求己，如欲延生須放生，此是循環真道理，他若死時你救他，汝若死時人救你。田道人詩

「汝欲延生聽我語，凡事惺惺須求己，如欲延生須放生，此是循環真道理，他若死時你救他，汝若死時人救你。」──回道人詩，弘一書寫。

　　此圖文表現出眾生與我同體的慈悲，他若死時你救他，汝若死時人救你。說不定你今生救他一命，冥冥中其實是在報答他前世對你的的救命之恩呢！

　　2.第二集，頁91-92，「無聲的感謝」（圖55）：

　　「蘇長公曰：予自出獄後，遂不殺一物。有餉蟹蛤者，即放江中，便令不活，亦愈於烹煎。蓋自己得出患難，不異雞鴨等脫庖廚。不忍以口腹故，使有生之類受無量恐怖耳。」──人譜，

圖 55

弘一書寫。

此圖文所描繪的放生，其悲憫之心不言而喻，因自己曾經入獄而後出獄，將心比心，就像雞鴨等脫出庖廚一樣。其更大的悲心是認為蟹蛤放江中，便令不活，也勝過在灶鼎中被烹煎；其放生的悲憫讓眾生免於被烹煮的痛苦。

3.第三集，頁 53-54，「幸福的雞」（圖 56）：

「我作護生畫，七十差一幅，星洲廣洽僧，寄我一函牘，自言上元日，乘車訪幽獨，車中有乘客，繩縛五雞足，云將去割烹，以助元宵樂，五雞見老僧，叩首且舉目，分明求救援，有口不能哭，老僧為乞命，願用金錢

圖 56

贖，番幣十五圓，雪此一冤獄，放之光明山，永不受殺戮，此僧真慈悲，此雞真幸福，我為作此歌，又為作此幅，護生第三集，至此方滿足。」——緣緣堂主詩，葉恭綽書寫。

此圖文描寫五隻即將被宰殺的雞，遇到慈悲的廣洽法師而得以活命，果真幸福。其幸福在於雪此冤獄，永不受殺戮。眾生命危被救放生，乃真放生也。

4.第三集，頁59-60，「悟彼飛有適，知此罹憂患」（圖57）：

圖 57

「手攜雙鯉魚，目送千里雁，悟彼飛有適，知此罹憂患，放之清冷泉，因得省疏慢。」──唐王昌齡見雁放魚詩，葉恭綽書寫。

此圖文中的釣翁，見大雁自由翱翔高空，忽有悟，而不忍心將自己手中釣得的魚兒烹煮，一念悲憫，而將其放生。這種發乎慈悲心的放生，與現代社會刻意買動物放生做法會，而大量置動物於死地的放生有天壤之別。

5.第三集，頁61-62，「施恩即望報，吾非斯人徒」（圖58）：

圖 58

「曉日提竹籃，家人買春蔬。青青芹蕨下，疊臥雙白魚。無聲但呀呀，以氣相呴濡。傾籃瀉地下，潑剌長尺餘。豈無刀几憂，坐見螻蟻圖。脫泉雖已久，得水猶可蘇。放之小池中，且用救乾枯。水小池狹窄，動尾觸四隅。一時幸苟活，久遠將何如。憐其不得所，移放於南湖。南湖連西江，好去勿踟躕。施恩即望報，吾非斯人徒。不須泥沙底，辛苦覓明珠。」── 唐白居易放魚詩，葉恭綽書寫。

　　圖文描繪的放生行為心量宏大，放入小池憂其水少，慮其動尾觸四隅，將其移放於南湖，讓魚兒可遠遊西江。其悲心可貴於放生後希望其不死，還希望其活得快樂自在。

　　6.第六集，頁175-176，「放魚」（圖59）：

「李沖元將破一魚。先夢一皂衣嫗曰：「妾腹中有五千子。妾生，五千子亦生。妾死，五千子亦死。敢望哀憐，特貸一命。」元遂放之，立意戒殺。後於水濱得珠。」—— 慈心實錄，朱幼蘭書寫。

圖 59

　　此圖文中李沖元的放生行為得自於黑衣婦人的託夢，而李沖元心生慈悲認真對待夢境，放魚一條生路，魚亦讓元於水濱得珠以報不殺恩。這是中國諺語常說的「好心有好報」。

　　7.第六集，頁177-178，「雞卵乞命」（圖60）：

「宋東平董瑛之父，以雞子掛於堂內樑上。妹婿至，庖妾請以供晨餐。董夜夢二十三小兒自樑而下，同詞乞命。中一女跛足。旦起，見妾持叉取所掛物，得二十三枚，方憶昨夢，

圖 60

乃捨之。孵之，一一成雞，惟一雌病腳。董自是不殺生。」——夷堅志，朱幼蘭書寫。

　　此圖文描繪的也是因託夢而放生的行為。雖然讀來玄奇，但是這種夢兆，有慈悲心者不會等閒置之。

　　8.第三集，頁 135-136，「放生池畔憶前愆」（圖 61）：

　　「同生今世亦前緣，同盡滄桑一夢間，往事不堪回首問，放生池畔憶前愆。」——元趙孟俯放生詞，葉恭綽書寫。

　　此圖文表現佛法中的輪迴思想，描寫一立於魚池畔之人，因放生而想到自己與魚兒是否前世就曾相識，今生一為人，一為魚，真是同盡滄桑一夢間，往事不堪回首問。

圖 61

　　9.第一集，頁 67-68，「間接的自餵」（圖 62）：

「養豬充口腹，因愛結成仇，豬若知此意，終朝不食愁，頗賴豬未知，肥肉過汝喉。將來汝作豬，還須償豬油，此理果弗謬，勸汝養豬休。」——明紫柏大師豬偈，弘一書寫。

　　此圖文寫的是被養的

圖 62

豬若知道自己長大長肥後就被宰殺，必定食不下嚥。畫中的人在
餵豬，但心中想的是豬養大了就可以吃，故等於間接的在餵自己。
將來養豬及吃豬人若落入畜生道為豬，一樣被養被吃，如此生死
輪迴幾時能休！

　　10.第三集，頁 65-66，「人魚互膏腹」（圖 63）：

圖 63

　　　　「魚在水中生，人在水
中死，食餌魚上鉤，失腳人
下水。人死魚腹肥，魚死人
口美，吁嗟魚與人，惡乎不
知此。」── 明僧宗林觀魚
詩，葉恭綽書寫。

　　　　此圖描繪人吃魚，魚吃
人，人死落水魚腹肥，魚被
網著人口美。但是人與魚彼此都不知，而且還吃得齒頰留香。

　　11.第三集，頁 139-140，「蓮花生沸湯」（圖 64）：

　　　　「豬吃死人肉，人吃
死豬腸，豬不嫌人臭，人
反道豬香，豬死拋水內，
人死掘地藏，彼此莫相
噉，蓮花生沸湯。」── 寒
山子偈，葉恭綽書寫。

　　　　此圖與上圖意義相
同，人吃豬，豬吃人，生
死輪迴萬劫不復。不戒

圖 64

殺，世間刀兵之劫亦永無止盡。若眾生能不相噉食，蓮花都能生
於沸湯之中。

12.第四集，頁 129-130，「殘忍饕餮」（圖 65）：

圖 65

「平望人王阿毛，好食蛙，制一鐵針，長二尺許。每捕得一蛙，則以針穿其頸，針滿，始荷之而歸，以充饌焉。如是者數十年矣。一日，至其親串家，親串止之宿，是夜有遠處失火，阿毛登屋望之。其家臨河而居，懼盜賊從水次攀援登屋，故於簷端列鐵條數十，皆銳其末，如刀鋒然。阿毛失足而墜，鐵條適貫其頸，呼號甚慘，救之者無法可施，乃豎長梯於水中，眾人緣梯而上，始將阿毛解下，而氣已絕矣，其死狀宛然如蛙也。」── 俞曲園筆記，朱幼蘭書寫。

　　此圖描繪的是殘忍的食蛙老饕，生前捕蛙虐蛙，其死狀亦如所虐之蛙，冥冥中的因果報應，絲毫不爽。

　　13.第五集，頁 177-178，「月子彎彎照九州，我家歡笑萬家愁」（圖 66）：

「作罷護生畫，憑欄舒胸襟，俯仰天地間，遙聞悲歎聲，聲從遠方來，儘是不平鳴，貧富何懸殊，苦樂太不均，大魚唉小魚，弱肉強者吞，婆娑世界中，火熱與水深，安得大寶筏，普渡諸眾生，寄語慈悲者，護生先

圖 66

護人。」——學童詩，虞愚書寫。

此圖是豐子愷抒發心聲之作，藉畫歎世間貧富、苦樂太懸殊，弱肉強食，在火熱與水深中只有佛法這艘大寶筏能救眾生脫離苦海，免於無始以來在六道中的輪迴之苦。

以上 13 篇圖文，都是與放生、輪迴有關的。從事放生行為必須先有悲心，但光有悲心是不夠的，還必須有悲行。慈悲的內容需要充實，成為一種利他行為，即悲行。佛法中的悲行，有布施，愛語，利行，同事等四攝。布施，又分為三種，一為經濟上的財施。一為思想上以正法開導人離惡向善，稱為法施。一為開導眾生令其不憂不惱，或令其不生畏懼，稱為無畏施。戒殺和放生是對眾生的一種無畏施，令眾生不驚恐、痛苦和死亡。戒殺和放生這種悲行，立足於慈悲及眾生平等思想，是佛法的精髓之一。

《梵網經》卷 2 云：

> 若佛子，以慈心故行放生業。一切男子是我父，一切女人是我母，我生生無不從之受生，故六道眾生皆是我父母，而殺而食者，即殺我父母亦殺我故身。一切地水是我先身，一切火風是我本體，故常行放生，生生受生常住之法。教人放生，若見世人殺畜生時，應方便救護解其苦難，常教化講說菩薩戒救度眾生」[74]

佛教認為不同空間的眾生，在六道中生死輪迴，多生多劫以來，人與畜生之間，可能有父母妻子眷屬的關係。殺生難免傷害到前生的親朋眷屬好友等，萬一自己未來生中墮入畜生道，從前被我所殺的畜生道惡報受盡轉生為人時，是不是也會來殺我呢？故不殺，是一種慈悲心，讓眾生和平想處，利己利他。

---

74 鳩摩羅什譯，《梵網經》卷 2，（CBETA, T24, no. 1484, p.1006, b9-16）。

　　放生，是積極的行善，應隨緣而做，如上述圖文中的放生即是善行，可累積福德。但如果定期舉辦放生法會，大量收購魚、鳥、鱉和烏龜等，然後將甲地的魚放生到乙地，將乙地的鳥放生到甲地，那不是放生，而是害生。因為收購行為造成刻意捕捉，即是害生；況且動物在長途運送的過程中，死亡率高。僥倖存活被放生的，也不一定能適應陌生的環境，既使適應而活下來了，也容易造成生態的破壞。如台灣許多河川的原生魚類已消失，因為放生者購買吳郭魚放入各河川中，強勢的吳郭魚漸漸取代了其他魚種，將來台灣的河川會不會全部都是吳郭魚？這是令人擔憂的！又如台灣的野生鳥種白頭翁和烏頭翁，各自有其分布領域，但是放生者將烏頭翁放到白頭翁的領域，將白頭翁放到烏頭翁的領域，結果白頭翁和烏頭翁交配而生出雜頭翁。這些例子都嚴重影響生態。更令人不平的是，放生都有固定地點，故而有人專門等在該處，待放生的團體一走，即刻著手撈補，再販賣出去。放生的美意幾乎蕩然無存。

　　放生是平等心和慈悲心的表現，佛法教人戒殺和放生，那為何許多出家人還吃肉腥呢？佛陀住世時代僧團的比丘出外托缽乞食，施主給什麼就吃什麼，所以葷腥皆食。西藏因地理環境無法種植五穀，故喇嘛以牛為食。佛教北傳中國，至梁武帝時代出家人自理飲食，不出外托缽，並開始素食。佛陀制戒不應食肉，但是因種種原因不得不肉食時，應食三淨肉。

　　《梵網經菩薩戒本疏》卷 4：

　　　　六輕重者分三，一約境，二約心，三合辨初。約境者有四
　　　　一如，一切胎衣是無命肉，二自死鳥獸殘肉，三淨肉（不

見殺，不聞殺，不疑殺，小乘教中為淨肉也。[75]

《淨土全書》卷 1 中亦云：

> 楞伽經云：有無量因緣，不當食肉。眾生肉本非所宜食，以耳聞目見，慣熟不知其非，如能斷去，固為上也。如不能斷，且食三淨肉而減省。所謂不見殺、不聞殺、不為己殺是也。如食兼味，且去其一。如兩湌皆肉，且一湌以素。人生祿料有數，若此自可延壽，更當為此。[76]

佛法是方便善巧的，「三淨肉」是其因應之道，先食三淨肉而逐漸戒絕食肉。尤其修行者如不斷食肉，即使入三摩地，報終必沉生死苦海，是無法成就的。

《四分律名義標釋》卷 38，中云：

> 以三淨肉，而漸令捨離殺因，然後制斷噉食之緣。如楞嚴經云：佛告阿難。我令比丘，食五淨肉。此肉皆我神力化生，本無命根。此婆羅門，地多蒸溼，加以砂石，草菜不生，我以大悲神力所加，因大慈悲，假名為肉，汝得其味。奈何如來滅度之後，食眾生肉，名為釋子。汝等當知，是食肉人，縱得心開，似三摩地，皆大羅剎，報終必沉生死苦海，非佛弟子。如是之人，相殺相吞，相食未已，云何是人，得出三界，汝教世人，修三摩地，次斷殺生，是名如來先佛世尊。第二決定清淨明誨，是故阿難，若不斷殺，修禪定者，譬如有人，自塞其耳，高聲大叫，求人不聞，此等名為欲隱彌露，清淨比丘及諸菩薩，於岐路行，不蹋

---

75 智周撰，《梵網經菩薩戒本疏》卷 4，（CBETA, X38, no. 687, p.457, b14-16）。

76 王龍舒著，俞行敏惠公甫重輯，《淨土全書》卷上，（CBETA, X62, no. 1176, p.155, a16-20）。

生草，況以手拔，云何大悲？取諸眾生血肉充食。[77]

食「不淨肉」只是在向不食肉途中的權宜之計，並非佛陀贊同佛弟子食肉。印順導師說：那是為了適應時地的方便而設，佛陀決不以三淨肉為非喫不可。在《象腋》、《央掘》、《楞伽》、《涅槃》、《楞嚴》等大乘經中，明朗地宣說：佛弟子不應食肉。食三淨肉是方便說，食肉斷大悲種（故意殺生），食肉是魔眷屬。[78]

印順導師在《佛法概論》中亦說道：

> 佛法不但是人類的，而且是一切有情的。佛法所要救濟的，是一切有情，所以學佛者應擴大心胸，以救護一切有情為事業。這是佛法的廣大處，如菩薩的悲心激發，不惜以身餧虎（本生談）。然而佛在人間，佛法的修學者與被救護者，到底是以人類為主。如基于自他和樂共存的道德律，殺生的罪惡，對于人、畜生、螻蟻，是有差別的；對于畜生、凡夫、聖人的布施，功德也不同。如忽略這普度一切有情而以人類為本的精神，如某些人專心于放生 —— 魚、蛇、龜、鱉，而對于罹難的人類，反而不聞不問，這即違反了佛法的精神。」[79]

《護生畫集》中所繪的放生行為，有蓄水來救活魚類，有救護落水蟻群，有為保護蟻群而架設廊道，有見畜生即將被戮而花錢買下放生的。這些魚鱉禽鳥在面臨生死一線間時，得到救護而免於一死，這才是佛法放生的本意。放生除了可救動物一命，放生者還能累積福德。智者大師（538-597）、蓮池大師（1535-1615）

---

77 弘贊在慘輯，《四分律名義標釋》卷 38，（CBETA, X44, no. 744, p.691, a5-18）。

78 釋印順，《教制教典與教學》，正聞出版社，2000 年，頁 103。

79 釋印順，《佛法概論》，正聞出版社，2000 年，頁 174。

等都是主張是放生的。唐、宋以來放生池中的魚、鼈也是不准捕撈的。

　　為慶祝弘一法師五十歲生日，白馬湖曾舉辦過放生活動，事後弘一法師。在「白馬湖放生記」一文中寫道：

> 白馬湖在越東驛亭鄉，舊名魚浦。放生之事，前未聞也。無已巳秋晚，徐居士仲蓀過談，欲買魚介放生馬湖，余為贊許，並乞劉居士質平助之。放生既訖，質平記其梗慨，余書寫二紙，一贈仲蓀，一與質平，已示來覽焉。
>
> 時分：十八年九月二十三日五更，自驛亭步行十數里到魚市，東方未明。
>
> 捨資者：徐仲蓀；佐助者：劉質平；荷者：徐全茂。以上三人偕往。
>
> 魚市：在百官鎮；品類：蝦魚等，值資八元七毫八分。
>
> 放生所：白馬湖；盛魚具：向百官面肆假用，肆主始不許，因告為放生故彼欣然。
>
> 放生同行者：釋弘一、夏丏尊、徐仲蓀、劉質平、徐全茂及夏家老僕丁錦標，同乘一舟，別一舟載魚蝦等。
>
> 放生時：晨九時一刻。
>
> 隨喜者：放生時，岸上簇立而觀者甚眾，皆大歡喜，歎未曾有。[80]

　　這樣的放生活動，既溫馨又感人，還開當地風氣之先，意義非凡。

　　在近代護生戒殺文本中，強調「動物與人同秉天德」，這在明末時就已有人提出。在雲棲袾宏的「放生戒殺」文中說：「凡

---

80 《弘一大師全集》，福州，福建人民出版社，1992 年，頁 19。

有知者必同體，人之食肉，大是怪事。」[81]。雲棲袾宏所謂的「同體」，指的是「同生天地」、「同受天地之氣」的意思。亦即「人與動物同生天地之間，人與動物同樣具備生之價值。」因此人食肉是錯的，「護生戒殺」才是應行之事。[82]

放生的功德，在經論中，多所提及，如：

《大智度論》卷 13：

> 知諸餘罪中，殺罪最重；諸功德中，不殺第一。世間中惜命為第一，何以知之？一切世人，甘受刑罰刑殘考掠以護壽命。[83]

三、《護生畫集》的禪心禪趣

禪心，指的是禪宗重在修養心性；禪趣，是指《護生畫集》中幾幅以牛為主角的圖畫，充滿禪宗修行時調心的旨趣。

《護生畫集》中有多幅牛的圖像，豐子愷借人與牛之間深厚的情誼，來述說人道主義以及禪宗牧牛圖調心的意趣。禪，是梵語「禪那」的略稱，是思維靜慮之意。禪宗為中國歷史上形成的眾多佛學流派之一，亦是具有中國文化特色的佛教宗派。禪宗認為一切眾生悉有佛性、佛性人人平等、佛性是自覺的；主張明心見性、頓悟成佛、離相即禪。所以禪宗的心性論，強調自心即佛，自性本覺；禪宗的解脫方法是直指人心，見性成佛；因為要從自心中求佛，故要在自己的心性上下功夫去修煉，做到無念、無相、無住，而讓本覺顯現。而禪宗別具一格的牧牛圖，就是充滿趣味

---

81 雲棲袾宏，〈戒殺放生文〉，《蓮池大師全集》第三冊，和欲出版社，高雄，1991 年。

82 李雅雯，《近代護生戒殺思想之發展與實踐》，師大中文研究所，碩士論文，2007 年，頁 89-90。

83 鳩摩羅什譯，《大智度論》，（CBETA, T25, no.1509, p.155, c2-5）。

的禪畫。

豐子愷所繪作的《護生畫集》，以慈悲柔軟的心和眼看待一切眾生，畫集中，除了人，還有許多動物入境，從蟲、蟻、蜻蜓、蝴蝶、雀鳥、游魚等小動物，到雞、鴨、蛇、犬、貓、羊、豬、馬、牛、老虎、獅子、大象，甚至中國傳說中的麒麟、鳳凰等等飛禽走獸都有，以護生戒殺營造一團和氣來顯現眾生平等，來勸說人長養慈悲心；當然還有花草樹木等植物，以無情說法的姿態循循善誘來感化蒼生愛惜物命。

檢視《護生畫集》中的圖文，發現豐子愷特別愛貓，細讀畫有貓的圖，感覺像一位慈母微笑地、充滿愛地在俯瞰可愛的幼兒；他也愛犬，以忠僕、靈犬和救護主人等來塑造犬的形象，並彰顯犬與人類、與其他動物的感情，因此貓和犬在畫集中有不少鏡頭；豐子愷尤其惜牛，故畫了不少以牛為主角的圖畫，有的是告訴世人牛是忠僕，是家中重要成員，是生活和工作的好夥伴，是忠誠不渝的；牛很辛勤，任勞任怨，該疼惜，不應在牛老殘無法工作時予以屠宰成為肉食，有情義的惜牛人應讓牛頤養天年至壽終正寢。

豐子愷如此疼惜牛，《護生畫集》又是他佛學思想的代表作，畫集中以牛為主角的圖有十多幅，牛與佛教是否有關連呢？牛在經中的地位又如何呢？從經文中看來，牛在佛經中的地位確是崇高的。以下舉數段與牛有關的經文：

《眾許摩訶帝經》卷 12：

> 譬如牛王，處於眾群，亦如象王眾象圍繞，師子王師子圍繞，鵝王鵝眾圍繞。金翅王金翅圍繞。[84]

---

84 法賢譯，《眾許摩訶帝經》，（CBETA, T03, no. 191, p.969, a9-11）。

《雜寶藏經》卷 8：

譬如牛王渡水，導者既正，從者亦正。[85]

《大寶積經》卷 119：

譬如牛王形色端正，身量殊特蔽於諸牛。[86]

《大般涅槃經》卷 18〈8 梵行品〉：

人中象王、人中牛王，人中龍王、人中丈夫，人中蓮花分
陀利花。[87]

《妙法蓮華經》中以羊、鹿、牛三車比喻三乘，而以牛車借
喻成佛之道。

《妙法蓮華經》〈譬喻品〉：

羊車、鹿車、牛車……其車高廣，眾寶莊校，周匝欄楯，
四面懸鈴；又於其上張設幰蓋，亦以珍奇雜寶而嚴飾之，
寶繩絞絡，垂諸華纓，重敷綩綖，安置丹枕。駕以白牛，
膚色充潔，形體姝好，有大筋力，行步平正，其疾如風。[88]

《法華經義記》卷 4〈譬喻品〉：

羊、鹿、牛車，今在門外，可以遊戲。此是第二明長者示
諸子三車處，內合如來示三乘人果處。」[89]

《法華經入疏》卷 3：

譬出世三乘生法，故今經指昔三車，妙珍玩攝，故云汝等
所行是菩薩道。既知諸子所好，乃設三車，即是為人悉檀
故設譬喻也。[90]

---

85 吉迦夜共曇曜譯，《雜寶藏經》，（CBETA, T04, no. 203, p.485, c7-8）。

86 菩提流志譯，《大寶積經》，（CBETA, T11, no. 310,p.674, c22-23）。

87 曇無讖譯，《大般涅槃經》卷 18，（CBETA, T12, no. 374, p.468, a21-22）。

88 《妙法蓮華經》卷 2，（CBETA, T09, no. 262, p.12, c9-23）。

89 梁法雲撰，《法華經義記》卷 4，（CBETA, T33, no. 1715, p.618, a17-19）。

90 鳩摩羅什譯，《法華經入疏》，（CBETA, X30, no. 600, p.70, c7-9）。

其他經典中讚歎佛的偉大，比喻佛為「牛中之王」，如：

《勝鬘經疏》卷1：

> 牛王喻超過二乘……牛王者，譬攝受正法，形色無比者，喻其力用，勝一切牛者，喻過於二乘也……勝於二乘故言大福也，如是大果者。[91]

《無量壽經義記卷下》卷1：

> 猶如牛王無能勝故者。[92]（CBETA, T85, no. 2759, p. 245, a15）

《六祖大師法寶壇經》卷1：

> 經說三車，羊鹿牛車與白牛之車……坐却白牛車……唯一佛乘，無有餘乘若二若三。乃至無數方便，種種因緣譬喻言詞，是法皆為一佛乘故。三車是假，為昔時故；一乘是實，為今時故。[93]

《維摩經略疏》卷1〈佛國品〉：

> 佛為牧牛人說十一法，一一內合比丘觀心，如是等例豈非方等及三藏經對諸法門觀心義也。[94]

牧牛的方法，是佛法中調和心、身的修行要領。如：

《增壹阿含經》卷46〈放牛品〉：

> 爾時，世尊告諸比丘：若放牛兒成就十一法，牛群終不長益，亦復不能將護其牛。云何為十一？於是，放牛人亦不別其色、不解其相、應摩刷而不摩刷、不覆護瘡痍。隨時放烟、不知良田茂草處、不知安隱之處、復不知渡牛處所、不知時宜、若牛時不留遺餘盡取之、是時諸大牛可任用者

---

91 昭法師撰，《勝鬘經疏》卷1，（CBETA, T85, no. 2762, p.267, b23-268, a3）。
92 《無量壽經義記卷下》卷1，（CBETA, T85, no. 2759, p. 245, a15）。
93 元宗寶編，《六祖大師法寶壇經》卷1，（CBETA, T48, no. 2008, p.356, a5-14）。
94 湛然，《維摩經略疏》，（CBETA, T38, no. 1778, p.571, c25-27）。

不隨時將護。是謂，比丘，若牧牛人成就此十一法，終不能長養其牛，將護其身。[95]

《佛遺教經》裏講得更具體：「譬如牧牛，執杖視之，不令縱逸，犯人苗稼。」這意思即是說：修行人禦心要像牧牛一樣，時時不忘制心、息妄。《大智度》論裏也舉出十一種牧牛的方法，當然也是以借喻的方式，讓修行人領會調心、降伏其心之道。從以上的舉例中，足可證明牛與佛法的關係。[96]佛經中處處都有牛的蹤跡，在此就不再贅述。

以下就《護生畫集》的惜牛愛牛圖、牧牛圖、宋明流傳十牛圖的起源與內容、宋明十牛圖與《護生畫集》十牛圖的對照，加以闡述。

（一）　《護生畫集》的惜牛愛牛圖

圖 67

1.第一集，頁 35-36，「農夫與乳母」（圖 67）：

「憶昔繈褓時，嘗啜老牛乳，年長食稻粱，賴爾耕作苦，念此養育恩，何忍相忘汝，西方之學人，倡人道主義，不啖老牛肉，淡泊樂蔬食，卓哉此美風，可以昭百世。」── 弘一詩並書寫。

---

95 提婆譯，《增壹阿含經》卷 46〈49 放牛品〉，（CBETA, T02, no. 125, p.794, a8-17）。

96 此段引述耕雲先生講述，《牛的禮贊》，1989 年 1 月 22 日於淡江大學，http://buddhist.huhai.net/sutra/books/1544.htm。（2009.10.23）。

此圖以西方人道主義者提倡不啖老牛肉，淡泊樂蔬食，其實中國儒道釋三家思想早已提醒世人以「仁」、「愛」及「慈悲」對待萬物，西方只是發揚中國傳統思想而已。中國人不啖老牛肉，是對辛勤一生的牛知恩圖報之情誼，而且中國人相信屠牛及食牛是會有報應的。

唐呂純陽的〈戒食牛歌〉言：

> 君不見牛耕土，曳步前奔用力努。又不見日當午，血汗通身涎沫吐。世間畜類多，無如他報主。可恨貪財農，心狠如狼虎。見他精力衰，賣與人烹煮。割下頭，剖開肚，血塗鐘，皮鞔鼓，骨銼簪，肉作脯。當日耕田難不難？今日粉身苦不苦？冤魂泣訴閻羅王，閻羅悲憫不能語。但說宰牛夫，受罪在地府。或丟劍樹叢，或擲刀山塢。或灌滾銅汁，或烙紅鐵柱。永劫不翻身，翻身世變汝。又有食牛人，不聽人勸阻。勸之起爭端，阻之笑迂腐。怕說牛有功，強說牛能補。一任罪通天，不知何肺腑？誰知一食牛，立刻天人怒。縱有好心腸，此條登惡簿。陰註禍來侵，暗折福無數。貧夭逮兒孫，甚至滅門戶。吁嗟乎，牛代人耕誰不睹，殺而食之喪心伍。我今降乩普告人，戒此方堪對佛祖。[97]

呂純陽是道教真人，這是道教勸人疼牛、惜牛、勿殺牛的歌曲，依內容看，確能收嚇阻人殺牛的意圖。

2.第二集，頁 33-34：「老牛亦是知音者 橫笛聲中緩步行」（圖 68）：

「慈心感物，有如韶武。龍翔鳳集，百獸率舞。」── 智顗補題，弘一書寫。

---

97 蔡運辰編，〈慈心寶鑑〉，《放生詩抄》，台北市，揚善出版社，民 63 年，頁 8-9。

圖 68

慈心感物 有如韶武 龍翔鳳集 百獸率舞

智顗補題

此為一幅溫馨感人的人牛同樂圖。牧童騎在牛背上吹笛自娛，笛音悠揚地傳遍山野水澤。老牛似乎聽得入神，還面帶微笑。此時的牛並不覺得自己是牛，牠已然成為一位能體會主人心情以及懂得欣賞優美音樂的好友。

3.第二集，頁47-48，「牛的星期日」（圖 69）：

「耕牛雖異類，好逸與人同。願得星期日，閑眠楊柳風。」

—— 智顗補題，弘一書寫。

此圖繪的是牛悠閒渡假的畫面。這是豐子愷以幽默方式為牛所做的訴願，希望牛像人一樣能夠有休假日。此圖文富有佛法中眾生平等思想。

耕牛雖異類 好逸与人同 顧得星期日 閑眠楊柳風

智顗補題

圖 69

4.第五集，頁 19-20，「人閒牛亦樂，隨意過前村」（圖 70）：

「秋晚稻生孫，催科不到門，人閒牛亦樂，隨意過前村。」

—— 宋張孝祥詩，虞愚書寫。

此圖描繪秋收過後，還不到催科稅金的時節，人們心中充滿豐收的喜悅，又沒有繳稅的壓力；牛經過春耕、夏耘和秋收等忙

圖 70

碌的三季，也該喘一口氣好好休息。此時人和牛都樂得輕鬆自在，準備過一個好年冬。

5.第五集，頁 25-26，「人牛相對眠」（圖 71）：

「山村柳絮天，稚子習耕田，飯罷日亭午，人牛相對眠。」──清湯貽汾詩，虞愚書寫。

這也是一幅人牛同樂圖。將加入生產行列的農家第二代，在柳絮飛揚的春耕季節，於農田中辛苦學習耕種後，午休正酣，而忠誠的牛

圖 71

就在一旁疼惜地陪伴和看望小主人。

6.第五集，頁 55-56，「春郊草味鮮」（圖 72）：

「日長耕作罷，閒步晚風前，牛背安眠好，春郊草味鮮。」── 緣緣堂主人詩，虞愚書。

此圖描繪牛在日間辛勤

圖 72

耕作之後，由小主人牽至郊野放牧。小主人在牛背上作美夢，而牛亦滿足地吃著鮮嫩的青草。此圖表現的是人牛感情深厚及相互信任。這是一種慈悲、慈愛和平等的體現。

7.第四集，頁49-50，「躍出深水」（圖73）：

「雍正初，李家窪佃戶董某，父死，遺一牛，老且跛，將鬻於屠肆。牛逸至其父墓前，伏地僵臥，牽挽鞭捶，皆不起，惟掉

圖 73

尾長鳴。村人聞是事，絡繹來視，忽鄰叟劉某憤然至，以杖擊牛曰：「渠父墮河，何預於汝，使隨波漂流，充魚鱉食，豈不大善！汝無故多事，引之使出，多活十餘年，至渠生奉養，病醫藥，死棺斂。

且留此一墳，歲需祭掃，為董氏子孫無窮累，汝罪大矣！就死汝兮，牟牟者何為？」蓋其父嘗墮深水中，牛隨之躍入，牽其尾得出也。董初不知此事，聞之大慚，自批其頰曰：「我乃非人！」急引歸。數月後病死，泣而埋之。此叟殊有滑稽風，而東方朔救漢武帝乳母事竟暗合也。」--閱微草堂筆記，朱幼蘭書寫。

此圖文述說的是知恩圖報的故事。描寫一頭曾經救主的忠牛，老且跛，在主人歿後，差點被不知情的親人鬻於屠肆，幸知情的鄰人相救才免於一死，且接受供養而頤養天年。

以上諸圖都是《護生畫集》中豐子愷惜牛、疼牛的圖畫。而畫集中更有幾幅藏有深意的牧牛圖，不熟習佛法的讀者，讀來只覺得是豐子愷畫的人牛相處圖，其實這些都是禪宗調心的牧牛圖。

（二）《護生畫集》的牧牛圖

1.第五集，頁 41-42，「石上山童睡正濃」（圖 74）：

「柳岸春波夕照中，淡煙芳草綠茸茸，饑餐渴飲隨時過，石上山童睡正濃。」── 普明禪師牧牛圖頌。

2.第五集，頁 43-44，「白雲明月任西東」（圖 75）：

「白牛常在白雲中，人自無心牛亦同，月透白雲雲影白，白雲明月任西東。」── 普明禪師牧牛圖頌。

3.第五集，頁 45-46，「一曲昇平樂有餘」（圖 76）：

「露地安眠意自如，不勞鞭策永無拘，山童穩坐青松下，一曲昇平樂有餘。」── 普明禪師牧牛圖頌。

4.第五集，頁 47-48，「牧童歸去不須牽」（圖 77）：

「綠楊陰下古溪邊，放去收來得自然，日暮碧雲芳草地，牧童歸去不須牽。」--普明禪師牧牛圖頌。

圖 74　　　　　　圖 75　　　　　　圖 76

5.第五集，頁 49-50，「羌笛聲聲送晚霞」（圖 78）：

「騎牛迤儷欲還家，羌笛聲聲送晚霞，一拍一歌無限意，知音何必鼓唇牙。」── 普明禪師（應為廓庵禪師）牧牛圖頌。

6.第五集，頁 51-52，「牛也空兮人也閒」（圖 79）：

「騎牛已得到家山，牛也空兮人也閒，紅日三竿猶作夢，鞭繩空頓草堂間。」—— 普明禪師（應為廓庵禪師）牧牛圖頌。

以上六幅牧牛圖，是傳達禪心禪趣思想的圖畫，豐子愷取材自禪門中的「十牛圖」。「十牛圖」的內容為詩誦配合圖畫，以

圖 77　　　　　圖 78　　　　　圖 79

圖文並茂的方式闡述禪修的心路歷程，是文學、繪畫、佛學等多重元素組合而成的。

李蕭錕說：「牧牛即調心，調息吾人久積之習氣，是佛教北禪修行之法門，屬於漸修之實踐工夫，強調自我淨化、自我轉化、自利、自覺、及自我完成的歷程與目的。關於調心，《易經》中曾言「君子卑以自牧」，此中之牧，即調整、自我規範、自我軌律之意；佛教《遺教經》也說：『譬如牧牛之人，執杖視之，不令放逸，犯人苗稼』中的牧牛，更是守身格心之工夫，如牧童之牧牛，勤慎約束，不讓其放逸，犯別人田稼；馬祖禪師問石鞏：『汝在此何務？』答曰：『牧牛。』又問：『牛作麼牧？』答曰：『一回入草去，驀鼻拽將來。』牧牛之義，也首重修持，不使縱逸；佛學之『五明學』中，包括內明、聲明、因明、醫方明及工

巧明等，也以內明為首要，旨在自我修持，自我人格之完成為終極目標。」[98]

以上六幅牧牛圖，為豐子愷改寫自普明禪師四幅、廓庵禪師二幅之「十牛圖」（《護生畫集》中均植以普明禪師十牛圖），在本節末了再作對照。

（三）宋明流傳十牛圖的起源與內容

十牛圖以宋廓庵禪師（臨濟宗）的〈牧牛圖〉及明萬年間普明禪師（曹洞宗）的〈十牛圖頌〉，最為人熟知。豐子愷所繪牧牛圖即是模仿廓庵禪師和普明禪師所作之牧牛圖。廓庵禪師的「牧牛圖」分別為尋牛、見跡、見牛、得牛、牧牛、騎牛歸家、忘牛存人、人牛俱忘、返本還源、入鄽垂手等。普明禪師的十幅「牧牛圖」，分別為未牧、初調、受制、回首、馴伏、無礙、任運、相忘、獨照、雙泯等。兩者都是藉著牧童一次次地調伏狂野的牛性，比喻行者將心猿意馬，亦即被五欲六塵污染的心，漸次調伏至悟道的過程。「牧牛圖」是以牧牛比喻修道的過程，牛表示難以調伏的心，以牧童或尋牛的童子表示求道者，十圖次第接續，象徵禪思、禪行、禪證等過程，而達人、法兩空境地，最後彰顯禪的最高境界。

廓庵《十牛圖頌》創作於北宋時代，以圖示展現禪門修證過程。禪師為了與文人往還論道，採用詩歌的形式披露禪理玄機，一方面詩的象徵性有助示禪，另一方面禪的義蘊可以開拓詩歌內涵，詩的含蓄象徵性與禪的不可言說性旨意相契合，促使詩、禪相互借鑑，更掀起「以禪入詩」、「以禪喻詩」等風氣。由於禪

---

98 李蕭錕，《曉雲導師「牧牛圖」中「自在」「任運」之禪意》，http://www.hfu.edu.tw/~pr/130/hf130word4-1.htm。（2009.10.9）。

門牧牛公案的流傳，以及當時禪門重視農務的傳統，〈十牛圖頌〉之詩頌內容環繞於牧牛主題，闡釋禪門修證歷程。[99]

　　普明禪師之生時年代不詳[100]。蔡榮婷認為普明〈牧牛圖〉應完成於徽宗崇寧元年以前。[101]普明〈十牛圖〉牧童與牛隻互動八次，根據禪宗「牧牛喻牧心」的觀點，顯示出普明修行過程著眼於心性調伏的層面。全身色黑的牛隻野性極為頑強，而後自牛首、牛半身、野性逐漸緩和，最終劣性完全被調伏與牧童自在互動，牛隻轉變為全身色白，藉由牛隻顏色的轉變象徵牧童調伏牛隻的成效。歷來牧牛圖作品由於創作者不同，展現不同禪修實踐歷程，普明〈十牛圖〉著眼於牛隻顏色的變化，亦即重視過程中修行者調伏心性由染轉淨，清淨自性顯露的實踐過程，同時將自性顯露視為禪修實踐目標的完成。[102]

　　《十牛圖頌》卷 1 中云：

> 觀眾生之根器，應病施方，作牧牛以為圖，隨機設教。初從漸白，顯力量之未充。次至純真，表根機之漸照。乃至人牛不見故，標心法雙亡……十頌佳篇，交光相映，初從失處，終至還源……初自尋牛，終至入鄽，強起波瀾，橫生頭角，尚無心而可覓，何有牛而可尋，泊至入廛。[103]

　　《十牛圖和頌》卷 1 中說：

99　陳嘉文，《廓庵〈十牛圖頌〉禪學思想之研究》，佛光大學哲學系，碩士論文，2007，頁 44。

100　普明禪師，《十牛圖和頌》卷 1，（CBETA, X64, no.1271, p.777,a14-15 // Z2:18, p.462,c11-12）。

101　蔡榮婷，〈宋代禪宗牧牛詩組初探〉，《國立中正大學學報》第八卷，第五期，1997 年，頁 92。

102　陳嘉文，《廓庵〈十牛圖頌〉禪學思想之研究》，佛光大學哲學系，碩士論文，2007，頁 29。

103　廓庵和尚，《十牛圖頌》，（CBETA, X64, no. 1269, p.773, b14-24）。

遺教經雲：譬如牧牛，執杖視之，不令縱逸，犯人苗稼，
則牧牛之說所自起也。[104]

《佛祖三經指南》卷 2《佛遺教經》，經中云：

汝等比丘已能住戒當制五根，勿令放逸入於五欲，譬如牧
牛之人執杖視之，不令縱逸犯人苗稼……心之可畏，甚於
毒蛇、惡獸、怨賊、大火……毋令放逸……是故比丘當勤
精進折伏汝心。[105]

（四）宋、明流傳的兩種十牛圖

1.臨濟宗廓庵禪師的「十牛圖」：

（1）尋牛（圖 80）[106]：

「茫茫撥草去追尋，水闊山遙路更深。力盡神疲無處覓，但
聞楓樹晚蟬吟。」

圖 80

此幅圖頌描繪初發心的修行人，
要安住自己的心，而此心似野牛難以
駕馭，偏要反方向而去，迷失在追逐
五欲和塵勞中，為了尋找這頭心牛，
必須撥開茫茫如海的深草，費力地尋
覓。比喻行者的心，已背離佛性，必
須費力尋回。

（2）見跡（圖 81）：

---

104 袾宏，《牧牛圖序》，（CBETA, X64, no. 1271, p.777, a5-6）。

105 鳩摩羅什譯，《佛遺教經》，（CBETA, X37, no. 675, p.803, c8-19）。

106 十幅廓庵禪師「十牛圖」引用自人間福報，宗教文選。（2008.4.12 日）。

「水邊林下跡遍多，芳草離披見也麼。縱是深山更深處，遼
　　天鼻孔怎藏牠。」

圖 81

　　牧童沿途尋牛，終於在河邊的樹
林下，茂密的芳草叢中，見到了牛的
足跡。牛雖然是藏在山的深處，但是
向著遼闊天空的鼻孔是藏不住的。找
到牛的足跡，比喻行者已經找到修行
的方向。

　　（3）見牛（圖82）：

「黃鶯枝上一聲聲，日暖風和岸柳青。只此更無迴避處，森
森頭角畫難成。」

　　牧童見到牛的足跡，心情愉悅，
宛如黃鶯在枝頭上一聲聲地高鳴，也
彷彿在日暖風和的春天，見到河岸邊
的柳葉青青；牧童心知此時雖然只遠
遠地見到牛，難以見到牛的清楚面
貌，即使畫家都難以畫出牛的模樣，
但是牛已經無處迴避。比喻行者已知
修行方向，即已得心牛，但是尚未能
掌握心性，亦即心牛仍未馴服。

圖 82

　　（4）得牛（圖83）：

「竭盡神通獲得渠，心強力壯卒難除。有時纔到高原上，又
入煙雲深處居。」

　　牧童辛苦的翻山越嶺，竭盡神通力才在水邊找到牛，即便牧
童身強力壯，依然勞累不堪。有時為了追趕牛好不容易來到高原
上，一轉眼牛又不見蹤影，原來牛已經跑到雲煙繚繞的深山中。

比喻行者的心牛起伏不定，費盡力氣才安頓好，一忽兒工夫卻又回復野性，即煩惱習氣依然深重，令心起伏不定。

（5）牧牛（圖84）：

「鞭索時時不離身，恐伊縱步入埃塵。相將牧得純和也，羈鎖無拘自逐人。」

牧童為了馴牛，鞭索時時不離身，惟恐一有疏失就讓牛再度奔離；牧童須進一步使牛性純和，牛才能不需強自鞭鎖而能自行跟隨在身旁。比喻修道之心必得由生轉熟而達清淨無染和純一無雜的安詳之境，此時心就無需強自拘鎖，而能自然收攝，得到安頓。亦即行者須精進地自我鞭策，努力向道。

（6）騎牛歸家（圖85）：

「騎牛迤邐欲還家，羌笛聲聲送晚霞。一拍一歌無限意，知音何必鼓唇牙。」

迤邐的山路上，牧童騎著牛，邊吹著笛邊向回家路上走，羌笛悠揚的聲音，一聲聲地彷彿正送別天邊的彩霞。一拍一歌間牧童的心隨意自在，座下的牛就是知音者，不必多費唇舌再多說什麼了！牛已被馴服，不需再加鞭策，人牛和諧，比喻修道人已降服六根，脫離情識妄想，不再執著，而能任運自在。

（7）忘牛存人（圖86）：

「騎牛已得到家山，牛也空兮人也閒。紅日三竿猶作夢，鞭

圖83

圖84

圖85

繩空頓草堂間。」

牧童騎牛回到家，此時牛已完全馴服，牧童不必再牽掛牛，不怕牛會回復野性或走失。牧童安心入眠，一覺睡到日上三竿，還在美夢中未醒，此時牛鞭早已高掛在草堂上用不著了。比喻行者心已安住，六根收攝，不再放逸，此時，只有人而沒有牛，即所謂忘牛存人。此境界法執已無，但是我執尚在。

（8）人牛俱忘（圖87）：

「鞭索人牛盡屬空，碧天遼闊信難通。紅爐焰上爭融雪，到此方能合祖宗。」

此時，執牛鞭和牛鎖的牧童以及被馴服的牛，都已自在到兩兩相忘，即使遼闊無阻礙的虛空都很難讓牧童和牛信息相通。這種境地猶如人們在燒紅的爐火中銷融積雪，雪融化，回歸為原來的水。比喻修道者已悟人法兩空，回歸真如本性，此時凡聖共泯，眾生與佛俱空，所以此圖中空無一物。

（9）返本還源（圖88）：

「返本還源已費功，爭如直下若盲聾。庵中不見庵前物，水自茫茫花自紅。」

「一切眾生悉有佛性……常為無量煩惱所覆，是故眾生不能得見。」[107]故借修道返本還原，但修行何等辛苦，不如當下若盲若聾，不染客塵煩惱還來得快些；了悟本來面目都是緣起的空性，既使身在庵中亦不見庵前的事物，讓茫茫流水自然地奔流，讓春花自然地綻放紅艷的嬌顏。比喻讓心回到原本清淨無染境地，沒有煩惱和妄念，當體即證悟佛性。

107　曇無讖譯，《大般涅槃經》，（CBETA, T12, no. 374, p.407, b9-11）。

（10）入鄽垂手（圖89）：

圖86　　　　　　　圖87　　　　　　　圖88

「露胸跣足入鄽來，抹土塗灰笑滿腮。不用神仙真秘訣，直教枯木放花開。」

已悟證佛性的修道人，坦露著胸，赤著腳著走入塵世度化眾生，行腳中不畏風塵僕僕，身上布滿灰土塵埃，不過兩頰卻堆滿著笑容。不必用成仙的祕訣，只以那慈悲願行，即能讓有緣眾生如枯木逢春且開出美麗的花朵。比喻悟道者不捨眾生依然沈淪

圖89

於五陰劫火之中，秉著大悲願以出世的心做入世之行，廣度眾生咸令成佛。這是得道後不入涅槃的菩薩行。

2.曹洞宗普明禪師的「牧牛圖」：

《十牛圖頌》卷1中云：

> 十牛圖者，蓋禪宗託喻於此，以修心證道者也。牧童即人也，牛即心也，圓光即人心俱渾化而證於本然之道也。[108]

又《十牛圖和頌》卷1中亦云：

---

108 覺因・胡文煥著，《新刻禪宗十牛圖》，（CBETA, X64, no. 1270, p.775, b9-10）。

盡大地是普明一頭牛，何處更有佛與眾生。毫釐不隔，本
是如如，若道此牛有黑有白、有雄有雌、有饑有飽，便是
一體分別成二。世尊初生，指天指地，周行目顧，犯人苗
稼不少。祖師西來。直指人心。見性成佛。[109]

　　此經文中已點出普明禪師十牛圖中的牛有黑有白、有雌有
雄、有饑有飽，便是一體分別成二，牧牛者要將牛放牧到全白、
全飽、無分雌雄，心牛才叫完全馴服，一體就不致一分為二。這
牧牛過程即是調伏心性過程。普明禪師所作的牧牛圖，畫中的牛
由全黑，象徵野性難馴，逐漸地變成白牛，象徵心牛被完全馴服。

　　普明禪師所作之《牧牛圖頌》，共十圖，分別敘述如下：

（1）未牧第一（圖90）[110]：

「猙獰頭角恣咆哮，奔走溪山路轉遙；一片黑雲橫穀口，誰

知步步犯佳苗。」

　　此圖描寫牧童追牛，牛頂著猙
獰可怖的頭角恣意地咆哮，奔走在
溪流和山路間且愈跑愈遙遠。前方
一片黑雲瀰漫籠罩著狹窄的通路
口，牛已走投無路，但牠一路狂奔，
步步都踐踏了稼苗。比喻牛性狂野
難馴。

圖 90

（2）初調第二（圖91）：

「我有芒繩驀鼻穿，一回奔競痛加鞭；從來劣性難調製，猶
得山童盡力牽。」

109　袾宏，《牧牛圖序》，（CBETA, X64, no. 1271, p.777, b5-8, b6-9）。

110　十幅普明禪師「牧牛圖」引用至，何勁松《禪詩《牧牛圖頌》賞析》
　　http://www.eastart.net/friendship/chansimuniutusong.htm，（2009.10.18）。

圖 91

牧童忽然快速地用芒草繩穿住牛鼻，牛奮力抵抗而奔走；牧童用牛鞭痛加鞭策；牛的劣根性從來都是難以調伏的，牧童必須費盡力氣將牛牽在手中。比喻狂野的牛已被修行者緊緊抓住，嚴加管束。

（3）受制第三（圖92）：

「漸調漸伏息奔馳，渡水穿雲步步隨；手把芒繩無少緩，牧童終日自忘疲。」

經過牧童的努力，牛的野性已漸漸調伏不再胡亂奔馳，牧童涉水渡河穿越高山，牛都步步緊隨著；牧童手上的芒繩無有片刻放鬆，但牧童卻能樂此不疲。比喻行者的心已受制，但仍須時時警惕，不可懈怠。修煉過程苦中有樂，修行者卻能樂而忘苦。

圖 92

（4）回首第四（圖93）：

「日久功深始轉頭，顛狂心力漸調柔；山童未肯全相許，猶把芒繩且系留。」

牧童馴牛日久，功力愈來愈見深厚，牛性終於被馴服而願意追隨牧童。牛原先的顛狂心漸被調教得柔順。此時牧童並不全然相信牛性

圖 93

已被調伏，依然用芒繩繫住牛。比喻修行者至此時依然不敢有絲
毫放鬆，深怕習氣會隨時復萌，故要做好克制的功夫。

（5）馴伏第五（圖94）：

「綠楊陰下古溪邊，放去收來得自然；日暮碧雲芳草地，牧

童歸去不須牽。」

　　牧童放任牛在柳陰和溪邊，牛
來來去去自在悠閒；蒼碧的雲天下
和如茵的芳草地上已是日暮時分，
牧童要歸家時，牛自行跟隨牧童回
去，不須再用芒繩來牽了。比喻修
道者的心已能收放自如。

圖94　　　　　（6）無礙第六（圖95）：

「露地安眠意自如，不勞鞭策永無拘；山童穩坐青松下，一
曲升平樂有餘。」

　　牛露地安眠意態自如，已不勞
牧童鞭策，無拘無束地安然自在；
牧童亦神態安穩地坐在青松下，吹
奏昇平之樂曲，其樂也無窮。比喻
修行者習氣皆息，且氣定神閒。此
時圖畫中的黑牛已變為白牛，象徵
修行人塵勞已除，因此舉止安詳，
優閒自在。只是牛尾巴尚黑，故牛

圖95

性仍未完全消失，表示離開悟境地還有一些距離。

（7）任運第七（圖96）：

「柳岸春波夕照中，淡煙芳草綠茸茸；饑餐渴飲隨時過，石
上山童睡正濃。」

圖 96

春天的柳岸邊水波盪漾，夕陽已西斜，淡淡煙霧中芳草碧綠；牛兒自由自在地饞來吃草渴來飲水，任時光推移，而在山石上的牧童竟自酣眠。牧童與牛已無需相問。圖中牛全身純白，比喻心的純善及完全解脫已臻任運自然之境。

（8）相忘第八（圖 97）：

「白牛常在白雲中，人自無心牛亦同；月透白雲雲影白，白雲明月任西東。」

白牛的野性已經放下，彷彿身處白雲間般的自在安閑，牧童也如牛一般的無心，牧童與牛已然相忘。此時明月透過白雲呈顯的雲影也如白牛般，而白雲和明月交錯而過各自西東。比喻修道者的心已放下煩惱、妄想，如牧童與牛那樣人牛相忘，主客不分。明月象徵自性，

圖 97

為體；白雲則為現象，為用，至此已達體用不二的境地。

（9）獨照第九（圖 98）：

「牛兒無處牧童閑，一片孤雲碧嶂間；拍手高歌明月下，歸來猶有一重關。」

牛已馴服，牧童不再心於牛，對牧童來說牛已不存在了，牧童閑適又愜意。遠處猶有一片雲孤懸在碧綠層疊的山峰間。牧童在明月下拍手高歌，不知孤雲可能會遮月，故牧童歸家時仍有

圖 98

一個關卡要過。心中無牛比喻修道人心已不執著，客體雖已不在，但是主體的我卻在明月下拍手高歌，可見我還如遠山上那一片孤雲隨時可能遮月，所以還有最後一關需要突破。

（10）雙泯第十（圖 99）：

「人牛不見杳無蹤，明月光含萬象空；若問其中端的意，野花芳草自叢叢。」

牧童和牛都不見了，杳無蹤跡，無盡的夜空中明月及其發出的光輝也是空的。若問牧童、牛、明月及月光究竟意義何在？人牛一體，明月與月光一體，雙方都不見了，但是大地上的野花和芳草依然叢叢茂密地生長著。一輪明月象徵

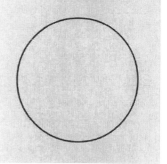

圖 99

大圓鏡智，主客雙泯，一切復歸於自然。此圖及頌比喻修行者已證佛性，悟到人、法兩空，雖已知萬法皆空，但是這世間仍然是假有的，各種因緣和合令野花芳草叢叢生長，生機盎然。

禪宗的修行，初時見山是山，見水是水；修行中見山不是山，見水不是水；悟道後見山仍是山，見水仍是水。這還我本來面目，需要一番徹底的工夫。禪宗行菩薩道，不證入涅槃，即在悟道後仍然入世度化眾生。

（五）宋、明「十牛圖」與《護生畫集》「十牛圖」的對照

1.石上山童睡正濃 —— 任運（圖100）：

「柳岸春波夕照中，淡煙芳草綠茸茸；饑餐渴飲隨時過，石上山童睡正濃。」

圖100

2.白雲明月任西東 —— 相忘（圖101）：

「白牛常在白雲中，人自無心牛亦同；月透白雲雲影白，白雲明月任西東。」

圖101

3.一曲昇平樂有餘 —— 無礙（圖102）：

「露地安眠意自如，不勞鞭策永無拘。山童穩坐青松下，一曲升平樂有餘。」

圖 102

4.牧童歸去不須牽 —— 馴服（圖103）：

「綠楊陰下古溪邊，放去收來得自然；日暮碧雲芳草地，牧童歸去不須牽。」

圖 103

5.羌笛聲聲送晚霞 —— 騎牛歸家（圖104）：

「騎牛迤邐欲還家，羌笛聲聲送晚霞。一拍一歌無限意，知音何必鼓唇牙。」

圖 104

6.人也空兮人也閑--忘牛存人（圖 105）：

「騎牛已得到家山，牛也空兮人也閑。紅日三竿猶作夢，鞭繩空頓草堂間。」

圖 105

以上為豐子愷所繪的牧牛圖與禪宗牧牛圖的對照。

牧牛圖為禪畫。中國禪畫原不被當成藝術品欣賞，而是藉禪畫配以禪詩或禪歌來傳達禪境。禪宗不立文字，是由於文字言說之有限性，「十牛圖」超越文字言說而顯示真理。禪師以繪畫和詩頌表達禪修經過及禪證體會。「十牛圖」即是佛教修行的宗教畫，其畫境教人如何一步步瞭解及掌握心性之本源，最後達人、法兩空的悟境，即「引導眾生，還源返本」。禪宗的「十牛圖」

是禪宗文學、藝術和美學的表現，禪的不立文字而又不離文字的
旨趣盡在其中，成為禪宗文化特色之一。

　　在禪學的淵源中，臨濟宗和曹洞宗是禪學上的兩大宗，其宗
主均產生於唐宋，後來在中國哲學上都發生很大的影響。[111]而其
禪畫「十牛圖」，更是流傳千古，影響深遠。

第三節　《護生畫集》的儒道思想

　　儒道二家天人合一的思想視人與萬物為一體，所以對待自然
有其與西方不同的觀點。唐君毅先生在《中國文化之精神價值》
一書中說：「中國之自然律為內在……為萬物之性，而性則表現
於其能隨境變化而有創造生起處，因而可謂之內在於物之自由原
則、生化原則……與他物相感通之德量……乃中國之自然宇宙觀
之核心……亦為中國宗教精神以天高聽卑，帝無常處，儒家以仁
道仁心觀宇宙，及道家以逍遙齊物之眼光觀宇宙之精神所必涵。」
[112]唐先生也認為：「中國自然宇宙觀之最大特徵，在視自然本身
為含美善之價值者……中國易經，則早有一切自然與社會之矛盾
衝突，皆可由變通而歸於和諧之教。」[113]再者：「物之求生存，
即求有所創新發育。物之求生存本身，亦依物之自身有仁，而後

111 李石岑，《中國哲學史話》，〈佛學與禪〉，台北市，久久出版社，民 71
　　年，頁 241。
112 唐君毅，《中國文化之精神價值》，南京，江蘇教育出版社，2006 年，
　　頁 63。
113 唐君毅，《中國文化之精神價值》，南京，江蘇教育出版社，2006 年，
　　頁 75。

可能。故中國人以物能生之種子曰仁，如桃仁杏仁之名是也。」[114]
由此看來，中國傳統思想中，「仁」是一切生物求生存的根本核
心。唐先生又謂：「知物之求生存之依於仁，則物之求生存而相
爭相害，亦依於仁而後可能也……自然界之鬥爭矛盾……非自然
界之本性。凡自然界之鬥爭、矛盾與險阻，依易經之見，又無不
可由擴大各自所感通之物之範圍，以調協彼此之關係，而歸於並
存並育之大和。[115]中國傳統思想待人待萬物以「仁」，而至終極
和諧而並存並育，這是「仁」思想的基礎。不過在哲學思維上，
道家與先秦時代大多數學派非常不同的是，道家講人性採取的是
自然主義的立場，而非倫理主義的立場。所謂倫理主義的立場是
直接以善惡這一倫理價值來給人性命名。[116]

　　豐子愷是一位深受中國傳統儒家思想薰陶的文化人，他的散
文溫柔敦厚，讀來如沐春風，處處顯現仁與愛，那是儒家思想中
重要的內涵之一。他的學養和氣質，在繪作《護生畫集》時很自
然地流露其中。

　　儒家的「仁」和墨家的「兼愛」，其實都是慈悲。「仁者無
敵」這句話，是仁的極致表現。從仁的字義看，思想的最高發揮，
除了是種子的核仁之外，亦有二人之意，二人相處之道為仁，故
能真正體會仁，將仁擴充，人與人之間就沒有對立，一切都能相
輔相成，也就不會製造敵人，所以仁者是無敵的，就像慈悲無國
界一樣。儒家的仁，從個人和家庭出發，透過倫理，由家庭中的

---

114 唐君毅，《中國文化之精神價值》，南京，江蘇教育出版社，2006 年，
　　頁 77。
115 唐君毅，《中國文化之精神價值》，南京，江蘇教育出版社，2006 年，
　　頁 78。
116 吾敬東等，《中國哲學思想》，上海，華東師範大學出版社，1998，頁
　　194。

父子擴充為君臣，兄弟擴充為朋友。維繫家庭關係的重要角色是
夫婦，夫妻相處、經營家庭、孝順父母、教養子女，以及營造家
庭以外的各種關係，為儒家道德的根源。由此向外推演，即是儒
家「親親而仁民，仁民而愛物」[117]、「四海之內，皆兄弟也」[118]、
「民吾胞也，物吾與也」[119]。這一切皆以家庭的本位及人本思想
為主，擴充到「四海皆兄弟」和「天下為公」的理想。

　　孟子認為「君子以仁存心，以禮存心。」[120]；存心亦需養心，
養心則必須寡欲。孟子說：「口之於味也，目之於色也，耳之於
聲也，鼻之於臭也，四體之於安逸也，性也，有命焉，君子不謂
性也。」[121]寡欲足以養氣，口之於味也，是難以滿足的，豐子愷
「護生畫集」以「己所不欲，勿施予人。」[122]來為動物請命，以
圖畫說法，普勸世人長養慈悲心，並視萬物一體，勿相傷相噉。
動物類人，有知、有情、有識、有愛、有怨，以「民吾胞也，物
吾與也」之心，愛惜萬物，才能和氣致祥，才是真正的天下一家。

　　孔子說：「知者樂水，仁者樂山。」[123]又云：「仁者安仁，

117　謝冰瑩等編譯，〈孟子‧盡心篇〉，《新譯四書讀本》，台北，三民書局，
　　　2003 年，頁 627。
118　謝冰瑩等編譯，〈論語‧顏淵〉，《新譯四書讀本》，台北，三民書局，2003
　　　年，頁 202。
119　宋‧張載撰，《張載集‧正蒙乾稱篇第十七》，台北縣，漢京文化事業，
　　　2004 年，頁 62。
120　謝冰瑩等編譯，〈孟子‧離婁章〉，《新譯四書讀本》，台北，三民書局，
　　　2003 年，頁 504。
121　謝冰瑩等編譯，〈孟子‧盡心下〉，《新譯四書讀本》，台北，三民書局，
　　　2003 年，643。
122　謝冰瑩等編譯，〈論語‧顏淵〉，《新譯四書讀本》，台北，三民書局，2003
　　　年，頁 202。
123　謝冰瑩等編譯，〈論語‧雍也篇〉，《新譯四書讀本》，台北，三民書局，
　　　2003 年，頁 133。

知者利仁。」[124]儒家屹立如山，可以有道德的安立，道家靈動如水，可以有智慧的靈動。水永遠環繞山，道家的空靈智慧，有助於實現儒家的道德理想[125]。儒家的實現原理，是道德的創造，道家的實現原理，是虛靜的觀照。道家認為，人無為，自然無不為；聖人無為，百姓無不為；天地無為，萬物無不為；取消人為的措施，就可以回歸自然的美好[126]，此之謂無為而無不為。在《護生畫集》裡，豐子愷也發揮了道家這種無為而無不為的哲理。

以下為《護生畫集》中與儒道思維相關幾幅圖畫：

一、《護生畫集》的儒家思想：

1.第一集，頁 15-16，「！！！」（圖 106）：

圖 106

「麟為仁獸，靈秀所鍾，不踐生草，不履生蟲，繄吾人類，應知其義，舉足下足，常須留意，既勿故殺，亦勿誤傷，長我慈心，存我天良。」── 弘一詩並書寫。

麒麟，簡稱「麟」，是古代傳說中罕見的神獸，被稱為仁獸、

---

124 謝冰瑩等編譯，〈論語·里仁篇〉，《新譯四書讀本》，台北，三民書局，2003 年，頁 100。

125 王邦雄等著，〈老子〉，《中國哲學史》，台北，里仁書局，1995 年，頁 14。

126 王邦雄等著，〈老子〉，《中國哲學史》，台北，里仁書局，1995 年，頁 14。

瑞獸，形似鹿，但體積較大；與鳳、龜、龍共稱為「四靈」，被稱為聖獸王，是神的座騎。麒麟是中國人的所創造的動物。其外部形狀為鹿身、牛尾、馬蹄、魚鱗皮、獨角；角端有肉，黃色；背上有五彩毛紋，腹部有黃色毛，雄者稱為「麟」，雌者稱為「麒」，統稱為「麒麟」。這種造型是人們將珍愛的動物取其優點合拼而成。從麒麟這一幻想中的神獸的建構上，充分體現了中國人的「集美」思想。麒麟性情溫和，不傷人畜，不踐踏花草，故稱為「仁獸」。相傳世有聖人出時，此獸才會出現。傳說孔子即是麒麟送子而來的，有句成語「麟吐玉書」，故麒麟為仁獸，也是傳統儒家心目中仁愛與智慧的象徵，並且成為孔廟特有的裝飾圖形。

　　弘一法師在此圖的註中寫道：「兒時讀毛詩[127]麟趾章，註云不踐生草，不履生蟲。余諷其文，深為感歎，四十年來未嘗忘懷。今撰護生詩歌引述其義，後之覽者幸共知所警惕焉」。

　　弘一法師的慈悲，即是佛法精神。《菩薩本生鬘論》云：

　　　又佛行時其足去地離於四寸有三種因。一者潛地有蟲蟻
　　　故，二者護地有生草故，三者顯現佛神足故。汝等比丘，
　　　當如佛語依教修行得盡苦際。[128]

《大佛頂如來密因修證了義諸菩薩萬行首楞嚴經》亦云：

　　　清淨比丘及諸菩薩，於岐路行不踏生草，況以手拔。[129]

---

127 毛詩為漢傳詩經。詩經為中國最早的詩歌總集，採集從周初至春秋中葉五百年間的歌謠作品和宗廟樂章，共三百零五篇，分為風、雅、頌三大類，為中國文學總集之祖，代表當時北方文學。漢初傳者有齊、魯、韓、毛四家，漢末以後，齊、魯、韓三家詩逐漸衰微，惟毛詩，盛行至今。
128 《菩薩本生鬘論》（大正 3，343b20-23）。
129 《大佛頂如來密因修證了義諸菩薩萬行首楞嚴經》，（大正 19，132a21-22）。

　　詩經是孔子刪定的，故也屬於儒家精神，此與佛教的護生思想亦是吻合的。

　　2.第二集，頁 115-116，「麟在郊野」（圖 107）：

圖 107

雖設武備不侵暴
不殘生草不履蟲
狼額馬蹄善踶躍
有麟有麟在郊野

子愷補題

　　「有麟有麟在郊野，狼額馬蹄善踶躍。不殘生草不履蟲，雖設武備不侵略。」── 子愷補題，弘一書寫。

　　此圖與上圖異曲同工，麟為仁獸，故為和平及愛的象徵，不具攻擊性。

　　3.第二集，頁 117-118，「鳳在列樹」（圖 108）：

　　「鳳鳥來儀，兵戈不起，偃武修文，萬邦慶喜，鳳兮鳳兮，何德之美。」── 即仁補題，弘一書寫。

圖 108

何德兮鳳兮
萬邦慶喜
偃武修文
兵戈不起
鳳鳥來儀

即仁補題

　　鳳凰，是象徵祥瑞之鳥，雄為「鳳」，雌曰「凰」。古人認為時逢太平盛世，便有鳳凰飛來。凰即皇字，為至高至大之意。鳳凰也是中國皇室的象徵，龍為帝，鳳為皇后嬪妃。龍鳳呈祥則是最為吉慶之言，亦是最具中國傳統特色的圖騰。《尚書·益稷》曰：「簫韶九成，鳳皇來儀」《詩經·大雅·卷阿》有云：「鳳皇于飛，翽翽其羽」（比喻夫婦和

睦）《毛詩疏》曰：「鳳非梧桐不棲，非竹實不食」可見鳳是一種神奇之鳥。許慎《說文解字》曰：「鳳，神鳥也。出東方君子之國，翱翔四國之外。過崑崙，飲砥柱，濯羽弱水，暮宿丹宮。見則天下大安寧。」皇甫謐《帝王世紀》曰：「黃帝服齋於中宮，坐於玄扈洛上。乃有大鳥，雞頭燕喙，龜頸龍形，麟翼魚尾，其狀如鶴。體備五色，三文成字。首文曰順德，背文曰信義，膺文曰仁智。不食生蟲，不履生草。或止帝之東園，或巢阿閣。其飲食也，必自歌舞，音如簫笙。」太平盛世，便有鳳凰飛來。何謂太平盛世，兵戈不起，物阜民豐之謂也。《護生畫集》中歌頌鳳凰，意在兵戈不起，欲兵戈不起，戒殺也。

　　4.第四集，頁 1-2「鷇弱故反之」（圖 109）：

圖 109

「景公探雀鷇，鷇弱故反之。晏子聞之不待請而入見，景公汗出惕然。晏子曰：『君圖胡為者也？』景公曰：『我探雀鷇，鷇弱故反之。』晏子逡巡北面再拜而賀之：『吾君有聖王之道矣。』景公曰：『寡人入探雀鷇，鷇弱故反之。其當聖王之道者，何也？』晏子對曰：

　　『君探雀鷇，鷇弱故反之，是長幼也，吾君仁愛，禽獸之加焉，而況於人乎！此聖王之道也。』」──說苑，朱幼蘭書寫。（鷇：初生的小鳥）

　　此圖描繪景公的仁愛。晏子認為景公有仁者之心，不忍傷及

幼鳥，此聖王之道也。仁民而愛物，這是為君者的仁，足以影響
國家民族的命運。

5.第二集，頁 71-72，「折竿主簿」（圖 110）：

「程明道
為元上主簿。
始至邑，見人
持粘竿以傷宿
鳥，公取竿折
之，教使勿
為。及任滿，
停舟郊外。聞
數人共語曰，

圖 110

此折竿主簿也。鄉民子弟自此不敢弋取宿鳥數年矣。」——人譜，
弘一書寫。

此圖描繪程明道任主簿之職，於上任途中，勸鄉親勿傷無辜
生命。為官之仁，足以影響地方風氣。

6.第一集，頁 21-22，「沈溺」（圖 111）：

「莫謂蟲命微，
沈溺而不援，應知惻
隱心，是為仁之端。」
——弘一詩並書寫。

惻隱之心人皆有
之，此圖教人莫以善
小而不為。人類的道
德心，是人與人關係
的潤滑劑、約束力和

圖 111

相處之道，孟子曰：「人皆有不忍人之心……無惻隱之心非人也，無羞惡之心非人也，無辭讓之心非人也，無是非之心非人也。惻隱之心，仁之端也；辭讓之心，禮之端也；是非之心，智之端也；人之有是四端也，猶其有四體也。」[130]這四者即是儒家所重視的仁、義、禮、智四德的出發點。

7.第二集，55-56，「雞護狗子」（圖112）：

圖 112

「家有乳狗出求食，雞來哺其兒。啄啄庭中覓草子，哺子不食聲鳴悲，彷徨彳亍久不去，以翼來覆待狗歸。」——唐韓愈詩，弘一書寫。（彳亍為步行之意，左步叫彳，右步為亍。）

此圖中的母雞，在母犬出去覓食時，以愛心照顧乳犬，這「幼吾幼以及人之幼」的精神，出自孟子所言。孟子勸梁惠王實行王道仁政，其基本要求即是「老吾老，以及人之老；幼吾幼，以及人之幼。」[131]

8.第二集，頁73-74，「一犬不至」（圖113）：

「江州陳氏，宗族七百口，每食設廣席，長幼以次坐而共食

---

130 謝冰瑩等編譯，〈孟子・公孫丑上〉，《新譯四書讀本》，台北，三民書局，2003年，頁381。

131 謝冰瑩等編譯，〈孟子・梁惠王上〉，《新譯四書讀本》，台北，三民書局，2003年，頁326。

之。有畜犬百
餘，同飯一牢。
一犬不至，諸犬
為之不食。」
—— 人譜，弘一
書寫。

此圖畫的雖
是犬，實是指陳
氏宗族注重長幼

圖 113

有序的家風，連陳氏所蓄養的犬都能秉持家風。這是儒家倫理思
想的表現。儒學是一個文化体系，包含政治、經濟、軍事、教育、
倫理道德、自然科學等等，而倫理道德是儒學核心。倫理是人際
關係的規則。儒家倫理的核心內容有五倫，即父子、君臣、夫婦、
兄弟、朋友之間的關系。而以《孟子·滕文公上》中所云：「父
子有親、君臣有義、夫婦有別、長幼有序、朋友有信。」[132]為指
導原則。

9. 第二
集，頁 77-78，
「烹鱔」（圖
114）：

「學士周
豫嘗烹鱔，見
有彎向上者，
剖之，腹中皆

圖 114

132 謝冰瑩等編譯，〈孟子·滕文公上〉，《新譯四書讀本》，台北，三民書局，
  2003 年，頁 423。

有子。乃知曲身避湯者護子故也。自後遂不復食鱔。」——人譜，弘一書寫。

　　此圖畫的是鱔為護子，而於湯鼎曲身，其母愛感人至深。游魚尚且如此，何況人乎？儒家最重家庭，儒家的修養從修身到齊家、治國、平天下。個人生活於家庭中，父慈子孝，兄友弟恭，這是倫常，維繫家庭倫常最主要是愛。天下之愛，以母愛為第一。母愛之偉大，在於只知付出，不求回報。

圖 115

　　10. 第 六 集 ，103-104，「羔跪受乳」（圖 115）：

　　「羔食於其母，必跪而受之，類知禮者。」——春秋繁露，朱幼蘭書寫。

　　此羔跪受乳圖，畫的是羔羊，但借鑒指人必須知禮。子曰：「人而不仁，如禮何？人而不仁，如樂何？」[133]、「不知命，無以為君子也。不知禮，無以立也。不知言，無以知人也。」[134]、「道之以政，齊之以刑，民免而無恥；道之以德，齊之以禮，有恥且格。」[135]「非禮忽視，非禮忽聽，非禮忽言，非禮忽動。」、「樂至則無怨，禮至則不爭。」、「樂者，

133　謝冰瑩等編譯，〈論語・八佾〉，《新譯四書讀本》，台北，三民書局，2003年，頁 88。

134　謝冰瑩等編譯，〈論語・堯曰〉，《新譯四書讀本》，台北，三民書局，2003年，頁 309。

135　謝冰瑩等編譯，〈論語・為政〉，《新譯四書讀本》，台北，三民書局，2003年，頁 77。

天地之和也；禮者，天地之序也。和故百物皆化，序故群物皆別。」[136]、「有子曰：禮之用，和為貴。先王之道，斯為美。小大由之，有所不行，知和而和，不以禮節之，亦不可行也。」[137]禮樂是中國文明的重要組成部分。早在夏商周時期，先賢制定禮樂制度，並推廣為道德倫理上的禮樂教化，來維護人倫和諧。「禮」是人性的基礎，規範人在社會中的地位和關係，維護社會的秩序和正義。「禮」為道德規範，導人向善和自律，若人人知禮、守禮，社會可臻和諧的境界。故禮樂教化使人修身養性，體悟天道，謙和有禮，威儀有序，這是禮樂文化的內涵和意義所在，也是聖人制禮作樂的本意。配合孔子「仁「」的思想，「博學於文，約之以禮」[138]、「禮以導其志，樂以和其聲」[139]，因此君子禮樂一刻不離自身，禮樂文明體現出人們對天道真理的追求渴望和對道德正義的推崇。

圖 116

慈烏反哺

烏鴉烏鴉對我叫烏鴉真孝烏鴉去了不飛真著小鴉啼小鴉朝二親嶧打食還來先餵母二親送前餵過我

兒鈍圖

11.第六集，頁9-10，「慈烏反哺」（圖116）：

「烏鴉烏鴉對

---

136 《禮記‧樂記》，國學導航，http://www.guoxue123.com/shibu/index.htm，（2009.11.7）。

137 謝冰瑩等編譯，〈論語‧學而〉，《新譯四書讀本》，台北，三民書局，2003年，頁73。

138 謝冰瑩等編譯，〈論語‧雍也第六〉，《新譯四書讀本》，台北，三民書局，2003年，頁135。

139 《禮記‧樂記》，國學導航，http://www.guoxue123.com/shibu/index.htm，（2009.11.7）。

我叫，烏鴉真真孝。烏鴉老了不能飛，對著小鴉啼。小鴉朝朝打
食歸，打食歸來先喂母。母親從前餵過我。」── 兒歌，朱幼蘭
書寫。

　　「今之孝者能養。至於犬馬，皆能有養；不敬，何以別乎？」
[140]出自內心真誠的愛和敬，才是真孝。孝在儒家倫理體系中是至
高無上的。《論語》、《孟子》、《禮記》等儒家經典都重視孝。
《孝經》、《幼學瓊林》、《龍文鞭影》等都提倡孝道。孔子認
為孝行需做到「無違」及「色難」。無違，是指父母生前，事之
以禮；父母死後，葬之以禮，祭之以禮。色難，指的是事奉父母
時，惟色為難。意指事奉不應只是服其勞，更應注重態度。朱子
言：「蓋孝子之有深愛者，必有和氣；有和氣者，必有愉色；有
愉色者，必有婉容。故事親之際，惟色為難耳，服勞奉養未足為
孝也。」孝，在儒家是修身第一要務。

圖 117

12. 第 三 集 ， 頁
105-106，「獨立無言解
蛛網，放他蝴蝶一雙飛」
（圖 117）：

　　「我欲護生物，生
物相殘殺，簷角有蜘
蛛，設網啖蝴蝶，蝴蝶
應解救，蜘蟲不處罰，
非為有偏心，即此是仁
術，以怨報怨者，相報何時歇，怨恨如連鎖，宜解不宜結。」
── 緣緣堂主作，葉恭綽書。

---

140 謝冰瑩等編譯，〈論語‧為政〉，《新譯四書讀本》，台北，三民書局，2003
　　年，頁 79。

此圖文表達的是萬物宜協調彼此之關係，最終歸於並存並育之大和。這即是中國傳統思想以「仁」待人待萬物的觀念，而至終極和諧而並存並育，這是「仁」思想的基礎。

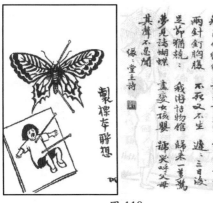

圖 118

13.第三集，頁107-108，「製標本聯想」（圖118）：

「動物標本中，蝴蝶美無倫，形狀何裊娜，顏色何繽紛，誰知製造時，個個受極刑，兩針釘胸腹，不死又不生，遲遲三日後，足節猶兢兢，我遊博物館，歸來一夢驚，夢見諸蝴蝶，盡變女孩嬰，號哭呼父母，其聲不忍聞。」——緣緣堂主詩，葉恭綽書。

蝴蝶標本原是將短暫的美變為永恆，供展示、研究和觀賞之用的，但是豐子愷筆下的蝴蝶標本竟如此慘不忍睹。平日人們只見到裱製好的蝴蝶標本，沒有想及製作過程的殘忍，經豐子愷這一描述，讓人心生不忍。任何人都不會希望這種慘狀發生在自己身上，將心比心，所以我們也不希望這種事發生在別人身上，這「己所不欲，勿施於人。」即是儒家思想。子貢請問孔子：「有一言而可以終身行之者乎？」子曰：「其恕乎！己所不欲，勿施於人。」[141]

14.第三集，頁91-92，「但令四海長豐稔，不嫌人間雀鼠多」

---

141 謝冰瑩等編譯，〈論語・衛靈公第十五〉，《新譯四書讀本》，台北，三民書局，2003年，頁256。

圖 119

（圖 119）：

「曲巷高簷避網羅，朝來飽啄隴頭禾，但令四海常豐稔，不嫌人間鼠雀多。」── 明方孝孺百雀詩，葉恭綽書。

將鼠雀視為一家人，既溫馨又感人。

《張載集》中言：「乾稱父，坤稱母。予茲藐焉，乃混然中處。故天地之塞吾其體，天地之帥吾其性。民吾同胞，物吾與也。」[142] 民胞物與是宋代著名的儒學家張載的兼愛思想。把百姓看作是我的同胞，把萬物看作是我的伙伴。這種愛何其廣博，擴及萬事萬物，已具有宗教家的情懷。

15.第四集，頁 159-160，「天地好生」（圖 120）：

「天地別無勾當，只以生物為心。如此看來，天地全是一團生意，覆載萬物。人若愛惜物命，也是替天行道的善事。」── 朱熹語，朱幼蘭書寫。

「天地之大德曰生」、「天地之道，博

圖 120

---

142 宋・張載撰，《張載集・正蒙乾稱篇第十七》，台北縣，漢京文化，2004 年，頁 62。

也厚也。」儒、道、佛共同信奉的「上天有好生之德」等，都有「天人合一」的觀念。天地之道既博且厚，故而是有德性的，天有好生之德，意為上天看待萬物一視平等，一視愛護，這是由於天地之演化，體現和融合了萬物，人類是萬物之一，故體仰天心，愛惜物命者，即是替天行道的善事。

16.第六集，頁 101-102，「蠅集筆端」（圖 121）：

圖 121

「隋時酒工王五，每見酒及水中溺蠅，輒取出，用乾灰掩之，俟其活，放焉，如此數年。偶被誣告，罪當死。典刑官執筆書判，有數蠅集筆端，不能書，逐去復來。官疑有冤，白於朝，得釋。」── 現報錄，朱幼蘭書寫。

此圖描繪群蠅知恩圖報的故事。在儒家思想的教化下，「知恩圖報」、「滴水之恩當湧泉相報」、「感恩報德，至死不忘」等觀念，一直是中華民族引以為傲的傳統美德。「善有善報，惡有惡報」也都是人們根深蒂固的認知。

二、《護生畫集》的道家思想

1.第二集，頁 83-84，「綠滿窗前草不除」（圖 122）：

「程明道窗前茂草覆砌。或勸之芟。明道曰，不可。欲常見造化生意。又置盆池，畜小魚數尾，時時觀之。或問其故。曰，欲觀萬物自得意。」── 人譜，弘一書寫。

絲瀛窗前艸深

程明道窗前茂草，覆砌或勸之芟。明道曰：不可。欲常見造化生意，又置盆池畜小魚數尾，時時觀之，或問其故。曰：欲觀萬物自得意。人語得意。

圖 122

此文弘一法師摘自「人譜」，而在〈明道學案〉中之下文為張橫浦曰：「草之與魚，人所共見，惟明道見草則知生意，見魚則知自得意。此豈流俗之見可同日而語？」[143]程明道「欲常見造化生意」、「欲觀萬物自得意。」[144]符合莊子所說「儵魚出游從容，是魚之樂也。」[145]的境界。程明道不傷物命而能觀物自得，是一種靜的功夫，老子云：「致虛極，守靜篤。萬物並作，吾以觀其復。夫物云云，各歸其根。歸根曰靜，靜曰復命，復命曰常，知常曰明。不知常，忘作，凶。知常容，容能公，公能王，王能天，天能道，道能久，沒身不殆。」[146]

吳怡教授在《老子解義》一書中說：

> 誠如程明道的詩句「萬物靜觀皆自得」，有此心境，再看萬化，則必能如僧肇所說：「旋嵐偃嶽而常靜，江河競注而不流，野馬飄鼓而不動，日月歷天而不周。」（《物不遷論》）這裡所謂的「常靜」、「不流」、「不動」、「不周」都不是靜止，而是自性的境界。所以老子接著「歸根

---

143 清・黃宗羲，〈明道學案〉，《宋元學案》，台北市，華世出版社，1987年，頁 578。

144 同上註。

145 黃錦鋐，《新譯莊子讀本》，台北，三民書局，頁 204。

146 吳怡，《新譯老子解義》，台北，三民書局，頁 109-110。

日靜」，便說「是謂復命」……這裡的「命」兼有天命和
生命的兩層意義。此處的「天命」是自然所賦予的生命，
因此「復命」乃是復歸自然的生命。為個體的生命又迴歸
入自然的大生命中。就像人們在慾望的追逐中，忽然醒悟，
回過頭來「見素抱樸，少私寡欲」（道德經，十九章）重
新反歸自然的懷抱，而獲得真實的生命。[147]

大自然（包括人類）是一個生命體，天地萬物都包含著活潑
潑的生命和生意，程明道靜觀萬物時，體驗到了人與萬物一體的
境界，從而得到極大的精神愉悅。

葉朗在〈中國傳統文化中的生態意識〉文中寫道：「程明道
說『萬物之生意最可觀』。宋明理學家都喜歡觀『萬物之生』。
周敦頤喜歡『綠滿窗前草不除』。別人問他為什麼不除，他說：
『與自己意思一般。』又說：『觀天地生物氣象。』周敦頤從窗
前青草的生長體驗到天地有一種『生意』，這種『生意』是『我』
與萬物所共有的。這種體驗給他一種快樂。程明道養魚，時時觀
之，說：『欲觀萬物自得意』他又有詩描述自己的快樂：『雲淡
風輕近午天，傍花隨柳過前川。時人不識余心樂，將謂偷閒學少
年，』[148]他體驗到人與萬物的『生意』，體驗到人與大自然的和諧，
『渾然與物同體』，得到一種快樂。這是『仁者』的『樂』。」[149]

程顥另有一首「偶成」：「閑來無事不從容，睡覺東窗日已
紅；萬物靜觀皆自得，四時佳興與人同。道通天地有形外，思入

147 吳怡，《新譯老子解義》，台北，三民書局，頁 114-115。
148 《足本千家詩》，台南，大東書局，民 53 年，頁 30。
149 葉朗，〈中國傳統文化中的生態意識〉 —— 第四屆"北京論壇"上的講
　　話 2007・11・2，人民網
　　http://theory.people.com.cn/BIG5/49172/106529/106880/6473803.html。
　　（2009.10.09）。

風雲變態中；富貴不淫貧賤樂，男兒到此是豪雄。」[150]亦是他觀萬物自得的心境。

　　2.第二集，頁105-106，「群魚」（圖123）：

「來時萍藻歡迎，去處水天浩蕩。臨淵樂與魚同，不必退而結網。」──子愷補題，弘一書。

「臨淵樂與魚同，不必退而結網。」

圖123

結網。」與「臨淵羨魚，不如退而結網。」這兩相對比的詩句，意趣大不相同。前者人魚同樂，人魚一體，人靜觀魚游，魚樂人也樂。人無傷魚之心，彼此水乳交融，萬物渾然為一體，因而來時萍藻歡迎，去處水天浩蕩，與自然合一。沒有魚網，游魚自來親近。這即是道家所謂：「反者道之動，弱者道之用。天下萬物生於有，有生於無。」[151]因為退而結網捕魚，魚知而逃離；臨淵樂與魚同，不必退而結網，而魚自來。

　　3.第二集，頁107-108，「群鷗」（圖124）：

「海不厭深，山不厭高，積德行仁，鷗鳥可招。」── 東園補題，弘一書。

150　《足本千家詩》，台南，大東書局，民53年，頁68。
151　吳怡，《道德經》第四十章，《新譯老子解義》，台北，三民書局，頁273。

圖 124

「山不厭高，海不厭深，周公吐哺，天下歸心。」是曹操「短歌行」詩中最後四句。對比後兩句「積德行仁，鷗鳥可招。」有異曲同工之妙。

老子曰：「天下皆知美之為美，斯惡已；皆知善之為善，斯不善已。故有無相生，難易相成，長短相形，高下相傾，音聲相和，前後相隨。是以聖人處無為之事，行不言之教。萬物作而不辭，生而不有，為而不恃，成功不居。夫唯不居，是以不去。」[152]聖人了解此理，以無為、不言，只做好自己該做的，由於不居功，所以功德反而不朽。就像積德行仁之人，豈止鷗鳥可招；積德行仁之君，天下歸心。

老子又曰：「天長地久。天地所以能長久者，以其不自生，故能長久。是以聖人後其身而身先，外其身而身存。以其無私，故能成其私。」[153]沒有私心，與大自然混為一體，自然鷗鳥可招矣。

4.第二集，頁2，「中秋同樂會」（圖125）：

「朗月光華，照臨萬物。山川林木，清涼純潔。蠕動飛沈，團圞和悅。共浴靈輝，如登樂國。」── 即仁補題，弘一書。

此圖文所表達的是大道所化育出的美好自然環境，人、山川、林木及飛禽走獸和諧共處，其樂融融。表現出人與自然互存共生

152 吳怡，《道德經》第二章，《新譯老子解義》，台北，三民書局，頁10。
153 吳怡，《道德經》第七章，《新譯老子解義》，台北，三民書局，頁42。

圖中詩文（由右至左直書）：

朗月光華，燕舞，山川草木，沈图图深深，共浴靈辉，如登樂國。蠕動飛沈團图和悦，共浴靈輝，萬物和悦澤物。即仁補題

圖 125

的天人合一境界，其中有文學、生活，生態、護生等情境。細品此圖文，可體會人融入自然，與自然同在，陶醉在自然中，與大地上蠕動飛沈的種種生物團圞和悅，共浴靈輝的自在愉悅。圖中樹下一對白兔，更彰顯萬物一體，共同生存於大道之中，而不分彼此。道德經中云：「有物混成，先天地生。寂兮寥兮！獨立不改，周行不殆，可以為天下母。吾不知其名，字之曰道，強為之名曰大」[154]。老子又曰：「大道氾，其可左右。萬物恃之以生而不辭，成功不名有。愛養萬物不為主，可名於大。是以聖人終不為大，故能成其大。」[155]大道廣而無邊際，永遠涵養著萬物，而又不佔為己有，也不自視為主人，其無欲，稱之為小，但其無私，又稱為大。大道不自居於大，故而能為萬物之本源，而成就其真正的大。如此一幅中秋賞月圖，有道，有天，有地，竟涵蘊著道家「道大，天大，地大。」[156]等三大在內。

　　5.第二集，頁109-110，「歸市」（圖126）：

　　「爾不害物，物不害爾，殺機一去，飢虎可尾。」──即仁補題，弘一書。

----

154 吳怡，《道德經》第二十五章，《新譯老子解義》，台北，三民書局，頁172-173。

155 吳怡，《道德經》第三十四章，《新譯老子解義》，台北，三民書局，頁228。

156 吳怡，《道德經》第二十五章，《新譯老子解義》，台北，三民書局，頁173。

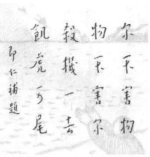

圖 126

閱此圖文，彷彿在路邊搖尾的不是猛虎而是一隻溫馴的家犬。此圖文令人想起老子說的：「含德之厚，比於赤子。毒蟲不螫，猛獸不據，攫鳥不搏。」[157]一個德性深厚得有如大地般的人，其無欲無求宛如純淨的嬰兒。毒蜂和蛇不會去傷害他，猛獸也不會去捕捉他，猛禽也不會撲前去抓他。《老子道德經王弼注》：「無求無欲，不犯眾物，故毒蟲之物無犯之人也。含德之厚者，不犯於物，故無物以損其全也。」[158]吳怡教授在《老子解義》書中亦認為此重點在於不犯物，非讓嬰兒毒蟲猛獸共處。比喻人若能無欲無求，自然能不傷人，不犯物[159]，人際關係和諧。道家重要的思想「人法地，地法天，天法道，道法自然。」[160]其中的「人法地」，即是告訴人不違地的寬厚仁愛滋養萬物，安穩柔靜謙恭自持，這亦是道家所主張的無為以及萬物一體、天人合一的思想。

---

157 吳怡，《道德經》第五十五章，《新譯老子解義》，台北，三民書局，頁
158 數位經典，
　　http://www.chineseclassic.com/LauTzu/LaoTzu_hersongkong/ch55.htm，
　　2010.2.14。
159 吳怡，《新譯老子解義》，台北，三民書局，頁359。
160 吳怡，《道德經》第二十五章，《新譯老子解義》，台北，三民書局，頁
　　173。

第四節　《護生畫集》的生態觀

豐子愷所繪作之《護生畫集》，除了勸世人護生戒殺，長養慈悲心之外，亦不忘著墨於中國傳統思想中看待自然萬物之態度。如以下幾幅圖文：

1.第二集，頁 63-64，「重生」（圖 127）：

圖 127

大樹被斬伐，生機不肯息，春來勤抽條，氣象何蓬勃，悠悠天地間，咸被好生德，無情且如此，有情不必說。」── 子愷補題，弘一書。

2.第三集，頁 133-134，「雨後」（圖 128）

「誰將大木條，堆置在春郊，青草被堆壓，生機將全消，豈知天地心，無處不好生，一夜春雨後，木隙草頭伸，草頭日夜挺，枝葉何齊整，繪圖與君看，君當發深省。」── 緣緣堂主詩，葉恭綽書。

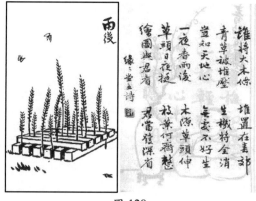

圖 128

3.第四集，頁 149-150，「穿花蛺蝶深深見 點水蜻蜓款款飛」
（圖 129）：

人之言藹如信然。

佑詩云剔開紅焰救飛蛾。仁

者使之生當殺者不妄殺。張

不殺蟲蟻無害則不殺。可生

獸胎卵則不殺鱗介細小則

無故則不殺非時則不殺禽

松濤館筆記

「無故則不殺，非
時則不殺，禽獸胎卵則
不殺，鱗介細小則不
殺，蟲蟻無害則不殺。
可生者使之生，當殺者
不妄殺。張佑詩云：『剔
開紅焰救飛蛾。』仁人
之言藹如，信然。」
—— 松濤館筆記，朱幼

圖 129

蘭書寫。

4.第二集，頁 61-62，「方長不折」（圖 130）：

「道旁楊柳枝，青青不可攀，回看攀折處，傷痕如淚潸。古
人愛生物，仁德至今傳，草木未搖落，斧斤不入山。」 —— 嬰行
補題，弘一書。

5.第四集，頁 151-152，「和氣致祥」（圖 131）：

圖 130

圖 131

「刳胎焚夭，則麒麟不至；乾澤而漁，則蛟龍不游；覆巢毀卵，則鳳凰不翔。丘聞之，君子重傷其類者也。」──說苑，朱幼蘭書寫。

6.第二集，頁 67-68，「大樹王」（圖 132）：

遙知此去棟梁材，只恐月明秋夜冷，誤他千歲鶴歸來

隨園詩話

圖 132

「遙知此去棟樑材，無復清陰覆綠苔；只恐月明秋夜冷，誤他千歲鶴歸來。」──隨園詩話，弘一書。

7.第二集，頁 87-88，「啟蟄不殺」（圖 133）：

「曹武惠王性不喜殺。所居室壞，子孫請修葺。公曰，時方大冬，牆壁瓦石之間，皆百蟲所蟄，不可傷其生。存心愛物如此。」──人譜，弘一書。

曹武惠王性不喜殺所居室壞子孫請修葺公曰時方大冬牆壁瓦石之間皆百蟲所蟄不可傷其生存心愛物如此

人譜

圖 133

8.第四集，頁 125-126，「翡翠雙棲」（圖 134）：

「魏國長公主嘗衣貼繡鋪翠入禁中，太祖曰：「當以此與我，自今勿為此飾。」主笑曰：「用翠羽幾何？」上曰：「但恐宮闈

圖 134

魏國民公主嘗衣貼繡鋪翠
入禁中太祖曰當以此與我
自今勿為此飾主笑曰用翠
羽幾何上曰但恐宮闈戚里
相效小民逐利即傷生寖廣
寖汝之由

五總志

戚里相效，小民逐利，即傷生寖廣，實汝之由。」（寖同浸字）
—— 五總志，朱幼蘭書寫。

9. 第 四 集 ， 頁 127-128，「哺乳類」（圖 135）：

「宣仁同聽政日，御廚進羊乳房及羔兒肉，宣仁蹙然動容曰：「羊方羔而無乳，則餒矣。」又曰：「方羔而烹之，傷夭折也。」卻而不食，有旨不得宰羊羔以為膳。」—— 甲申雜記，朱幼蘭書寫。

圖 135

宣仁同听政日御廚進羊乳
房及羔兒肉宣仁蹙然動容
曰羊方羔而無乳則餒矣又
曰方羔而烹之傷夭折也卻
而不食有旨不得宰羊羔以
為膳

甲申雜記

10. 第 五 集 ， 頁 179-180，「延年益壽」（圖 136）：

「有生必有死，何人得靈長，當其未死時，切勿加殺傷，自生復自死，天地之恆常，萬物盡天年，盛世之嘉

圖 136

祥。」── 學童詩，虞愚書。

　　從以上諸圖中即可見出中國傳統思想對待自然的態度。而儒道二家雖然都說天人合一，但是儒家主要是人本思想，道家與道教講的是萬物一體，與佛家的眾生平等，都有不同的論點，而西方社會在基督宗教思想下對自然的態度與東方大不相同，在生態浩劫的現代，西方亦在自我檢討並向東方的佛道二家學習環境倫理，期待以一種新的思考對待自然。

　　以下分別整理相關文獻加以敘述：

一、中國傳統的自然和生態環境倫理

（一）儒家對待自然的態度

　　傳統中國哲學講求天人合一，上下與天地同流。唐君毅在《人生之體驗》一書中說：

> 孔子元氣渾然，一片天機。孟子則浩氣流行，剛健光輝；其所為言，皆截斷眾流，壁立千仞，直心而發，絕無假借。其性善之義，仁義內在之說，發明孔子之微意，從此為中國人生哲學，立下不拔根基。人皆可以為堯舜，而人格之無上之尊嚴與高卓，於焉建立。盡性即知天，而萬物皆備於我，上下與天地同流，徹上往下，通內通外，西洋哲學中內界外界，上界下界之分，皆成戲論。[161]

唐君毅在《中國文化之精神價值》一書中說：

> 中國之自然宇宙觀，主要唯取易經、儒家及陰陽家思想……墨家言天志，仍自天之兼養萬物，見自然界之表現天德……

---

161 唐君毅著，〈導言〉，《人生之體驗》，北大中文論壇，北大中文系網站（2009.10.30）。

道家之自然宇宙觀，誠與儒家、陰陽家不全同……儒家、陰陽家言陰陽以涵質力，道家亦然。儒家、陰陽家無「無限無物之時空」，道家亦然，莊子逍遙遊曾設問：「天之蒼蒼，其正色耶？其遠而無所至極耶？」而莊子無答。儒家、陰陽家，不以數離理象而獨立。道家亦然。諸家之自然觀中，陰陽家更著重萬物生化歷程有一定之秩序，故重五行之說。五行之說之固定化，而趨向一種決定論之宇宙觀……老莊之陰陽，唯是天地吐納萬物之樞機。由是天地生物，固可謂之天地之德。然天地有此德，而對萬物則無情。謂天地爲大仁，實亦同於不仁。故曰「天地不仁」、「大仁不仁」。此說之價值，在其更著重自然之虛無一方面，以見萬物之無固定之實質。並由自然萬物變化成毀之無常，以益見其實可各得天地之德以生，而不相爲礙。故莊子之自然觀，更爲廣大而寬閑，善顯天地間萬物之相容與而自得其得，自適其適之美。…中國自秦以後，唯儒家之自然觀爲後世所承，亦即見中國文化精神之所注矣。[162]

在生態浩劫的現代，各種環境危害如臭氧層破洞、融冰危機等，均起自於人類過度消耗地球資源，以及製造過多污染而造成自然界的反撲。過度消耗和浪費，即不知惜物。唐君毅說：

中國儒家對自然世界之敬意與惜物貴物之精神源自儒家之人生思想，直接肯定人之存於自然世界，認爲自然世界爲客觀實在，而非哲學。…儒家之自然世界之實在觀，是對自然之敬意及忘我之仁心，直承原始宗教思想中天神遍在萬物之思想而來。由敬神之實在，而對自然世界產生敬意。

---

162 唐君毅，《中國文化之精神價值》，南京，江蘇教育出版社，2006 年，頁 79-82。

故中國儒者不言人爲萬物之主宰，亦不言人爲宇宙生命進化之頂點，更不言一切萬物自始皆爲人而創造而存在。先哲只言人爲萬物之靈。靈者通也，心之虛靈明覺，無所不通，而後情可無所不運，以涵蓋護持自然萬物，而以敬意遇之也。故中國儒者言人與自然世界之關係，恒只視之爲主賓關係，自然爲主，則我爲賓，我爲主，則自然爲賓。我與自然，互爲主賓，則主賓可相遇以禮，相尚以仁，足見中國儒家人生思想莊嚴闊大之氣象。儒家看待自然，認爲自然養人，故自然對人有恩，而生報恩心之自然宗教意識。人須像孝子般報天地之恩，而非征服自然。並對一切有生之倫亦同情仁愛。故儒家重惜物貴物。人之用物以養其生，以表現精神，而蔚成文化，乃人之爲其所當爲，無所慊愧於萬物者。然亦正以人之性之至仁，其情之無所不通，則人亦未嘗不望物之各成就其變化生長之歷程，而自然不忍對之輕加傷害…中國人之愛物，由於對物有情，依於一種積極的參贊化育之心，以愛物爲至高道德之生活。」[163]

賴品超和林宏星在《儒耶對話與生態關懷》一書中提到：

張橫渠則視天下無一物非我，人但物中之一也！橫渠哲學講的是「氣」，他認爲氣爲天地萬物之本源，「太虛無形，氣之本體，其聚其散，變化之客形爾。」、「太虛不能無氣，氣不能不聚而爲萬物，萬物不能不散而爲太虛。」、「氣之聚散於太虛，猶冰凝釋於水，知太虛即氣，則無無。」、「凡可狀，皆有也；凡有，皆象也；凡象，皆氣也。」其意爲凡宇宙間一切可見、不可見、可狀、不可狀

---

[163] 唐君毅，《中國文化之精神價值》，南京，江蘇教育出版社，2006 年，頁 126-135

之物，直至浩然廣大和湛然清明的一切現象皆為氣之表現型態。萬物皆為氣組成，人亦是氣之一種型態而已。故其「齊物心齋」直指人與萬物之平等。故有「民胞物與」的宏大氣象，「存順沒寧」的生死智能以及超越一切榮辱貴賤的宇宙情懷。「生有先後，所以為天序；小大、高下相并而相形焉，是謂天秩。天之生物也有序，物之既形也有秩。」天序、天秩的生態學意義便直接將我們帶入萬物在相感中相通、在相濟中相成的太和之境，成為和諧有機之整體。橫渠哲學非僅僅止於對宇宙萬化的「客觀描述」，人類賴於生息於其中的大自然，亦非僅僅只是為了烘托我們而設置的一種佈景，其理論乃是要藉「天道之何所是」以證「人道之所當為」，此由天道而人道，本天道而證人道的理路，構成了橫渠生態倫理的另一特色。」[164]

《儒耶對話與生態關懷》書中又說：「天只是以生為道」則是程明道對生命世界的領悟。明道之學向重「識仁」，其所謂仁，即是理，即是道；是生生之理，是生機流行之道，而識，則是對此生生之理、之道的感通、領悟和體貼。明道曰：「醫書言手足麻痺為不仁，此言最善名狀。切脈最可體仁。」「程明道窗前茂草覆砌。或勸之芟。明道曰，不可。欲常見造化生意。又置盆池，畜小魚數尾，時時觀之。或問其故。曰：「欲觀萬物自得意。」草之與魚，人所共見，惟明道見草則知生意，見魚則知自得意。此豈流俗之見可同日而語？」明道以生生之機言仁，清澈簡約。而其「醫書」、「切脈」之喻，「觀魚」、「蓄草」之舉，涵詠

---

164 賴品超・林宏星，《儒耶對話與生態關懷》，北京，宗教文化出版社，2006，頁180-188。

三昧，實有諸己。[165]牟宗三先生說：「在明道由麻痺無覺所指點到之「以覺訓仁」之「覺」義，由「切脈」所指點到之「貫通」義，由「觀雞雛」所指點到之「親和」義，由「春意」、「生意」所指點到之「生」義與「溫潤」義，皆是相連而生之同一義，而亦與「一體」義為同一義。皆直指仁心、仁體、仁理、仁道而言也。」[166]明道言：「仁即生生」實有其天理、天道之根源，且直指宇宙之最真實。明道的「仁者渾然與物同體」，其同體、一體實奠基在「天人本無二，不必言合」的根源論的存有論基礎之上，故其「同體論」或「一體論」，即恰當地承擔了論理學的重要任務。」[167]

　　林朝成和莊永清在〈儒學與環境關懷：失落的實踐場域〉一文中提到：

> 以「氣」為基礎的「連續型文化」之生態，正是古代農業活動依歲時而安排人事，呈顯「天人和諧」或「合一」的狀態和精神。而「天行健」即儒家的文化生態論、環境思想的價值核心；人依其「生生之仁」的秩序規律來順應配合「生生不已」的大生機之自然環境，不加以損害相殘……而儒家護育保任環境生態的生機，「無失其時」、「無奪其時」、「養備動時」、「強本節用」，自然界「承載力」即能永續地生生不止。而「仁參贊天地化育」的精神，是儒家環境思想的指導原則……中國大陸學者余謀昌在其《生態文化論》一書中則以「天人合一」為儒家生態倫理

---

165 賴品超‧林宏星，《儒耶對話與生態關懷》，北京，宗教文化出版社，2006，頁 205-207。

166 牟宗三，《心體與性體》，台北，中正書局，1968 年，頁 10-11。

167 賴品超‧林宏星，《儒耶對話與生態關懷》，北京，宗教文化出版社，2006，頁 208-219。

學的基礎，「與天地參」是儒家生態倫理學的道德目標，
「厚德載物」則是自然規律向生態道德的轉化，「聖人之
慮莫貴於生」則顯露儒家尊重生命的倫理思想，「仁愛萬
物」是傳統仁學的生態倫理價值，「各得其養以成」顯示
儒家對於生物權利的思想，「以時禁發」、「謹封為禁」
則是聖王之制、王者之法。[168]

在《護生畫集》中處處顯現上述之儒家思想。〈儒學與環境
關懷：失落的實踐場域〉一文中進一步說道：

中國大陸學者張雲飛《天人合一 ── 儒學與生態環境》則
採生態學的架構，就儒家的經典重新詮釋：一、「克己復
禮」為儒家環境意識的歷史源頭，其具體實踐包含「和實
生物，同則不繼」的素樸生態思想；「網開三面」、「裹
革斷罟」的早期自然保護活動；「三時不害而民和豐年」
的自然生態農業和生態農學。二、「辨類種養」為自然保
護的生態學基礎，其中包含「方以類聚，物以群分」的生
物結構說；「得養則長，失養則消」的生態流程說；「雖
有鎡基，不如待時」的季節節律說。三、「物我合一」則
論自然保護的對象和類型，認為「草木零落，再入山林」、
「釣而不網，弋不射宿」、「往來井井、澳其群吉」、「得
地則生，失地則死」等，分別是古代保護山林、動物、水、
土地等資源思想。四、「尊君民本」為古代自然保護的主
體和環境管理原則，其中「謹其時禁」、「聖王之制」是
古代的環境管理制度；環境管理的主體，則是「神明博大」
與「聖王之用」；至於環境管理原則，則是「民養無憾」

---

168 林朝成、莊永清，〈儒學與環境關懷：失落的實踐場域〉，《第三屆台灣
儒學研究國際學術研討會」論文，2003.2，頁 7-8。

與「王道之始」。五、「重農順時」則顯露了自然保護的
經濟基礎和生態農學，認為「天人之分」與「治吉亂凶」
的概念，顯露了儒家的自然災害意識；「天時地利、人和
物豐」則顯露了古人對於生態農學結構的認識；「禹稷躬
稼而有天下」則顯露了儒家的重農傾向。六、「以贊稽物」
則為儒家自然保護的理想與目標，就人和自然相協調的宗
教 —— 道德詮釋而言，是「神道設教」；就人和自然相協
調的方法論要求而言，則是「中庸毋我」；就人和自然相
協調的世界觀原則而言，則是「三才無私。[169]

綜合以上論點，即可見中國傳統思想看待自然的態度。

（二）道家對待自然的態度

道家認為「道」先天地生，「道」又內在於天地萬物，為天
地萬物的生成原理與實現原理。因此人與天地萬物是共在共存
的，故人應順乎自然，冥合自然。

葉海煙在〈道家倫理學之系統理論〉認為：

> 道家的「環境倫理」，以「道」為具根源性、普遍性與終
> 極性的原理……「道法自然」為道家的環境倫理的基石。
> 老子認同「天長地久」，認為「天地所以能長且久者，以
> 其不自生，故能長生。」（《老子‧七章》）這「自然無
> 為」之精神，是道家「天地倫理」的基本輪廓，其所透露
> 的和諧與均衡的原則建立在「道法自然」的基礎之上。因
> 此，老子的環境觀乃以和合為一的生態觀為其主要之內
> 容，而其意義脈絡在《老子》五十一章中有十分完整的論

---

169 林朝成、莊永清，〈儒學與環境關懷：失落的實踐場域〉，《第三屆台灣
　　儒學研究國際學術研討會論文》，2003.2，頁 8。

述：「道生之，德畜之，物形之，勢成之，是以萬物莫不
尊道而貴德。道之尊，德之貴，夫莫之命而常自然。故道
生之，德畜之，長之育之，亭之毒之，養之覆之。生而不
有，為而不恃，長而不宰，是謂元德。」而莊子以「齊物」
之平等原理，推出「天地與我並生，而萬物與我為一」的
理想 ── 這是道家環境倫理的極致，它為「道法自然」做
了具體的例證。莊子的宇宙觀乃採取「全面觀」的整體觀
點，將宇宙當成統一的整體……如此，物物自然，物物變
化，物物和諧，物物皆在有機而整全的大系統中各安其位，
各有其生，並各得其性，各自出入於生生不息的天地之
間……從人類本位與自我中心的意識窠臼中超拔出來，而
自行養成少私、寡欲、虛靜、簡樸、知足的德性，來參與
人與自然環境共生共在的實存狀態。[170]

（三）道教對待自然的態度

道教在環境和生態上的觀點和作為，李豐楙在〈道教修行與
自然生態〉一文中提到：

> 《老子》所揭舉的三寶之德「慈」，厥為對自然萬物之愛
> 的發動根源；而儒家在道德條目中用以統攝而成為一種慈
> 悲仁愛之德，並具體表現為條目化的戒律。從早期的天師
> 道頒布戒律開始，到金元全真道所完成的清規，都一貫地
> 堅持著對待萬物的愛心，從生活公約的禁制逐漸內化而為
> 宗教人的內在涵養。這是基於道教所要勸化宣導的奉道
> 者，乃屬於一群與土地生產有直接關係的農民大眾，而不

---

170 葉海煙，〈道家倫理學之系統理論〉，《宗教哲學與環境倫理學術研討會
論文集》，2005 年 5 月，頁 S1-12。.

全是奉道的世家大族。所以規約化的戒律規定較適合採用
條目化、數量化的方式：諸如不探巢破卵、不攀摘花果、
不捕殺禽獸之類。對於個別生命的尊重，則有不燒山捕獵、
不火燒田野山林等，則多涉及公共安全及共有資源的維
護，乃是村落共同體制下庶民需要共遵共守的公約，在蜀
漢及其後遍布大江南北的道治分佈區內，成為農民對於自
然、生命的指導原則。[171]

張哲維在〈道家的自然思維與環境政策〉中說：

在中國主流思想派系中，最富有環境哲學者，當屬道家。
環境保護是人對待周遭環境的根本態度。環保意識的肇
始，是人類經過對自然萬物交互影響，譬如早先的伐木、
畜牧與耕種過後，而有了環境自覺而必須要對自然生態作
出環境保護，人類存在的理想價值方能實現。其中則潛藏
了兩種內涵：其一是功利主義由自身利益作為出發基準，
另一是體認天人合一而作出對大自然的感應與回饋。顯然
地道家的環保意識建立在後者，而這一切都可從《老子》
原典中觀察驗證。[172]

而在道教看來，《道德經》中提出：「人法地，地法天，天
法道，道法自然。」「法」字應作「不違」解。[173]道是不違背自
然法則的。生態環境和自然是一種生生不息之「道」，這也是完
美、圓滿的象徵。故「自然」即是道教生態倫理的最高境界和理

---

171 李豐楙，〈道教修行與自然生態〉，道教論文，
http://tw.myblog.yahoo.com/jw!Lws2.7iDAUOIuBJKgv4__w--/article?mid
=259（2009.10.9）。
172 張哲維〈道家的自然思維與環境政策〉，台北市立教育大學學生論文集，
頁 5。http://www.tmue.edu.tw/~public/news/paper/4.pdf（2009.10.9）。
173 吳怡，《新譯老子解義》，台北，三民書局，頁 180。

想。

　　蔣朝君在《道教生態倫理思想研究》一書中說：

　　在道教思想中，神仙就是自然生態環境的某個組成要素或
　　部分的化身，如日月星辰諸天體、五靈、山、湖、海、樹、
　　穀、花、地、風、雨、雷、電等，它們都是構成自然生態
　　環境所不可缺少的組成部分。故道教神仙崇拜在本質上是
　　對自然生態環境的崇拜，其中蘊含著尊重自然生態環境內
　　在價值的生態倫理要求，對神仙世界的崇拜同時意味著對
　　自然生態環境的關切、敬畏。在道教看來，自然生態環
　　境……是人類始終棲身於其中並與之保持親緣性關係的存
　　在，由此衍化出道教在對待外部自然生態環境上的嚴肅、
　　謹慎的態度，因為自己的行為稍有不當，不僅會干涉和破
　　壞自然生態環境，而且可能遭致神靈的嚴厲懲罰。所以，
　　道教的神仙世界強化了人與外部自然生態環境之間的親緣
　　性關係，而對神仙世界的崇拜和追求，可以合乎生態倫理
　　要求地來調整人與自然生態環境之間的關係。[174]

　　道教的戒律和戒規中，戒殺和護生是道教生態倫理規範、準
則最直接的表現。蔣朝君說：

　　學道之人，洞明心地，不樂奢華，恬淡自然，逍遙無礙，
　　塵世和同。學道之士，斷諸愛欲，卻絕肥鮮，長齋清思……
　　五味濁口，五臭薰鼻，聲色閼塞耳目，取捨滑心，使性飛
　　揚，迷情徇物，念念相攖，使心智遊乎外，鬼神入其內……
　　《道德經》認為人如果沉湎入五味、五色以及馳騁畋獵的
　　感官滿足中就會使人心神不寧，甚至心靈發狂。道教稟承

---

174 蔣朝君，《道教生態倫理思想研究》，北京，東方出版社，2006 年，頁
　　131。

了這種思想，有專門針對耳、目、口、鼻諸感官施行之戒：
第一戒者，耳目廣瞻，亂諸華色，亡晴失明，光不明澈；
第二戒者，耳無亂聽，混於五音，傷神敗正，惡聲啼吟；
第三戒者，鼻無廣嗅，雜炁臭腥，易有混濁，開不澄正；
第四戒者，口無貪味，脂薰之屬，濁注五神髒府，……第
五戒者，手無犯惡，不竊人物，貪利入己，祝不自覺；第
六戒者，心無愛欲，搖動五神，傷精喪炁體發迷荒。[175]

道教的生活觀為「人生天地之間衣食自然，分定誠宜」，《道
法會元》中云：

人生天地之間，衣食自然定分，誠宜守之，常生慚愧之心，
勿起貪戀之想。富者自富，貧者自貧，都緣宿世根基，不
得心懷嫉妒，學道惟一，溫飽足矣。若不守分，外求則禍
換必至。[176]

道門中人的日用常行，必須衣食自然，飲食有節，澄心戒欲、
清淨逍遙，淡泊名利，思勞有度，存思精審，自然忘勞。[177]道門
中人意識到追求「清虛自守」重在調控心性和欲念，才能達到「清、
淨、虛、寧、明」的境界，而達到人體內部小生態系統與外部天
地自然大生態系統在結構、運化節律諸多方面的一致性。故道教
制定了一系列的戒律、戒規，這些也成了道教保護自然生態環境
和生命的神聖律令和要求。道教戒律、戒規有戒殺（即不得殺害
物命）護生（即積極地促進生命的繁衍生息）的要求。《老君說
一百八十戒》中即有許多與護生戒刷相關的戒律：

175 蔣朝君，《道教生態倫理思想研究》，北京，東方出版社，2006 年，頁
　　187-194。
176 《道法會元》，《道藏》第 28 冊，頁 678。
177 趙芃，《道教自然觀研究》，成都，四川出版集團巴蜀書社，2007 年，
　　頁 327-386。

第四戒，不得殺傷一切物命底。

第七戒，不得以食物擲火中。

第八戒，不得畜豬羊。

第十四戒，不得燒野田山林。

第十八戒，不得妄伐樹木。

第十九戒，不得妄摘草花。

第三十六戒，不得以毒藥投淵池江海中。

第四十七戒，不得妄鑿地，毀山川。

第四十九戒，不得以足踏六畜。

第五十三戒，不得竭水澤。

第七十九戒，不得漁獵，傷煞眾生。

第九十五戒，不得冬天發掘地中蟄藏蟲物。

第九十七戒，不得妄上樹探巢破卵。

第九十八戒，不得籠罩鳥獸。

第一百一戒，不得塞池井。

第一百九戒，不得在平地然火。

第一百十六戒，不得便溺生草上及人所食之水中。

第一百二十一戒，不得妄輕入江河中浴。

第一百二十九戒，不得妄鞭打六畜群眾。

第一百三十二戒，不得驚鳥獸。

第一百三十四戒，不得妄開決陂湖。

第一百七十二戒，若人為己殺鳥獸魚等，皆不得食。

第一百七十三戒，若見殺禽畜命者，不得食。

第一百七十六戒，不得絕斷眾生六畜之命。

第一百七十七戒，若能食菜最佳，而不得食向王者。[178]

　　蔣朝君說：道教所信仰之「道」乃為一生生不息之「道」，
其中蘊涵著濃厚的生命崇拜意識。生命誕生從無到有的過程，是
令道門中人驚訝不已的奇跡。無論以何種理由殺傷物命都意味人
為地加劇了自然生命價值的消失，是有違天道和令人痛苦、遺憾
的事情。道教珍惜自然所賜、愛惜物命並保護和對道門人士清虛、
自然、寧靜而不奢華的生活方式所作出的戒律要求，是以宗教禁
忌的形式彰顯了生命的崇高價值和尊嚴，表達出道教生態倫理對
自然生命所持的敬畏態度。[179]

　　在道藏《洲國品》中〈洞真三元品誡儀〉、〈玉清下元戒〉、
〈玉清下元戒品〉以及《太上洞玄靈寶三元品戒功德輕重經》、
《中極戒》中明白認定學士及百姓子殺害眾生罪、屠割六畜殺生
罪、射刺野獸飛鳥罪、燒山捕獵罪、捕魚張筌罪、飲食投水中罪、
火燒田野山林罪、斫伐樹木採草華罪、污穢五嶽山河罪、驚怛鳥
獸促著窮地罪、籠飛鳥走獸罪等都是犯罪行為。強制規定不得殺
生蠕動之蟲、不得燒敗世間寸土之物、不得以火燒田野山林、不
得無故摘眾草之華、不得教人無故伐樹木、不得教人驚怛鳥獸促
以窮地、不得籠飛鳥走獸……等等。這些戒律還包括不得教人作
破壞自然之事。

　　蔣朝君說值得注意的是其中「學士及百姓子驚怛鳥獸促著窮
地罪」的條款。在很多人看來，這一條款似乎是道教過分善感的
產物，但事實上卻絕非如此。1956 年，麻雀、老鼠、蒼蠅、蚊子

---

178 《老君說一百八十戒》，卷三十九，說戒部，道教全球學術網，
　　（http://www.twtaoism.net/php/menushow.php?style_id=88），（2009.10.9）。
179 蔣朝君，《道教生態倫理思想研究》，北京，東方出版社，2006 年，年，
　　頁 206。

被稱為「四害」，甘肅省出動百萬青少年，七天消滅麻雀 23.4 萬隻；北京市在 1958 年 4 月 19-21 日捕殺麻雀 40.1 萬隻；上海市在三天內滅雀 50.5 萬隻；1958 年 11 月上旬全國各地不完全統計，共捕殺 19.6 億隻。結果北京的天空中見不到一隻麻雀，1959 年春，上海的人行道樹木害蟲猖獗，樹葉被啃光。[180]所犯的生態倫理過錯正是「百姓子驚怛鳥獸促著窮地罪」可見，文明社會中人性的某些陰暗面在遇到合適的時機時，仍然會毫無遮掩地表現出來。這一條款反映出道教對人性有著極為深刻的洞察和理解。[181]

《中極戒》幾乎涉及到其他戒律中所有與護生、戒殺相關條款，可謂集大成者。其中第二百十九戒者「當念屢山林幽靜，精思至道」說明道教對美好自然生態環境始終心懷珍惜和感恩之心；第二百一十九戒「當念萬物為先，不但祝禱己身」，表明道教不像傳統的基督教那樣，只關心人類的靈魂得救，從而陷入狹隘的人類中心主義的樊籠而不能自拔。相反，道教始終關注著天地自然萬物，為天地自然萬物祈禳、祝福，以天地萬物為先，具有慈心于物的寬大胸懷；第二百四十三戒者「當念天地日月風雨雪霜以時」，說明道教時刻關注著天地陰陽、四時變化，表達出對一個美好和諧的自然生態環境的期待之情，並時刻警醒反省自身的行為是否干擾、破壞了外部生態環境的自然運行過程，是否與其取得了一致；第二百七十戒「當念天真，其對淡然無為」則說明道門中人強調以一種「淡然無為」的人生態度詩意地棲居於自然環境之中，以及對外部自然諸神所持的敬畏和謙卑心態。[182]

---

180 余謀昌‧王耀先主編《環境倫理學》，高等教育出版社，2004 年，頁 274。
181 蔣朝君，《道教生態倫理思想研究》，北京，東方出版社，2006 年，年，頁 207-208
182 蔣朝君，《道教生態倫理思想研究》，北京，東方出版社，2006 年，年，頁 211。

　　道教堅決反對打獵，《九皇鬥姥戒殺延生真經》從人類生存發展演化史的角度對此做了說明：「古上巢下窟，布帛未制，菽粟未植，其時之人茹毛飲血，衣革寢皮，蓋為身命使然。如鯨鯢之吞鰍鱔，虎豹之食鹿兔，非為甘脆，只求養生，其情猶屬可原。迨桑柘辨而蠶功舉，水土平而種植興，絮帛可以禦寒，粟麥可以果腹，本可無求於物，乃以佃以漁，取之於外棲塒，棲牢畜之於家，或以祀先，或以養老，或以娛賓，或以佐食。暢一己之私，害群物之命，准情酌理，罪已難逭然。」由此看來古代人的打獵殺生行為是情有可原的。而現代人為了滿足自身對珍稀滋味的需要而殘殺野生動物，就是一種生態倫理過錯了。道教戒律始終把對動物所具有的普遍同情之心看作是人類文明進步不可分割的部分，這正是道教絕對禁止打獵的生態倫理意義之所在。道教戒律中還有一些條款涉及到對微小動物生命的保護，要求人們不要隨意潑灑熱湯，以免傷害它們。一方面，道教基於對生生不息之「道」的尊崇，認為那些微細物命都有其內在的價值和生存的權利；另一方面，如果人連這類微命都能予以切身考慮，並施以慈愛之心的話，就對生命具有一種普遍的敬畏之心，就是「上德」之人，也就跟隨了「道」。[183]

　　道門中人違背了護生、戒殺的戒律條款，殺生不論是自殺、教他殺、方便殺、隨喜殺，乃至因緣殺、不得已殺、報殺、懼殺，如是種殺，皆不可為之，會受到天神減少壽延或死後在地獄中遭受極可怕的嚴刑酷法的懲罰。[184]但如果知錯能改，誠心懺悔殺生

183 蔣朝君，《道教生態倫理思想研究》，北京，東方出版社，2006 年，頁213-219。

184 見《洞真太上八素真經修習功業妙訣》、《太上十二上品飛天法輪勸誡妙經》、《太上大道玉清經》、《明真科經》、《元始智慧正觀解脫經》，道教全球學術網。

的罪過,也可以得到天神的赦免。或以積極的自然物命的正常活動,也會受到神靈的祝福和恩賜[185],如世居危得安、居疾得康、居貧得富、舉向從心、能家庭幸福及得上帝施福等。可見道教是非常注重因果報應的。

　　道教神仙信仰所宣揚的山林、山川、河澤、地祇之間普遍存在著神靈的思想觀念,對於中國古代的生態環境保護有積極作用。中國古代社會常常有風水林、風水樹之說,認為人們如果砍伐了這些樹木或獵殺了其中的動物,就會遭到神靈的報應,所以解放前很多村莊周邊的自然生態環境因此得到了保護;我國西南地區的一些少數民族也會把他們所居住周圍的山川、河流、樹木乃至周邊的一草一木、飛禽走獸都視為神物,結果這些地區的自然生態環境都維持得相當好,倒是解放後在無神論思潮的影響之下,當地百姓砍光了森林,破壞了自然生態環境,泥石流和山體滑坡的現象時常出現。[186]

　　道門中人的慈愛之心也表現在不讓小孩戲玩雀、蝶、蠅、鳥等小動物,才不至於助長其殺傷、害物之心;在日常活動中看到那些瀕臨絕境的動物要施以援手,救而助之;水中多有細微而看不見的小蟲,在飲水之前要用紗布過濾。人如果能對這些小動物時時加以保護,並有關切之心,那麼就會在對待那些飛走鳥獸的時表現出慈愛之心。在日常生活中,每個人都不可避免地會殺害一些微小的動物,卻不見得會構成嚴重的生態倫理過錯,但道教善書告誡世人護惜這些微命的言論仍然有其積極意義。因為它可以時刻提醒人們,生命的誕生是一個奇跡,值得人們珍惜和愛護,

---

185 見《天律綱紀》,道教全球學術網。
186 蔣朝君,《道教生態倫理思想研究》,北京,東方出版社,2006年,年,
　　頁220。

人無論面對任何生命存在形式的消逝，都沒有持麻木不仁的態度的權利。在道教看來，傷胎、覆巢、破卵，不僅僅是一個孤立的傷害生命的事件，更為嚴重的是，這種行為還戕絕天地之生機，有違生生不息之道，會遭到上天嚴厲懲罰。道教不贊成人類打獵，更堅決反對火焚畋獵、以網羅魚等滅絕式的捕獵方式：燎獵者，焚林而獵也。獵之所殺有數，燎獵則所殺無窮。彼射飛逐走，太上且有明戒，況燎獵乎？獨言春月者，春為萬物之候，縱獵不已，已傷生生之仁，乃複縱之，以火則草木由之枯焦，百蟄因之而煨燼。是天方生之，我輒戕之，罪斯大矣！道教對生態系統中的微小動物均飽含了慈愛之情。現代生態學一再證明，那些處於食物鏈最低層的微生物對於整個生態系統的正常運轉、迴圈的貢獻最大，相反，倒是位於生態食物鏈最頂端的人顯得多餘。[187]在《護生畫集》中也處處顯現道教這種慈愛微命的精神。道教甚至有功過格之計算[188]，這種功過有評量標準，將各種殺害或救濟動物的行為予以定量化處理。殺微命如蚊蠅蚤虱之類；殺小命指有知覺的動物，如蛇、獾、兔、雞、鵝、野畜、雉等；殺大命如虎、狼、豬、羊、野畜、獐鹿、猢猻、猿、鹿、牛、馬、駝、象之類。殺還分為誤殺、戲殺、倡殺、普殺（如打造槍刀弓箭鳥銃等軍器）、憎殺（如虎狼之類）、愛殺（家畜豬羊野畜獐鹿之類）、縱殺、喜殺（見人殺害自己所憎恨的動物，心裏感到歡喜）、慶殺（見人捕魚、打獵得利而祝賀人家，或看見與自己有過節之物被報復而心中歡喜）等。殺害物命是過，而救助物命則有功。

　　道教認為天地自然萬物都從生生不息的「道」而來，是「道」

---

187 蔣朝君，《道教生態倫理思想研究》，北京，東方出版社，2006 年，頁 242-246。
188 見《太微仙君功過格》、《十戒功過格》，道教全球學術網。

的運化、顯現、展示自身的結果。道教要求尊重、愛護、珍惜、
敬畏所有生命，這是道門中人修身立己的根本原則，也是道教修
行的根本起點。所以，道教才會如此注重護生、戒殺。從古至今
對民間影響深遠的《太上感應篇》[189]也有許多篇幅告誡世人戒殺
護生。由於道教在注重自然生態環境的保護，因此各名山的山志
或道觀志中有專門的章節對休養生息於各名山及宮觀周圍自然環
境中的動植物的種類、分佈情況、屬性作詳細的記載。

　　道教齋醮科儀不殺生血祭，而以獻祭果蔬為主。齋醮是道教
獨具特色的宗教儀式，其中蘊含著人渴望與宇宙自然神靈、萬物
相互交通的宗教祈盼，同時，其中也蘊含有通過建齋設醮來取得
與宇宙萬物和諧共存的最佳生態態勢的意圖。在道教思想觀念的
世界中，天、地之間無所不在地充滿著自然之神。而齋醮科儀的
根本指導思想在於，在某一特定的「濃縮」時間和空間中，把道
教所體認的天、地和人間諸神靈世界的等級秩序呈現出來，然後
通過齋醮科儀人員所施行之法術來完成與神靈的交流、溝通，以
祈求神靈達成人的願望。[190]

　　道教齋醮科儀活動中充滿了自然之物的符號。科儀的壇場是
一個濃縮的宇宙時空，萬有皆備於其中，而「道」的大化流程則
得到最為直觀、形象及「有意味」地表達：道門高功手持具有自
然符號隱喻的器物，邁著象徵陰陽和合、四時五行、二十四節氣
的步伐，以虔敬的心靈沉想自然諸神真如三清、五星、五土、五
嶽以及人體內在景觀中的五臟、五靈等……通過這種儀式，人內
在的心理、生理節律與外在自然生態環境中的節律相互諧調起

---

189 《太上感應篇》，道教全球學術網。
190 蔣朝君，《道教生態倫理思想研究》，北京，東方出版社，2006 年，頁
　　357-360。

來，親證了自然「諸神」的在場，而人的肉體和精神世界仿佛進入了大道流行的宇宙時空中……天、地、神、人似乎成為一個相互連貫在一起、融通的整體，人的身心均進入一種和諧、完滿的最佳生存態勢。…道教齋醮科儀那種建立在人與天、地之間完全同型、同構基礎之上並通過高功的模仿行為來達成天人一體的做法有機械、僵化的因素在其中，但它卻以神聖的儀式堅決地否定了人與自然之間的分裂。這樣，通過參與齋醮科儀，強化了人對天地自然生態環境的親近感。[191]

道教許多神仙故事均以戒殺護生得報來弘揚自然生態，道教齋醮科儀中護生、戒殺是以「放生儀」和「懺殺儀」來表現。從「放生儀」和「懺殺儀」儀式文辭優美、典雅感人的引文中，不但可見道教中生態倫理的思想資源豐富，也可一窺道教文學的堂奧。道教的敬天畏神在建宅或開掘墓室可能上觸天星，下侵地宿，都要奉行五土齋醮法事。安宅齋要祈告土府之官君，地司之神吏，這些宗教禁忌讓人們樹立對土地及其中生靈的敬畏之情，今天看來仍然有其意義。另外，道教認為土地中充滿「官君」和「神吏」的思想觀念並非古人多愁善感或信奉某些虛妄觀念的結果，它更與當今生態科學的事實相巧合。因為土地中有無數微生物，這些有機體，是生態循環的重要推手。道教為那些微命所舉行的齋醮科儀的生態倫理意義，在於它以神聖的形式提醒人們尊重生命和萬物同體。道教齋醮科儀中禁絕殺害一切物命的宗教禁忌，只對那些真心向道的信仰者有效，未必具有普適性的意義和生態倫理規範的準則。不過，道教以這種極端的形式凸顯了生命的神聖性，對中國古代的社會產生過深遠的影響。人類正常的生存活動中，

---

191 蔣朝君，《道教生態倫理思想研究》，北京，東方出版社，2006 年，頁 369-371。.

食用動物之肉固然不會構成生態倫理過錯。但是,如果啖食無厭或以殺生為樂事,是不應該的;即使出於宗教祭祀的需要而殺害生命,從今天看來,也是不應該的。[192]

傳統而又能延續至今的護生觀念從祭祀上可見,即儒道二家的齋戒思想。《孟子・離婁》篇云:「雖有惡人,齋戒沐浴,則可以祀上帝」。《墨子・尚同》篇云:「是以率天下之萬民,齋戒沐浴,以祭祀天鬼」。《論語・鄉黨》篇亦云:「齋,必有明衣,布。齋必變食,居必遷坐」。祭祀是莊嚴又敬謹的大事,古人在祭祀之前,必須潔身、換穿新衣、戒慎飲食、不飲酒、不茹葷,遷入特定的房屋居住等,即在外在形式上的誠敬,這樣才能取悅鬼神,達到祭祀的目的。這是從外在形式上對「齋」作出的要求。而內在精神狀態更要保持對神明絕對的虔敬。而道教在齋醮科儀前執事的道長們均需齋戒,以表示對神明的敬意。

二、佛教的自然和生態環境倫理

溫金玉在「佛教戒殺護生與生態文明」一文中說道:根據聯合國環境署的報告,動植物滅絕的速度已經達到了警戒線。科學家指出,現存物種與業已滅絕的物種之比已達:1:6000。隨著人口的增加,人類無節制地對大自然的開發,已經使世界上 300 多種鳥類、100 多種兩棲爬行類動物和近 200 種獸類滅絕。瀕臨滅絕的鳥類有 6000 多種,獸類有 4000 多種,兩棲爬行類動物有 3000 多種,而瀕臨滅絕的植物則多達 30000 多種。這一滅絕速度,比自然淘汰的速度快 2000 倍……如何應對這一生存困境,學術界提出各種環境倫理思考,並有《全球倫理宣言》的產生。其實在佛

---

192 蔣朝君,《道教生態倫理思想研究》,北京,東方出版社,2006 年,頁373-385。

教思想中包含有豐富的佛教生態學理論，其緣起說、慈悲觀、因果律皆可作為協調人與自然關係的價值支撐。[193]

　　緣起說是佛法的核心，是佛教對世界最基本的觀點，也是宇宙人生之真相。《雜阿含經》卷十二中云：「**此有故彼有，此生故彼生；此無故彼無，此滅故彼滅。**」佛說的諸法，即萬物，都從因緣起，何為緣，就是果法生起時所因待的條件；起，是生起的意思，故緣起二字可解釋為果法生起所因待的因緣。「**此有故彼有，此生故彼生；此無故彼無，此滅故彼滅。**」即為緣起法則的意義。此和彼之間的因果關係環環相扣，沒有一法是無因而生起，更不會是偶然的。緣起法的生死流轉，靠的是因果，「**有因有緣集世間，有因有緣世間集。**」故「**諸法因緣生，諸法因緣滅**」的因果定律，就是「**緣起法**」。從緣起法的觀點來看，地球上所有物種是相互依存的，包括人類在內。

　　慈悲觀，是建立在佛法的佛性思想上的。依如來藏思想眾生皆有佛性，故眾生平等，皆為我的父母或兄弟姊妹，人類與其他物種是平等且共生共存的。「慈悲為大」悲憫眾生，無緣大慈，同體大悲。

　　因果報應是佛教緣起說的延伸，護生戒殺，不僅可長養慈悲心，更可少造惡業。溫金玉說：吾國保護動物之道或亦世所樂聞也。查此項主義，濫觴最早，而成于三種源流：（一）佛教；（二）孔教；（三）古代法制。佛教之旨，嚴禁一切屠殺；孔教則示節制，不得殘忍濫殺，有「見其生不忍見其死，聞其聲不忍食其肉」之說；至於古代法律，則散見於約近三千年前周代之禮制，有天

---

193 溫金玉，〈佛教戒殺護生與生態文明〉，佛教線上，中華佛教資訊網，學術論文
http://big5.fjnet.com/fjlw/200810/t20081027_85682.htm，（2009.10.11）。

子無故不殺牛，大夫無故不殺羊，上民無故不殺豕之說。蓋必因祭祀宴餉等典節，不得已而殺牲，日常食品唯蔬菜米谷而已。[194]

釋昭慧法師在《佛教倫理學》一書中說：就佛教的倫理判斷，護生有三點理由，一、自通之法。自己愛生畏死，就要避免消極傷殺眾生，以免召感與被害者同樣的果報。還要積極護生，以感得與受施者同樣的樂果，這就是「於求樂有情，不加刀杖害，欲求自己樂，後世樂可得。」的原理。二、緣起相的相關性。可從1、同為空間的一切法，即物質、心識、生命看似各別獨立，而其實是相依相成的緣起法。既然必須依託因緣，才能產生現實的存在，這就使得人與世界、人與人、人與動植物乃至人與無生物之間，結成一個綿密的網絡。在這種密切的關係中，產生親愛與關切之情，而擴充為與樂拔苦的慈悲心行。2、再從時間的三世說，過去無數生，眾生都是我的父母兄弟姊妹，或夫婦兒女，一切眾生對我都有恩德，應和樂相向。三、緣起性的平等。從緣起法而深入到底裡，即可通達一切法的無自性，而體現平等一如的法性。這自他無二無別，即是眾生平等。而眾生都有成佛的可能，故眾生與佛亦是平等的。[195]

林朝成教授亦說：自通之法是一種樸素的道德原則的情感，以自己的心情，推度別人（一切眾生）的心情，經中稱為「自通之法」。《相應部·韇紐多羅經》這樣說明居士應如是思擇「自通之法」：「我欲生、不欲死，欲樂而厭苦，若有奪我命者，則於我為不可愛、不可意。他亦欲生、不欲死，欲樂而厭苦，若我

---

194 溫金玉，〈佛教戒殺護生與生態文明〉，佛教線上，中華佛教資訊網學術論文，
    http://big5.fjnet.com/fjlw/200810/t20081027_85682.htm，（2009.10.11）。.
195 釋昭慧，《佛教倫理學》，台北，法界出版社，民 93 年。頁 74--82。

奪其命者，則我為不可愛、不可意。於我為不可愛、不可意之法，
我云何加諸於他耶？如是思擇，則自離殺生，並勸他亦離殺生，
讚嘆離殺生。」「自通之法」是把自己的身分跟對方替換，先「推
人及己」——他人如是待己，我可（不可）接受，我喜（不喜）
歡；然後，「推己及人」—我即以（不以）如是事待他，使之能
接受，使人歡喜意樂。一般世人的同情心，如孔子「己所不欲，
勿施於人」的恕道，與「自通之法」類同，只是「自通之法」所
適用的對象為一切有情，推及一切有情，殺生皆是不可愛、不可
意，因此，離殺生為「自通之法」思擇實踐的結果……將自通之
法適用的對象廣泛地延伸到一切動物，將它應用在放生戒殺的勸
說，當屬雲棲袾宏最具代表性。[196]

　　再則林朝成教授認為：慚愧與慈悲亦是佛教護生的根源。五
戒以護生為本，然人無良心，不存慚愧心與慈悲心，則不能持戒
護生。原始佛典中「慚愧」與「慈悲」，同為護念眾生、不殺生
的道德心行。慚愧心是人類傾向光明、崇重賢善，厭離黑暗，怖
畏羞惡的自覺。有此自覺，對於應該這樣（不殺、護生），不應
該那樣（殺生、害生）自然有個改過遷善的動機。慈悲則於眾生
起拔苦與樂想，故能實質的持戒、護生而不犯戒。經上說：

　　　　具諸戒行，不害眾生，捨於刀杖，懷慚愧心，慈念一切，
　　　　是為不殺。一心平等，修習正戒；遠離於殺，不執刀杖，
　　　　心懷慚愧，普安一切，不施恐怖，其心清靜，無所加害。
　　　　常具慚愧，悲愍有情，下至螻蟻，起護念想。」[197]

---

196 林朝成，〈從佛教律典與僧傳論動物的道德地位〉，《佛教思想與文學
　　國際學術研討會會議論文》，台大文學院暨佛學研究中心、蒙古國立大
　　學外語學院出版，2008.11.28，頁 47。
197 同上註，頁 49。

佛教經文中勸人不應以殺生為業,如《薩婆多毘尼毘婆沙》卷 1 中:

> 十二惡律儀者,一者屠羊,二者魁膾,三者養猪,四者養雞,五者捕魚,六者獵師,七者網鳥,八者捕蟒,九者呪龍,十者獄吏,十一者作賊,十二者王家常差捕賊人。是為十二惡律儀。養蠶皆不離惡律儀也。[198]

對各種野生動物的態度則見《摩訶僧祇律》卷 18:

> 若惡象馬牛羊狗,如是等種種惡獸來者,不得以掌刀擬,得以杖木瓦石打地恐怖令去,若是諸獸畜來入塔寺壞諸形像及花果樹,亦得打地恐怖令去。[199]

《十誦律》卷 34:

> 諸房舍無戶有,狗牛馬麞鹿獮猴來入,是事白佛。佛言:聽作戶扇,戶扇不作關鑰故…壁間有蛇蜈蚣毒虫生,齧諸比丘,佛言應泥…[200]

其他佛教經律如《五分律》、《四分律》、《僧祇律》、《根有律・皮革事》、《大莊嚴論經》、《大毘婆沙論》、《入楞伽經》、《大般涅槃經》、《楞伽阿跋多羅寶經》……等,亦載有不可奪人命、畜生命(象、馬、牛、羊、狗、鵝、鴈、孔雀、鸚鵡、蛇、鼠、蜈蚣、蚰蜒,蜂窠,蟻卵)、危害小蟲、禁用蠶絲羊毛、三淨肉、素食、放生、護生、不得蓄狗、豬、馬等走獸類旁生,不得蓄畜鸚鵡鳥、鴝鵒鳥等飛禽類旁生,不得往看鬥象、鬥馬、鬥車、相撲、鬥羊、鬥水牛、鬥雞、鬥狗,不得壞鳥巢,

---

198 失譯人名今附秦錄,《薩婆多毘尼毘婆沙》,(CBETA, T23, no. 1440, p.510, a21-26)。
199 陀跋陀羅共法顯譯,《摩訶僧祇律》,(CBETA, T22, no. 1425, p.376, b19-22)。
200 後秦弗若多羅譯,《十誦律》,(CBETA, T23, no. 1435, p.243, b15-c19)。

放火燒諸草木，又規定人肉、象肉、馬肉、師子肉、虎肉、豹肉、熊肉、獼猴肉、狗肉、蛇肉等動物肉，鳥等飛禽肉，及蝦蟆、水蛭肉等，此類肉品，皆不得食用。不得使用獅子、老虎、豹、獺、貓、人、毒蟲、狗、錦文蟲、野狐等之皮；不得蓄積象、馬、駝、牛、驢皮等；亦不得使用牙、骨、角等作針筒，雖然如是，隨著各地之天然環境及出產的物資不同，世尊有「隨方毘尼」之制，可因地制宜，而比丘因病時可開緣。

經典強調食肉斷大慈種，且食肉之人猶如惡獸，食肉滿腹，遊行世間，令諸眾生悉懷驚怖，況眾生皆為父母兄弟姊妹等六親眷屬，吃三淨肉是在不得已或不殺生的原則下，並非佛允許吃。這種種護生的行為是佛教對生命的關懷與尊重，不忍眾生遭受驚恐和殘殺。

佛教對大地也尊重和愛惜，《大薩遮尼乾子所說經》卷 4 中云：

> 不焚燒、不破壞、不澆灌，是名護器世間行。何以故？一切皆是作不善業。是故行法行王不應焚燒、破壞、澆灌，城邑、聚落、山林、川澤、園觀、宮殿、莊嚴樓閣，一切行路，及諸橋梁，自然窟宅，一切穀、豆、麻、麥、花果、草木、叢林：不應焚燒，不應破壞，不應澆灌，不應斫伐。何以故？以彼諸物皆共有命畜生等有，無不用者，而彼眾生無有罪過，不應損其所受用物令生苦惱；又彼一切外樹林等，諸善淨天、一切鬼神皆悉共有，於中受用；屋舍、宮殿、莊嚴樓觀，諸天共住；又彼園池、屋舍、宮殿、莊嚴樓觀，一切水陸有命諸虫，悉皆共用，所謂雀、鼠、雞、狗、鳩、鴿、鸚鵡、象、馬、牛、羊、貓、狸、蛇、蝎、鵝、鴨、魚、鱉，乃至一切微細諸虫，所共受用。行法行

王，與諸眾生共依止此器世間活，不應破壞，如是名為行
法行王護器世間，安樂眾生。[201]

另外佛教在保護森林及對待動植物的態度上，可從「不壞鬼
神村」上一窺。《四分律名義標釋》卷12：

> 婆沙論云：鬼者，畏也，謂虛怯多畏；又威也，能令人畏
> 其威也。又雲云希求名鬼，謂彼餓鬼，恒從他人希求飲食，
> 以活性命，故也。神者，能也，大力者，能移山填海；小
> 力者，能隱顯變化。村者，聚也，一切鬼神，託樹而住，
> 猶若人村也。有福而靈曰神，無福而鈍曰鬼。又有福者，
> 依大樹。無福者，依小樹，乃至草藥。戒因緣經云：有神
> 依樹根，有神依樹枝，有神依樹皮裏，有神依樹皮裂中，
> 有神依樹蓓蕾，有神依樹葉，有神依樹華住，有神依樹果；
> 一切藥草樹木，盡有神。神所以依住者，食其香故。[202]

因樹木為鬼神之居所，故佛陀制戒不壞鬼神村。《四分戒本
緣起事義》卷1中云：

> 起自曠野比丘以自手斫樹，凡一切草木鬼神所依，今斫樹
> 者名壞鬼神村，使無依，故佛聞故制。[203]

印度人有「鬼神依附草木而居」的信仰，認為草木是鬼神所
居住的地方，因有比丘砍樹而被認為「壞鬼神村」，所以佛制戒
禁比丘（尼）不得砍伐草木，而基於環境保護的考量，樹木也不
應隨便砍伐。在諸律典中，若比丘自手掘土、破壞草木，可能犯

---

201 菩提留支譯，《大薩遮尼乾子所說經》，（CBETA, T09, no. 272, p.335, b7-22）。

202 明釋弘贊在犙，《四分律名義標釋》，（CBETA, X44, no. 744, p.490, c21-p.491, a9）。

203 明廣莫輯錄，《四分戒本緣起事義》卷1，（CBETA, X40, no. 716, p.186, a3-5）。

波逸提，然關涉到經行時，是可以有開緣的。如《四分律》說，除經行地上的草木、土，則不犯。又《四分律》與《根本說一切有部毘奈耶》說，若不蓄意破壞，純粹為了經行而走在有草的地上，是允許的。在諸廣律中，有一條學處規定僧團成員不應在草上吐唾，《摩訶僧祇律》給與經行的比丘方便，允許在經行道的一端放置「唾壺」。[204]佛法慈悲為懷，連在草上吐痰都是不許的。

《梵網經菩薩戒初津》卷 5 云：

> 林木生草，是鬼神村，禽獸所住。曠野，無人所到處。然本意燒山，恐火延至遠處，悞及諸物，雖無害心，而物必被傷。所謂城門失火，殃及池魚者也。四月迺至九月放火者，謂蜫蟲鳥獸，生草多故，此時道俗同制。問：此中禁四月至九月，則十月至三月不制明矣，而十月未必無蟲。二月正當起蟄，此亦可燒，焉得無損。答：此謂寒苦之地而言也，若東南溫煖，恐非所宜。[205]

若比丘比丘尼砍樹傷草時，其後果在《四分律》卷 12 中有云：

> 若比丘壞鬼神村波逸提，比丘義如上說，鬼者非人是，村者一切草木是。若斫截墮故名壞。村有五種：有根種、枝種、節生種、覆羅種、子種。[206]

何謂波逸提，《四分戒本如釋》卷七云：

> 波逸提者，是墮落義。十誦律云：墮在燒煮覆障八熱八寒地獄。根本律云：謂犯罪者，墮在地獄、傍生餓鬼、惡道

---

204 溫宗堃，〈初期佛教的經行 —— 兼論當代上座部佛教的行禪〉，《福嚴佛學研究》第四期，2009 年，141-168 頁。

205 清沙門書玉述，《梵網經菩薩戒初津》，（CBETA, X39, no. 700, p.128, a7-17）。

206 佛陀耶舍共竺佛念等譯，《四分律》，（CBETA, T22, no. 1428, p.641, c15-18）。

之中，受燒煮苦。又犯此罪，若不殷勤說除，便能障礙所有善法。[207]

　　不壞軌鬼神村的觀念是佛教對自然生態和眾生物命的尊重和愛護，亦是一種慈悲心和眾生平等思想的表現。

三、西方對待自然生態的覺醒

　　西方對待自然的態度是主客對立的，西方社會的個人主義和經濟掛帥的消費主義，掀起人無窮的慾望，消費和需求的滿足已不成比例；消費能力不足造成內心自卑和不滿，而過度的消費卻又造成環境的災難。在工業精進和快速大量製造產品中，大自然的資源只是原料和工具，對自然對萬物的愛已是蕩然無存。當代西方批評家赫胥黎（A.Huxley）曾說過：「比起中國道家和佛教，基督教對自然的態度，一直是感覺遲鈍得令人驚奇，並且表現出專橫和殘暴的態度。他們把創世紀中不幸的說法當作暗示，因而將動物只看成東西，認為人類可以為了自己的目的，任意剝削動物而無愧。」[208]

　　唐君毅在《中國文化之精神價值》一書中說：「西方待自然之態度，一為鄙棄自然物，以物質為引人墮落，此為中世紀中宗教思想中所常有。一為以物質為一限制性或材料，物體全是理或形式，為物質世界之價值，此為柏拉圖、亞里士多德之所持。這種看法又分為，一為人於物質之需要愈少愈好，此即伊辟鳩魯、斯多噶之態度。二為人當征服自然，改造物質，儘量利用物質以

---

207 比丘弘贊序，《四分戒本如釋》，《卍新纂續藏經》，第四十冊，頁 136下-137上。

208 釋恒清，〈草木有性與深層生態學〉，《佛教與社會關懷學術研討會論文集》，台南縣，中華佛教百科文獻基金會，1996.1，頁 17-41。

製造享用之器物，而滿足人之欲望者，此即培根以下功利主義者之態度。三為物質之用表現人之文化活動、客觀化人之精神，此即近代理想主義者之說。此諸種人對自然物態度，不外鄙棄、隔離、利用三者，皆傲視於物質之上，以凸顯人之自我，而非以一種平順之心以應物。」[209]、「故西方人力求征服自然，使物皆成爲製造之原料。工業家、資本家求無盡之利潤及增加財富，至超過消費所需而造成浪費。德哲席默爾（Simmel）論西方近世資本家之從事生產乃依於一「追求抽象之財富數位」之精神。西方近人之征服自然，以創造物質文明，以表現人之權力本身爲目的。」[210]又言：「西方人言道德意識則只限於人類。笛卡兒認為動物植物本身，爲一自動機械，無能思想之心也。來布尼茲、康得之道德論，亦以爲只有在有理性之人與人之間，乃可言共建道德之王國。二十世紀之美國唯心論者之巨擘，魯以斯（Royce）於其世界與個體中，主生物個體非真正獨立存在之個體（大意如此）。羅素《贊問》、《不通俗的論文》二書，亦言近世禁止虐殺畜牲運動初起時，即爲教會所反對，因聖經言畜牲無靈魂云。近世生物學家 Wallece 於其生物之世界，亦論生物無真正苦痛之感覺，故人之殺害生物非不仁。克魯泡特金言生物亦有互助之事而彼此有情，然其互助皆限於同類之間；人之道德意識，固當首及於同類，然由此以謂人於物，便不當有愛則大成問題。若生物皆只各愛其類，人亦當如此，則人類豈不同於一般生物。如人類可只愛其類而殘害生物，則生物亦可爲其類而傷人。人類與生物之間，

209　唐君毅，《中國文化之精神價值》，南京，江蘇教育出版社，2006 年，頁 129-130。

210　唐君毅，《中國文化之精神價值》，南京，江蘇教育出版社，2006 年，頁 131。

遂只有一鬥爭關係，則人類之本身價值與物同。縱人類得永存於
宇宙間，並戰勝一切生物而君臨其上，亦只有人類主觀上之價值
意義，而無客觀宇宙上之價值意義。故此種依生物學以立之論，
實甚淺薄。」[211]

　　當此生態面臨重大危機之時，西方人覺醒了，開始關注自然
生態。生態學（ecology）一詞是由海克爾（Emst Hacekel）在一
八六O年所創，指的是一門專研究生物體與環境（包括與別的生
物）間的關係的科學。生態神學（ecological theology），可說是
一種以人與其他形式的生命及共同身處的環境（或簡單的說人與
自然）的關係的神學論述。至於深層生態學（deed ecology）的理
念，最先由內斯（Ame Naess）在一九七二至至一九七三年間提
出。深層生態學所正視的生態問題並非單純是一個自然科學及技
術的問題，背後更牽涉社會和政治的意識型態、人的心靈與價值
取向以至生活方式等。深層生態學一方面批評以人為中心的生態
倫理和環保工作，認為不夠徹底深入，另一面又積極提倡一切生
命具平等之內在價值，不應以人為價值中心，也不應以其他形式
的生命及環境只具有工具性的外在價值。深層生態學可以說是一
套哲學的主張，甚至可以說是一種運動，它的觀點所涉及的是環
境哲學中一個非常具爭議性的議題。一些環境學家認為，要徹底
地克服生態危機，必須放棄以人為中心的世界觀和價值觀，改倡
生命中心主義（biocentrism）及生態平衡主義（ecological
egalitarianism）（如泰勒 Paul W.Taylor），另一些環境倫理學家
反對此種主張，而堅持較傳統的以人為中心的進路（如帕斯莫爾

---

211 唐君毅，《中國文化之精神價值》，南京，江蘇教育出版社，2006 年，
　　頁 132-133。

John Passmore）。[212]

　　在人類過度消費地球資源而導致大地反撲之時，對於生態危機的憂慮，使得生態神學崛起，開始檢討西方一直以來對待自然的態度。懷特認為（Lynn White）基督教是以人為中心的宗教，尤其《創世紀》中對創造的主張，更是西方社會出現生態危機的歷史根源之一。基督宗教的一神論，只有上帝是神聖而超越一切，否定萬物有靈論（animism），人是以上帝形象所造，上帝賦與人宰制自然的權力，其他生物是為人而造，人可任意對待自然並有生殺大權，人是上帝的管家職事（stewardship）。但西方神學有兩種不同的思維，屬靈的與生態的。前者著重上帝與人或靈魂的關係，大自然是被忽略和輕視的。後者涉及上帝、人類和自然的相互關係，謂人的靈根植於自然界，渴慕上帝在自然界的臨在，追求在自然中過順服的生活，這即是符合生態要求的。生態神學又分為三類，以人為中心、以上帝為中心以及以大地為中心。而在環境哲學方面有以女性主義觀點來談生態問題的女性生態主義（Eco-feminism），代表人物為麥克法格（Sallie McFague）和盧瑟（Rosemary Radford Ruteher）。盧瑟認為西方對婦女的壓迫與對大自然的壓迫和操控，基本上都是父權社會的產物，必須加以轉化才能醫治這種病態。[213]

　　〈儒學與環境關懷：失落的實踐場域〉一文中亦提到：西方環境運動是從六〇年代開始興起。一九六七年，加州大學的科學史學者 Lynn White 在一篇名為〈我們的生態危機的歷史性根源〉

---

212 賴品超・林宏星，《儒耶對話與生態關懷》，北京，宗教文化出版社，2006年，頁 43-44。.

213 賴品超・林宏星，《儒耶對話與生態關懷》，北京，宗教文化出版社，2006年，頁 46-57。

論文中，便指陳西方世界的生態危機的歷史性根源，源自猶太—基督教把人與自然二元化的思維模式、一神論信仰，基督教可以對自然界事物的感覺漠不關心，進行對自然界的剝削。White 對基督教的批判，引起相當不同的反應，這些反應中，有兩項主要的影響：一者轉向東方宗教（尤其是道家與佛教）與原始印地安民族的泛靈信仰，以尋求與自然和諧相處的哲學基礎；另一則仍基於基督教神學，積極面對全球環境危機，發展出「生態神學」（Eco-theology），環境史學者 R. Nash 稱之為「基督教的綠化」。[214]

　　陳中獎在〈佛教的環境與永續發展〉一文中認為：「西方社會的傳統價值立基於個人自由主義，推崇個人權力和保護私有財產相信科學和技術，強調理性，相信科學和技術，相信環境可以提供豐富的資源，Dunlap & Catton（1996）認為傳統的西方世界觀主張（1）人類優於地球上其他生物（2）基督教認為上帝賦與人類管理萬物的權力，因此人類可以主宰地球上所有資源，對自然可以予取予求，萬物都是為了提供人類使用而存在（3）人類會利用工具、科技加上西方的消費主義。而儒家的人本思想是以人為出發點，雖講忠恕，仁愛，但是以人為中心由內而外，由近而遠，由人而畜，愛的程度是有差別的。儒家對動物的態度，也是以人道立場為出發，君子遠庖廚，見其生不忍見其死，聞其聲不忍食其肉。而道家認為，道是人類追求的最高最原始的動力，道創造萬物，故人與自然環境是融為一體的，天地予我並生，萬物與我為一，我只是全體中的一份子，故要順天應人，且強調降低物欲，禁絕五色、五音、五味。自然運作亦須陰陽四時運行，各得其序。佛教則認為眾生平等，以緣起法的空性、眾生平等、慈

---

214 林朝成、莊永清，〈儒學與環境關懷：失落的實踐場域〉，《第三屆台灣儒學研究國際學術研討會論文》，2003.2。

悲、眾生皆有佛性，以三世輪迴思想眾生皆是我的父母親人，故
不應殺生而應積極護生。若以環境觀來看，儒家及西方思想比較
偏重以人為中心，道家與佛教則傾向以生態為中心而強調人與自
然平等。」[215]以下為該文中就基督教（傳統西方社會）、儒家思
想、道家思想、佛教思想在人與自然、人與動物、人與人、人與
社會各方面的生態倫理思想所做的比較圖：

表四：人與自然、動物、人、社會生態倫理思比較[216]

	基督教（傳統西方社會）	儒家思想	道家思想	佛教思想
人與自然	人優於自然	以人為中心	天人合一	萬物唯心所造四大五陰皆空
人與動物	動植物是上帝所賜與的，因此應由人類掌控	網開一面，勿竭澤而漁	順天而行，依時而作	眾生平等
人與人	生而自由平等	長幼有序，天地君親師的思想	各展天命	眾生平等
人與社會	努力、進步、競爭	天行健，君子自強不息	少欲知足，歸隱山林	有為，無為

　　西方從以人為中心的傲物思想中覺醒，其內涵及實踐所涉及
的是永續發展與環境倫理兩個議題。永續發展主要是在環境保護
與經濟發展之間找到平衡點。環境倫理則關係著從傳統社會人與
人的倫理關係，到人與自然的倫理關係。而永續發展更預設了一
個環境倫理觀點和立場。換言之，永續發展可以說是一種特定形
態的環境倫理學。林朝成在〈生態女性主義與人間佛教的環境關
懷〉一文中說：「深層生態學（Deep Ecology）認為今日的環境

---

215 陳中獎，〈佛教的環境與永續發展〉，《世界宗教學刊》第六期，2005 年
　　12 月，頁 297-310。
216 同上註。

危機起源於人類中心主義的價值觀，為了破除種種以人的利益為中心的二元論思想，首要任務是建立一種生態中心主義的思想體系，根本改變個人和文化的意識型態結構。自我實現（self-realization）與生命中心平等說（biocentric equalitarianism）為深層生態學兩條最高規範（ultimate norms），這兩條規範內在地相關，且其立論的基礎必須訴諸於直覺。「自我實現」是指人的潛能的充分展現，使人成為真正的人的境界。深層生態學的創立者奈斯（Arne Naess）指出，自我的成熟需要經歷三個階段：從心理意義的自我（ego）走向社會性的「我」（self）；再從社會的「我」走向形而上（大寫的我 Self）。他用「生態我」（ecological self）來表達『大我』必定是在與人類共同體與大地共同體的關係中實現，我與自然之間並無明確的分隔。當我們達到『生態我』的階段，便能在所有物中看到自己，也能在大我中看到所有物。」[217]又言：「『生命中心平等說』的意義就是生物圈中的所有存在物都具有同等的生存、繁衍的權利，並充分體現個體自身以及在大寫的『自我實現』中實現我的權利。在生態圈中每個存在物都具有平等的內在價值的前提下，自我實現的過程是一個不斷擴大與自然認同的過程，如果我們傷害自然界的其他部分，那麼我們就是在傷害自己。這種意識促使我們尊重人類和非人類的權利，生物多樣性增加了自我實現的潛能，因此，不需要在物種間建立起階級，將人類置於萬物之上。依這兩條規範，奈斯和塞申斯（George Sessions）共同起草了八條基本原理，並得到深層生態學者普遍認同，成為深層生態學的理論核心和行動綱領。這八條行動綱領是：

---

217 林朝成，〈生態女性主義與人間佛教的環境關懷〉，《人間佛教與當代對話第三屆研討會論文集》，頁 L1。。

（1）地球上人類和非人類生命的健康和繁榮有其自身的價值，就人類目的而言，這些價值與非人類世界對人類的有用性無關。（2）生命形式的豐富性和多樣性有助於這些價值的實現，並且他們自身也是有價值的。（3）除非滿足基本需要，人類無權減少生命豐富性和多樣性。（4）人類生命與文化的繁榮與人口的不斷減少不矛盾，而非人類生命的繁榮要求人口減少。（5）當代人過份干涉非人類世界，這種情況正在迅速惡化。（6）因此，我們必須改變政策，這些政策影響著經濟、技術和意識型態的基本結構，其結果將會與目前大不相同。（7）意識型態的改變主要是在評價生命平等的層面，而不是在堅持日益提高的生活標準層面。對數量上的大（big）與質量上的大（great）之間的差別應當有一種深刻的意義。（8）贊同上述觀點的人都有直接或間接的義務來實現上述必要的改變。

深層生態學綱領的目的在成為生態中心主義環境運動的共同基礎。[218]

世界上各大宗教文化都主張對人的欲望進行合理的調節……從歷史的觀點看，過度的消費主義是異常的價值體系……知足的哲學深深地紮根於人類的過去。拜物主義被所有的哲人所譴責，從釋迦牟尼到穆罕默德，每一種世界宗教都充滿了反對過度之罪惡的告誡。[219]

此時反觀《護生畫集》的內容旨意，其苦口婆心勸誡世人勿

---

218 林朝成，〈生態女性主義與人間佛教的環境關懷〉，《人間佛教與當代對話學術研討會論文集》，2005 年 5 月，年 5 月，頁 L3。
219 蔣朝君，《道教生態倫理思想研究》，北京，東方出版社，2006 年，頁175、177。

貪口腹之慾，愛惜物命，長養慈悲，然後將這種慈悲擴散至生活的每個層面，成為人的中心思想，那麼自然生態在這種慈光的普照之下，必能減少災難，讓世人活得安全又快樂。

目前各國都有不少學者投入環境倫理學相關的研究與教學。台灣也不落人後已有十餘所大學校院開設過這方面的課程。環境倫理學必須以本土的特殊問題和傳統文化為考量。課程內容設計考慮當代西方的環境倫理主張，也同時介紹儒釋道三家對環境倫理的傳統智慧，故課程內容有：人在自然中的地位、環境議題出現的歷史脈絡、當代工業文明與自然的反撲、環境倫理的反省、宗教爭論及哲學思索、由對抗到均衡、由全球變遷到永續發展、永續發展的理念形成與實踐要素、環境議題的哲學爭論、東方環境倫理學的理論、本土的環境倫理等等。

近幾十年來，西方已漸漸形成一套含有東方自然觀和世界觀的生態哲學，不過希望它能更進一步含攝佛教不殺生、草木有性等觀念，徹底尊重生命。至於國人雖在幾千年中國仁人愛物和佛教慈悲護生思想的薰陶之下，但對環境的保護和生命的尊重，並未優於西方人，因此環保意識還有待提升。[220]

---

220 釋恒清，〈草木有性與深層生態學〉，《佛教與社會關懷學術研討會論文集》，頁38。

第四章 《護生畫集》的童心童趣

　　每次讀豐子愷描寫兒童的散文，總是為他字裡行間的溫柔和深情所感動。孩子的言行是自然又天真無邪的，經常給豐子愷許多啟發。有一次豐子愷問他的孩子華瞻「你最喜歡什麼事？」孩子回答說：「逃難」他知道孩子不懂逃難的意義，果然孩子了解的逃難「就是爸爸、媽媽、寶姊姊、軟軟…娘姨，大家坐汽車，去看大輪船。」逃難原本是驚慌、緊張和憂患的經歷，但是豐子愷驚異於孩子卻能看到逃難的另一面意義。因為那次逃難只是虛驚一場，反而像是出去渡了一次假。為此，豐子愷感嘆地說：「唉！我今晚受了這孩子的啟示了：他能撇去世間事物的因果關係的網，看見事物本身的真相。他是創造者，能賦給生命於一切的事物。他們是「藝術」的國土的主人。唉，我要從他學習！」[1]

　　「我做漫畫由被動的創作而進於自動的創作，最初是描寫家裡的兒童生活相。我向來憧憬於兒童生活，尤其是那時，我初嚐世味，看見了社會裡的虛偽驕矜之狀，覺得成人大都已失本性，只有兒童天真爛漫，人格完整，才是真正的『人』。於是我變成了兒童崇拜者。在隨筆中漫畫中，處處讚揚兒童。」[2]

　　「我的孩子們！我憧憬於你們的生活，每天不止一次……瞻瞻！你尤其可佩，你是身心全部公開的真人。你什麼事體都像拼

1 豐子愷，〈從孩子得到啟示〉，楊牧編，《豐子愷文選》第四集，頁105-108。
2 豐子愷，〈我的漫畫〉，楊牧編，《豐子愷文選》第四集，頁198。

命地用全副精力去對付。小小的失意，像花生米翻落地了，自己
嚼了舌頭了，小貓不肯吃糕了，你都要哭得嘴唇翻白，昏去一兩
分鐘……你們每天做火車，做汽車，辦酒，請菩薩，堆六面畫，
唱歌，全是自動的，創作創造的生活。大人們的呼號『歸自然！』、
『生活的藝術化！』、『勞動的藝術化！』在你們面前真是出醜
得很了…你們的創作力，比大人真是強盛得多哩：瞻瞻，你的身
體不及椅子一半，卻常常要搬動它，與它一同翻倒在地上；你又
把一杯茶橫來轉去藏在抽斗裡，要皮球停在壁上，要拉住火車的
尾巴，要月亮出來，要天停止下雨。在這等小小的事件中，明明
表示著你們小弱的體力與智力不足以應付強盛的創作欲……你們
的世界何其廣大！」[3]

　　讀了以上豐子愷對兒童的觀察和喜愛心情，可以深切感受他
那份赤子之心，那是他文學和藝術創作重要的靈感來源。豐一吟
在《豐子愷兒童畫集》的序中說：「人們一提起豐子愷，首先想
到他是漫畫家，而且不少人對他的兒童漫畫情有獨鍾。這不是偶
然的。父親熱愛兒童，陶醉於兒童的率真。」[4]。豐子愷認為「人
間最富有靈氣的是孩子。」[5]豐子愷在〈我與新兒童〉一文中說：
「我相信一個人的童心，切不可失去。大家不失去童心，則家庭，
社會，國家，世界，一定溫暖，和平而幸福。所以我情願做「老
兒童」讓人家去奇怪吧。」[6]

　　豐子愷在《子愷漫畫選》的自序中說：我常常「設身處地」
地體驗孩子們的生活……認為兒童變成成人，好比青蟲變成蝴

---

3 豐子愷，〈給我的孩子們〉，楊牧編，《豐子愷文選》第一集，頁 145-146。
4 豐一吟，〈斂住翅膀的蝴蝶〉，豐子愷，《豐子愷兒童畫集》，上海，古籍
　出版社，2003 年，頁 1。
5 豐子愷，〈告母性〉，楊牧編，《豐子愷文選》第三集，頁 145。
6 豐子愷，《豐子愷散文》，杭州，浙江文藝出版社，2007 年，頁 194。

蝶。青蟲生活和兒童生活大不相同。因此我能理解兒童的心情和
生活，而興奮地認真地描寫這些畫。」[7]豐子愷在《兒童生活漫畫》
序言中也說過：「我做了有六個兒童的家庭的家長，而且天天同
他們一同住在家裡，兒童生活的狀況我是看飽了，雖然煩躁的時
候居多，但發現他們生活中可詠可畫的情景的時候，也覺得歡喜。
那時候我便設法記錄我的歡喜。」[8]另外在《幼幼畫集》序中他又
說：「二十年前我做作漫畫，曾經刊印許多畫集。這些集子裡所
描寫的，半是兒童生活。因為那時候我家裡孩子很多，而我歡喜
讚頌兒童生活的天真，所以筆底下寫出來的都是兒童。經過了二
十年間的憂患和喪亂之後，我已垂垂向老；我家的孩子們已經變
成大人。但我仍舊歡喜描寫兒童。不過我自己家裡模特兒很少，
只有一個抗戰中生在廣西的現已八歲的新枚。我須得向外去找模
特兒。我的外孫菲君，以及我的鄰家，朋友家，親戚家的孩子，
都是我的模特兒。」[9]

　　豐子愷熱愛孩童的心終其一生歷久不衰，他說過：「由於『熱
愛』和『親近』，我深深體會了孩子們的心理，發現了一個和成
人世界完全不同的兒童世界。兒童富有感情，卻缺乏理智；兒童
富有欲望，而不能抑制。因此兒童世界非常廣大自由，在這裡可
以隨心所欲地提出一切願望和要求，成人們笑他們『傻』，稱他
們的生活為『兒戲』，常常罵他們『淘氣』，禁止他們『吵鬧』。
這是成人的主觀主義看法，是不理解兒童心理的人的粗暴態度。
我能熱愛他們，親近他們，因此能深深地理解他們的心理，而確

---

7 豐子愷，王朝聞編，序，《子愷漫畫選》，北京，人民美術出版社，1955
　年。
8 豐子愷，序，《兒童生活漫畫》，上海，兒童書局，1932年。
9 豐子愷，序，《幼幼畫集》，上海，兒童書局，1947年。

信他們這種行為是出於真誠的，值得注意的，因此興奮而認真地
作這些畫。」[10]「近來我的心為四事所占據了：天上的神明與星
辰，人間的藝術與兒童。這小燕子似的兒女，是在人世間與我因
緣最深的兒童，他們在我心中占有與神明、星辰、藝術同等的地
位。」[11]豐子愷對於孩童的細心觀察，以及以兒童為對象而創作
的隨筆或漫畫，成為他生活和創作生涯的安慰和享受，即使在兵
慌馬亂的逃難和文革鬥爭期間，他的兒童畫仍是他沈潛心情的避
風港，他在畫裡得到平靜和安穩。在他晚年的畫作《護生畫集》
裡，也有許許多多的兒童，有的是主角，有的是配角，不論是主
角或配角，兒童的形象在豐子愷心中永遠都是如此純淨和自然，
無時無刻都在觀照著他的他內心世界，讓他看見事物本身的真相。

　　《護生畫集》中有關兒童的畫作，其繪畫風格不改簡筆和純
樸，就像豐子愷說的：「版畫是背叛向來『力求肖似實物』的畫
風的一種繪畫。而中國畫本身就是版畫風的。中國畫法，形狀、
色彩、構圖，都取向『簡化』與『摘要』的方法。畫家不肯細看
物的各部，而作如實的描寫，只是依據從物所得的大體印象，簡
明地、直接痛快地描繪在紙上。畫家不肯顧到物與環境的種種關
係，而作周詳的配景，只是把要表現的主要物體，孤零地、唐突
地描繪在紙上。因此，畫面形成了一種單純的、奇特的、非現實
的特相。而比他們更豐富地具有這種特殊相的，便是兒童畫。」[12]、
「兒童畫是思想感情特殊而技術未練的一種人所做的繪畫。兒童
畫是重興趣而輕理法的，近於漫畫的一種繪畫……兒童畫與中國

---

10 豐子愷，〈我畫漫畫〉，《豐子愷美術講堂》，台北，臉譜出版社，2008 年，
　　頁 75。
11 豐子愷，〈兒女〉，楊牧編，《豐子愷文選》第一集，頁 155。
12 豐子愷，〈關於兒童畫〉，《豐子愷美術講堂》，台北，臉譜出版社，2008
　　年，頁 77。

畫是相似的……在創作態度上是『主觀的』，在描繪技巧上是『原始的』」[13]雖然繼承了這樣的畫風，但是豐子愷《護生畫集》中的兒童和他兒童相中的兒童漫畫還是有差別的，不但線條非常柔和，述說的故事也不同。因為前者敘述的是護生思想，後者敘述的是生活。

本章所舉述的例子並非一般人所認為的豐子愷兒童漫畫，而是《護生畫集》中以孩子角度出發的畫作，畫中不一定有孩童出現，但卻非常適合用來作為親子教育的教材，畫中充滿童心童趣和幽默，這種幽默不是一般的幽默，而是一種具有反諷的沈痛的幽默，溫和地對畫中情景做出指責，希望人們注意到平時認為「正常」和「理所當然」的活動，會在無形中讓孩子從小養成「殺機」，應該適時制止，而培養護生的慈悲心。

第一節 《護生畫集》的親子教育

《護生畫集》中有許多適合親子共讀，能提供親子教育的圖文，舉例如下：

1.第一集，頁4，「生的扶持」（圖137）：

「一蟹失足，二蟹持扶，物知慈悲，人何不知。」——弘一詩。

2.第五集，頁116，「救傷」（圖138）：

「寫完新詩篇，擱筆獨閒吟，忽見書案角，有物正移行，似蟻不像蟻，似蠅不是蠅，俯首仔細看，景象令人驚，兩蟻相扶掖，蹣跚向牆陰，一蟻已受傷，肢體正攣痙，二蟻銜其足，努力向前

---

13 同上註，頁 77-78。

圖 137

圖 138

進，急欲扶回家，
回家好養病，小蟲
知互助，此情甚可
敬，始信含識者，
無不具人性。」
——　緣緣堂主人
詩。

　　以上二圖，描繪的是蟹和蟻這兩種動物，在同伴遇到危難時，
不會丟下夥伴自己逃命，而能相互幫助和扶持，有難同當，這種
助人的行為，是一種美德，值得人類學習。

　　3.第一集，頁 52，「囚徒之歌」（圖 139）：

　　「人在牢獄，終日愁歔，鳥在樊籠，終日悲啼，聆此哀音，
凄入心脾，何如放捨，任彼高飛。」——弘一詩。

　　4.第五集，頁 120，「叫哥哥」（圖 140）：

　　「捉得叫哥哥，禁閉在竹籠，愛聽　　聲，懸之在畫棟，日
久興闌珊，飲食忘記供，蟲身苦飢渴，奄奄不能動，欲死不即死，
比死更苦痛，餓養眾生者，罪比殺生重。」——紅梅詩。

　　此二圖描寫的是小動
物失去自由的痛苦，而這
種痛苦是因人們一時的喜
好而造成的，日久生厭
後，疏於照顧，何其可憐，
若真的愛牠們，就該放牠
們自由。

　　5.第一集，頁 62，
「誘殺」（圖 141）：

圖 139

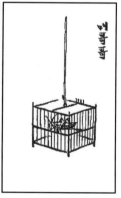
圖 140

圖 141　　　　　圖 142

「水邊垂釣，閑情逸致，是以物命，而為兒戲，刺骨穿腸，於心何忍，願發仁慈，常起悲愍。」──弘一詩。

6.第一集，頁96，「幸福的同情」（圖142）：

「香餌見來須閉口，大江歸去好藏身，盤渦峻激多傾險，莫學長鯨擬害人。」──唐白居易放魚詩。

此二圖是對照組，一為視物命為休閒時的遊戲；一為殷殷叮囑小魚勿貪口腹之欲而落人圈套。這一惡一善的對比圖，即是教材。

7.第二集，頁18，「被棄的小貓」（圖143）：

「有一小貓，被棄橋西，餓寒所迫，終日哀啼，猶似小兒，戰區流離，無家可歸，彷徨路岐。伊誰見憐，援手提攜。」──杜蘅補題。

8.第二集，頁30，「盥漱避蟲蟻」（圖144）：

「盥漱避蟲蟻，亦是護生命，充此仁愛心，可以為賢聖」──學童補題。

此二圖一為見到被棄的小貓而心生憐憫，一為

圖 143　　　　　圖 144

圖 145　　　　　　圖 146

孩童在漱洗時母親在旁勸阻避開蟲蟻，從小灌輸孩童慈悲和不隨意殺生的護生觀。

9.第六集，頁200,「首尾就烹」（圖145）：

「學士周豫家，嘗烹鱔。見有鞠身向上，以首尾就烹者。訝而剖之，腹中纍纍有子。物類之甘心忍痛，而護惜其子如此。」──傷心錄。

10.第二集，頁20,「推食」（圖146）：

「母雞得美食，啄啄呼小雞，小雞忽然集，團團如黃葵，母雞忍餓立，得意自歡嬉。」──子愷補題。

此二圖描繪的是母鱔和母雞護子的故事，豐子愷藉動物來歌頌母愛的偉大。

11.第五集，頁126,「毛織物」（圖147）：

「人身之衣，羊身之毛，呢絨嗶嘰，到處暢銷，比綿溫暖，比綢堅牢，人人愛用，產量豐饒，羊之於人，可謂功高，何以報之，一把屠刀。」──董君詩。

12.第五集，頁134,「阿黃銜傘遠來迎」（圖

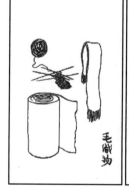

圖 147　　　　　　圖 148

148）：

「黃梅時節綠成蔭，貪看青山坐小亭，驀地雲騰時雨降，阿黃銜傘遠來迎。」──朧月夜詩。

此二幅圖是要教人感恩，感恩要圖報。對狗要慈愛，視如家人，對羊不該「何以報之，一把屠刀。」那是忘恩負義的行為。

13.第五集，頁16，「垂髻村女依依說 燕子今朝又作巢」（圖149）：

「牧笛聲中踏淺沙，竹籬深處暮煙多，垂髻村女依依說，燕子今朝又作巢。」──清高鼎詩。

圖149　　　圖150

14.第五集，頁98，「翩翩新來燕」（圖150）：

「翩翩新來燕，雙雙入畫樓，叨借椽間住，茶飯不相求，嬌兒戲庭前，莫將金彈投。狸貓穿花陰，與汝素無仇，和愛共相處，美景可長留，陽春布德澤，萬物皆悠遊。」──籐壺詩。

此兩幅繪作中都有燕子，不論是再度來作巢的舊燕，或是初來乍到的新燕，都需要人們愛惜，人們稱這些燕子為家燕，表示這是一種跟人類最親近的野生動物，在簷下或屋椽上築巢，與人一起生活，宛若家人。

15.第二集，頁22，「運糧」（圖151）：

「螞蟻運糧，群策群力，陟彼高崗，攀彼絕壁，屢仆屢起，志在必克。區區小蟲，具此美德。」──子愷補題。

圖 151　　　　　　圖 152

16.第四集，頁 22，「協助築巢」（圖 152）：

「郁七家有燕將雛，巢久忽毀，鄰燕成群，啣泥去來如織，頃刻巢復成，明日遂育數雛巢中，乃知事急，燕來助力者。」──虞初新志。

這兩幅均為感人的互助圖。一為團結力量大，一為緊急時的互助，真所謂遠親不如近鄰。小動物尚且如此，萬物之靈的人類豈可不如！

17.第四集，頁 66，「二家村」（圖 153）：

「大慈山之陽，有拱木，上有二鵲，各巢而生子。其母一為鷙鳥所搏。二子失母，其鳴喁喁。其一方哺子，見而憐之，赴而救之。即銜至一處哺之，若其子然。」──虞初新志。

18.第四集，頁 72，「鄰居」（圖 154）：

「常州陳四，畜黑白二鵝，兩巢相並，各哺數雛。一日，黑者死。眾雛失怙悲鳴。白者每晨至其窠，呼雛與己雛同啄。晚必先領歸巢，始引己雛入宿。人皆見

圖 153　　　　　　圖 154

圖 155

圖 156

而義之。」── 虞初新志。

此二圖述說的是「幼吾幼以及人之幼」的故事，皆感人至深。

19.第二集，頁 58，「綢繆牖戶」（圖155）：

「翩翩雙飛鳥，作室高枝巔，我欲勸此鳥，遷居南窗前，鳥說遷不得，近人心未安，若遷窗前住，為恐人摧殘，我聞此鳥語，羞慚不可言，誓從今日後，普結眾生緣。」── 智顗補題。

20.第五集，頁 152，「覆巢」（圖156）：

「誰家稚子太無聊，偷把長竿毀雀巢，雀命區微人不惜，童心殘忍罪難消。」── 夕顏詩。

此二圖也是對照組。禽鳥不敢來做巢是果，而毀雀巢是因。

21.第五集，頁 34，「反哺」（圖157）：

「烏鴉烏鴉對我叫，烏鴉真真孝，烏鴉老了不能飛，對著小鴉啼，小鴉朝朝打食歸，打食歸來先餵母，母親從前餵過我。」── 見學校唱歌集。

22.第五集，頁 40，「黃口無飽期」（圖

圖 157

圖 158

158）：

「樑上有雙燕，翩翩雌與雄；啣泥兩椽間，一巢生四兒。四兒日夜長，索食聲孜孜；青蟲不易捕，黃口無飽期。嘴爪雖欲弊，心力不知疲；須臾十來往，猶恐巢中饑。辛勤三十日，母瘦雛漸肥；喃喃教言語，一一刷毛衣。一旦羽翼成，引上庭樹枝；舉翅不回顧，隨風四散飛。雌雄空中鳴，聲盡呼不歸；卻入空巢裡，啁啾終夜悲。燕燕爾勿悲，爾當返自思；思爾為雛日，高飛背母時；當時慈母念，今日爾應知。」── 唐白居易詩。

這兩幅圖也是對照組。一為慈烏反哺，一為燕鳥哺雛忙。筆者也曾經寫過一篇兒童散文，描述院中枇杷樹上白頭翁做巢哺育幼鳥和小鳥學飛的情形。[14]從動物看到親情的可貴和母愛的偉大，真是感人。

第二節　《護生畫集》的童玩嬉戲

兒童是天真和單純的，他們正在成長和學習，而且沒有分辨能力和價值觀，只有最基本的生理需求，大人給他什麼教他什麼，他們全盤吸收，此時是最容易塑型的。《護生畫集》中有許多兒童嬉戲，玩樂或與小動物互動的圖畫，豐子愷在圖畫中傳遞了善良、悲憫、慈愛等情感，讓大人和小孩都能以不同眼光來看待這些小動物，養成護生戒殺的悲心。

1.第二集，頁50，「螞蟻搬家」（圖159）：

「牆根有群蟻，喬遷向南岡。元首為嚮導，民眾扛饌糧。浩

---

14 見林少雯，〈飛吧！白頭翁〉，《國語日報》，兒童版，1996.1.7。

圖 159　　　　　圖 160

蕩復迤邐，橫斷路中央。我為取小凳，臨時築長廊，大隊廊下過，不怕飛來殃。」── 子愷補題。

2.第五集，頁 158，「送蟻回家園」（圖 160）：

「放學歸來早，慈母相見歡，替兒掛書包，勸兒吃糕團，忽見書包上，有蟻正盤旋，皇皇如喪家，急急如求援，此蟻家何在，家在課桌邊，偶然出門遊，爬上書包緣，被我帶著走，道路幾萬千，我已安抵家，此蟻還家難，蟻亦有慈母，正在望兒還，不見兒歸來，望眼將欲穿，念此心不安，糕團難下嚥，連忙用紙匣，請蟻居其間，持匣返學校，送蟻還家園。」── 小君詩。

這兩幅圖相當溫馨感人。這種慈悲心的發揮，很多人都曾經有過經驗。筆者就經常循螞蟻運糧路線找到蟻窩，而將大群螞蟻正賣力扛回家的糧草，直接送到蟻窩前，省了牠們的千山萬水和千辛萬苦。也常常拯救溺水的螞蟻。[15]因此看到這兩幅畫，真正感到會心。

3.第二集，頁 36，「蝶之墓」（圖 161）：

「小小蝴蝶墓，左右種冬青。莫作兒戲想，猶存愛物情。」── 東園補題。

4.第三集，頁 104，「將裝義翅的蜻蜓」（圖 162）：

---

15 見林少雯，〈螞蟻〉，《溫柔的對待》，台北，健行文化，頁 171-172。

圖 161　　　　　圖 162

「日暮秋風清，一葉落我襟，細看不是葉，赫然一蜻蜓，左翼已破碎，右翼尚完存，定是遭襲擊，失事向地崩，墜落在我懷，不救豈忍心，畜之在庭園，恐被鳥雀吞，養之在房櫳，又恐螻蟻侵，沉吟想多時，妙計忽然生，我有玻璃紙，堅薄而透明，裁剪而膠黏，假翅亦猶真，我口鑲義齒，頗能咬菜根，汝身裝義翅，亦必能飛行，靜待膠汁乾，放之在中庭，須臾蜻蜓飛，悠然入青雲。」

── 緣緣堂主詩。

此兩圖相當令人感動。豐子愷對兒童的了解的確深厚，因為孩子的善良和同情心讓他們見到動物死亡和受傷都會感到悲傷不已。筆者曾寫過一篇「壁虎」[16]，描寫如何救出一隻全身被膠水黏住的壁虎的過程。因此對「將裝義翅的蜻蜓」情有獨鍾。

5.第三集，頁 24，「小貓似小友，憑肩看畫圖。」（圖 163）：

「裹鹽迎得小狸奴，

圖 163　　　　　圖 164

---

16 見林少雯，〈壁虎〉，《溫柔的對待》，台北，健行文化，頁 161-164。

盡護山房萬卷書，慚愧家貧資俸薄，寒無氈坐食無魚。」──宋陸游贈貓詩。

6.第三集，頁28，「小貓親人」（圖164）：

「人言家畜中，惟貓最可親，盡偎人懷內，夜與人同衾，索食嬌聲啼，柔媚可動人，應是仁慈種，決非強暴倫，豈知見老鼠，面目忽猙獰，張牙且舞爪，殘殺又噬吞，嗟哉此惡習，恐非貓本性，老僧有小貓，自幼不茹葷，日食青蔬飯，有時啖大餅，見魚卻步走，見鼠叫一聲，老鼠聞貓叫，相率遠處遁，人欲避鼠患，豈必殺鼠命。」──緣緣堂主詩。

此二圖描繪小貓的可愛和親人。貓的優雅、慵懶和神祕，一直都是被人愛憐和歌頌的，養貓和愛貓的人最能體會。

7.第三集，頁78，「窗前好鳥似嬌兒」（圖165）：

「翠衿紅嘴便知機，久避重羅隱處飛，只為從來偏護惜，窗前今賀主人歸。」──唐司空圖喜山鵲初歸詩。

8.第一集，頁57-58，「雀巢可俯而窺」（圖166）：

「人不害物，物不驚擾。猶如明月，眾星圍繞。」──弘一詩並書寫。

此二圖文繪寫孩童好奇和充滿愛心地臨窗俯窺雀鳥築巢撫育幼鳥，禽鳥亦能感知其無殺害之心，勿須驚飛逃命。畫面中的窗牖、孩童、鳥巢、盆栽、磚牆、牆腳青草，以及畫外的小鳥啾啾之聲和孩童刻意壓低怕驚擾小鳥的歡

圖 165

圖 166

笑聲，充滿生活美學和文學心境。

　　在台灣最能與人類互動的野生飛禽，就屬麻雀、燕子、白頭翁和綠繡眼，牠們總是在家屋四周的電線桿、綠樹、圍牆、院子和屋簷穿梭飛翔，猶如一起生活的家人或鄰居一般。筆者有一篇四千字的「笨鳥情」[17]就是描繪在院中餵食和觀察麻雀的散文，故能體會這兩幅畫的情境。

　　9.第五集，頁102，「此路不通」（圖167）：

　　「蜜蜂嗡嗡飛，頻撲玻璃窗，不知玻璃堅，但慕窗外光，此路原不通，何苦費力量，我告蜜蜂言，左門通迴廊，蜜蜂不聽話，碰壁力轉強，行將效觸柱，頭破流腦漿，求生不顧死，可笑亦可傷，快把窗子開，放他還故鄉。」—— 朧月夜詩。

　　10.第五集，頁2，「輕紈原在手，未忍撲雙飛」（圖168）：

　　「曉露零香粉，春風拂畫衣，輕紈原在手，未忍撲雙飛。」—— 清熊澹仙見蝶詩。

　　讀來多麼令人歡喜和生出溫柔情意的兩幅圖文。圖中的情境經常發生在人們的生活中。筆者亦經常釋放誤入家中的蜘蛛、臭蟲、蜜蜂等小生物；以前住在郊區，家中有時還發現青蛙和蛇，在割稻季節更有許多飛蟲被驚擾而亂闖入家中。此時，家裡當然會一陣忙亂，紛紛將牠們請出

圖167　　　　　　圖168

17　見林少雯，〈笨鳥情〉，《愛你的心情》，台北，健行文化，2002年，頁26-35。

家門。

第三節　《護生畫集》的沈痛幽默

　　《護生畫集》中有許多人們習以為常的兒童嬉戲和玩樂，卻是將自己的快樂建築在動物的痛苦和死亡上。這些遊戲讓不懂事的孩子從小就養成殺生習慣，或許會誤導孩子一生，所以許多看似「理所當然」的兒童遊戲，其實正在培養孩子的殘忍心而不自知。以下圖文是豐子愷以一種反諷的幽默所傳遞的沈痛心聲。

　　1.第一集，頁12，「親與子」（圖169）：

　　「今日爾吃他，將來他吃爾，循環作主人，同是親與子。」──參用黃庭堅詩句。

　　2.第二集，頁6，「我來施食爾垂釣」（圖170）：

　　「饒池閑步看魚游，正值兒童弄釣舟，一種愛魚心各異，我來施食爾垂釣。」──唐白居易詩。

　　此二圖，一為描繪佛教緣起和三世因果的佛理，提醒人們今世在享用眾生肉時，來世可能遭到的因果報應。（弘一法師在題詩中加註：日本風俗有一雞肉和卵置於飯上之餐，名親子丼。親謂父母；子謂兒女。丼餐彼邦俗解謂是陶製大盌也。雞為親，卵為子，以此二物共置盌中，故曰親

圖169

圖170

圖 171

圖 172

子丼。）一為述說對待動物的兩種心情和方式，圖中愛魚人在湖邊施食，那是歌頌人愛惜物命的心，而一旁卻有釣魚人，正在誘殺游魚，故亦指責人因自娛而誘殺動物的心態。

3.第一集，頁 18,「兒戲其一」（圖 171）：

「干戈兵革鬥未止，鳳凰麒麟安在哉，吾徒胡為縱此樂，暴殄天物聖所哀。」── 唐杜甫詩。

4.第一集，頁 20,「兒戲其二」（圖 172）：

「教訓子女，宜在幼時，先入為主，終身不移，長養慈心，勿傷物命，充此一念，可為仁聖。」── 弘一詩。

此二圖乍看為孩童歡樂嬉戲圖，亦是日常生活中所常見，一般人都覺得這些遊戲是孩子們理所當然的玩樂，但是豐子愷卻認為這種行為從小就該制止，因為「先入為主，終身不移」。護生觀的培養和慈悲心的長養，該在孩童時期就開始，這是愛惜物命，止息爭鬥和兵戈的源頭。

5.第四集，頁 54,「願同塵與灰」（圖 173）：

「成化六年十月間，鹽城天縱湖漁父見鴛鴦甚多。一日，弋其雄者烹之。其雌者隨棹飛鳴不去。漁父方啟釜，即投沸湯中死。」── 虞初新志。

圖 173

圖 174

6.第四集，頁 124，「草菅生命」（圖 174）：

「夏氏子見梁間雙燕，戲彈之。其雄死。雌者悲鳴逾時，自投於河亦死，時人作烈燕歌。」── 虞初新志。

此二幅圖述說的都是悲慘的殉情故事，一為同命鴛鴦，一為梁間雙燕，前者為漁父所為，後者為無知孩童以物命為遊戲的後果。這種拆散因緣及一屍二命的罪過，該當何罪！

7.第五集，頁 112，「難逃」（圖 175）：

「兒童玩知了，長線繫蟬腰，縛在窗櫺上，欲飛不能高，貓兒欲捕蟬，蟬兒苦難逃，試看此景象，誰人不心焦。」--王節詩。

8.第五集，頁 114，「探牢」（圖 176）：

「籠中畜大魚，浸在河岸邊，河流深且廣，活水來源源，專待嘉賓至，烹魚薦時鮮，此魚似死囚，刑期尚未宣，親友來探牢，再見恐無緣。」── 夕霧詩。

這兩幅圖畫令人看了欲哭無淚。一條細繩，一個牢籠，宛若死牢，繫住並斷絕了嚮往自由的生命。而「難逃」和「探牢」本為人類受困時的形容詞，卻用在動物身上，其實是豐子愷借物喻情，讓人能在閱畫後生慈悲心，

圖 175

圖 176

視萬物為一體同源，從此
善待動物。

9.第二集，頁24，「遇
救」（圖177）：

「且停且停，刀下留
命。年幼心慈，可欽可敬。」
—— 東園補題。

10.第三集，頁48，「人
之初性本善」（圖178）：

圖 177　　　　　　　　圖 178

「人人愛物物，物物愛生全。雞見庖人執，驚飛集案前。豕
聞屠價售，兩淚湧如泉。方寸原了了，祇為口難言」 —— 清周思
仁戒殺詩。

此二圖突顯孩童善良的本性，見到即將發生的殺戮而上前阻
止。這是豐子愷歌頌兒童純真和率真心理的繪作，卻是給大人沈
痛的反諷。

以上所舉的圖例，是《護生畫集》中充滿童心童趣和適合親
子教育的繪作。護生宣導畢竟要從孩童做起，蔣朝君在《道教生
態倫理思想研究》一書中說：「不要讓小孩從小戲玩雀、蝶、蠅、
鳥等小動物，這樣才不至於助長其殺傷、害物之心；將來待那些
飛走鳥獸的『大物命』時也會表現出慈愛之心。生態倫理學家納
什也提到了人類折磨殺戮那些小鳥、蝴蝶之類的『小物命』對人
的心靈世界所可能造成的傷害：『折磨並粗暴地對待那些落入他
們手中的小鳥、蝴蝶或其他這類可憐的動物……將逐漸使他們的
心甚至在對人時也變得狠起來……那些在低等動物的痛苦和毀滅
中尋求樂趣的人……將會對他們自己的同胞也缺乏憐憫心和仁愛

心。』」[18]

豐子愷繪作《護生畫集》，雖然時間長達四十六年，但是內容審慎而格調統一。何莫邪在《豐子愷 ── 一個有菩薩心腸的現實主義者》一書中寫道：「一個中國傳統的畫家和書法家在拿起毛筆之前，是要經過一個齋戒和冥想過程的……他的藝術從不是即興的，想法時常是有哲理的。他從描繪當時瑣碎的政治事件中形成一種獨立的藝術風格，佛教為他的獨立性提供了基礎。正是這種獨立性使他具有兒童般對萬事萬物豐富的同情心，以及對周遭的事物保持兒童般的新鮮感。」[19]

豐子愷的作品受到普羅大眾的喜愛，而廣為流傳，尤其他有關兒童相的漫畫，更讓人愛不釋手。何莫邪說：「豐子愷決不讓自己的作品，僅僅成為鑒賞家們所讚賞的精湛技巧的出色範本。他希望他的藝術樸實無華，有助於增進人性和道德，不是那種裝裱在昂貴的絹帛上、為寂靜和虔誠的公眾遠遠加以欣賞的玩意兒，而是一種可以容易地複製在廉價紙上的東西。」[20]

何莫邪認為豐子愷希望人人都買得起他的畫，並將畫張貼在牆上欣賞。他說：「豐子愷追求的是質樸藝術的率真，而不是完美技法的精湛。他希望他的漫畫看起來渾然天成，且能深入人心。逐漸地，他希望他的漫畫在社會上和在教育上起到積極的影響……他的長處在於清新的藝術詩情，也就是深深根植於他的佛教觀的藝術的率真坦誠。」[21]《護生畫集》正是豐子愷佛教精神

---

18 蔣朝君，《道教生態倫理思想研究》，北京，東方出版社，2006 年，頁 242-246。
19 何莫邪著，張斌譯，《豐子愷 ── 一個有菩薩心腸的現實主義者》，濟南，山東畫報出版社，2005 年，頁 84。
20 同上註，頁 4。
21 同上註，頁 4。

的代表作，更在社會上和在教育上發揮了重大的影響。在這一點上，豐子愷是成功的。

對佛教的信仰和對純真兒童的崇拜，幾乎貫穿豐子愷的一生。佛教徒的慈悲使他對眾生懷有誠摯的同情心，這與孩童的純真可以畫上等號。豐子愷對周遭事務的領悟和感受力，如同孩童般的敏銳，不同的是他是一位文人和畫家，能將其感受訴諸筆墨，用藝術加以表現。

豐子愷的赤子之心，就像一個飽經事故的大人，心裡卻住著一個小孩。

第五章 《護生畫集》的藝術情境

「漫畫」是一門獨立的繪畫藝術。漫畫的表現形式簡潔有力、造型誇張,且內容具有諷刺、詼諧或有所寓意。我們所看到的漫畫,圖像簡單而富有深意,內容多變化,可畫盡世間百態,畫家以誇張的手法來描述人物的特徵,畫面鮮明、簡練、有趣,滑稽、令人發噱。漫畫的內容充滿著詼諧、諷刺、幽默、溫馨甚至抒發悲憤和傷痛,帶讀者進入一個可以充分發揮想像的空間,給人感同身受的歡樂以及感觸,也讓生活增加樂趣。坊間的漫畫有單幅的、四格的、多格的,也有連環漫畫等多種。漫畫家發揮個人的學養、正義感、觀察力、繪畫以及表達的技巧,將一般百姓生活、社會現象、政治人物、企業家、公眾人物、國家政策、政局、國際情勢等等,以調侃、諷喻正面或旁敲側擊地加以描繪,讓人讀後會心一笑。漫畫,就是如此在笑聲中發揮作用。

中國自古就有漫畫,只是不以漫畫之名存在。畢克官和黃遠林在《中國漫畫史》一書中說:「漫畫是一種不受任何工具、材料或技法限制的繪畫形式,故其思維方法和表現手法也不同於一般繪畫。諷刺和幽默是它最突出的藝術特點,也是漫畫特有的藝術功能。漢代山東武梁祠的石刻畫像,就是一幅值得重視的古代漫畫。中國繪畫史上最早出現的諷刺畫家是石恪(五代十國後蜀時期 925-965 年為其藝術活動時期)作有『鬼百戲圖』、『鍾馗氏圖』、『玉皇朝繪圖』等,他的諷刺畫的創作目的和所要抨擊

的對象是很明確的，就是『諷刺』、『豪貴』、『蔑辱豪右』。[1]、
「從最早古代的道釋畫、風俗畫、故事畫，到漢代石刻『伏羲女
媧圖』、八大山人的『孔雀圖』，和清中葉揚州八怪之一羅聘的
『鬼趣圖』……等等，雖沒有漫畫的名稱，但都具有漫畫的誇張
與想像力，或隱藏著諷刺作用。此後到了清光緒十年（十九世紀
末）中國第一部石印畫報『點石齋畫報』出版，為中國的漫畫開
創了嶄新的局面，其特點以圖畫解釋文字，主要描繪現實社會生
活，尤其注重新聞題材的報導，作品雖含有濃厚的諷刺味道，技
法仍受到國畫的侷限，但已有向現代漫畫過渡的跡象（李闡，《漫
畫美學》，台北市，群流出版社，民國 87 年，頁 70）。同一時
期，中國各地把流行於宋、明、清的章回小說插畫，集結成冊，
稱之為『小人書』，直到一九二五年才定名為『連環圖畫』。一
九二五年，豐子愷遊學日本後，帶回『漫畫』一詞，並用在其作
品上。一九三〇年代，漫畫式刊物成為中國漫畫第一波盛況（洪
德麟，《台灣漫畫閱覽》，台北市，玉山社，2003 年，頁 18）。
一九四九年，中共建政後，在思想僵化的影響之下，漫畫的形式
也始終停留在傳統單幅舞台劇式的『連環畫』，而諷刺漫畫也因
威權統治而成了為政治服務的鬥爭工具。在中共改革開放之後，
一九八〇年代末期，傳統的「連環畫」沒落，繼而流行的是由日
本傳來具有流動性、以電影分鏡手法繪成的『故事漫畫』。一九
九五年，中共推動本土動畫卡通漫畫讀物的出版創作，滿足少年
兒童的閱讀需求（新華月報，1996 年第二期，頁 117。）由此可
見中國不但有漫畫文化的存在，更有世界最早的漫畫形式，及輝

1　畢克官、黃遠林，《中國漫畫史》，北京，文化藝術出版社，1986 年，
　頁 1。

煌的發展時代。」[2]

　　而在五四運動之後風起雲湧的時代，豐子愷以涵蘊了傳統文人特質的漫畫投入文藝界，他像一股清流，溫暖了當代的人心，至今仍餘音裊裊，盪氣迴腸。豐子愷的漫畫與眾不同之點為何？以下分別加以敘述。

第一節　豐子愷的創作理念

　　豐子愷說：「漫畫式樣很多，定義不一。簡單的，小型的，單色的，諷刺的，抒情的，描寫的，滑稽的……都是漫畫的屬性。有一於此，即可稱為漫畫……古人云「詩人言簡而意繁。」我覺得這句話可以拿來準繩我所喜歡的漫畫。[3]豐子愷又提到：「人都說我是中國漫畫的創始者。這話未必竟然。我小時候，《太平洋畫報》上發表陳師曾的小幅簡筆畫《落日放船好》、《獨樹老人家》等，寥寥數筆，餘趣無窮，給我很深的印象。我認為這是中國漫畫的起源。不過那時候不用漫畫的名稱，所以世人不知『師曾』漫畫，而只知『子愷漫畫』。漫畫兩字，的確是在我的畫上開始用起的。」[4]

　　一九二五年鄭振鐸向豐子愷邀稿，在上海《文學週報》發表漫畫，並以「子愷漫畫」專欄形式刊出後，中國自此有了漫畫這個名詞，漫畫一詞亦開始普遍流行，豐子愷也被喻為「中國漫畫

---

2 吳偉立，《中國大陸漫畫發展之研究》，淡江大學中國大陸研究所碩士論文，2003 年，頁 1-2。
3 豐子愷，《藝術與人生》，長沙，湖南文藝出版社，2002 年，頁 65。
4 豐子愷，《藝術與人生》，長沙，湖南文藝出版社，2002 年，頁 209。

之父」。

豐子愷自己曾說：「其實，我的畫究竟是不是『漫畫』還是一個問題。因為這兩字在中國向來沒有，日本人始用漢文『漫畫』二字，日本人所謂『漫畫』定義如何，也沒有確說，但據我知道日本的『漫畫』乃兼指中國的急就畫，即興畫，及西洋的卡通畫，但中國的急就，即興之作，與西洋的卡通趣味大異。前者富有筆情墨趣，後者注重諷刺滑稽，前者只有寥寥數筆，後者常有用鋼筆描寫的。所以在東洋『漫畫』二字的定義很難下，但這也無有考據，總之，『漫畫』二字，望文生意，漫，隨意也，凡隨意寫出的畫，都不妨稱為漫畫，因為我的漫畫，感覺同寫隨筆一樣，不過或用線條，或用文字，表現工具不同而已。」[5]

子愷漫畫之所以與眾不同，可以從以下這段話中體會出來，他說：「中國畫真的有些古怪，現代人所作的，現代家庭裡所掛的，中堂，立幅，屏條，尺頁，而所畫的老是古代的狀態，不是綸巾道服，便是紅袖翠帶。從來沒有見過現代的衣冠器物，現代的生活狀態出現在宣紙上……繪畫既是用形狀色彩為材料而發展思想感情的藝術，目前的現象，應該都可入畫。為什麼現代的中國畫專寫古代社會的現象，而不寫現代社會的現象呢？例如人物，所寫的老是高人、隱者、漁翁、釣叟、琴童、古代美人。為什麼不寫工人、職員、警察、學生、車夫、小販呢……為什麼沒有描寫現代生活的中國畫出現呢？也有人說中國畫的題材向以自然為主。中國畫在現代何必一味躲在深山中讚美自然，也不妨到紅塵間來高歌人生的悲歡，使藝術與人生的關係愈加密切，豈不更好？」[6]

---

5 豐子愷，《藝術與人生》，長沙，湖南文藝出版社，2002 年，頁 209-210。
6 豐子愷，《藝術趣味》，長沙，湖南文藝出版社，2002 年，頁 61-62。

　　所以，豐子愷畫的都是當代人的生活樣貌，也由於其描繪出當代市井小民的日常生活點滴，而開啟中國式漫畫之先河。他的漫畫取材新穎，以單純輕鬆的簡筆線條，趣味的構圖和市井小民的形象和生活為題材，尤其特別喜歡以小孩子為模特兒，以孩童的天真浪慢和純潔無邪的眼光所見所思所行來入畫。他別出心裁且獨樹一格的以一種隨意速寫的形式塑造形象。但是這種看似簡單的畫，內涵卻無比豐富，因此在構思畫作時，是很費一番功夫的。他對自己的漫畫作品與他的散文隨筆發表過想法，他在〈隨筆漫畫〉一文中寫道：「隨筆的『隨』和漫畫的『漫』，這兩個字下得真輕鬆。看了這兩個字，似乎覺得作這種文章和畫這種繪畫全不費力。可以『隨便』寫出，可以『漫然』下筆。其實決不可能。就寫稿而言，我根據過去四十年的經驗，深知創作－包括隨筆 ── 都很傷腦筋，比翻譯傷腦筋得多。倘使用操舟來比喻寫稿，則創作好比把舵，翻譯好比划槳……倘是寫作，即使是隨筆，我也得預先胸有成竹，然後可以動筆……漫畫和隨筆一樣，也不是可以『漫然』下筆的。我有一個脾氣：希望一張畫在看看之外又可以想想。我往往要求我的畫兼有形象美和意義美。形象可以寫生，意義卻要找求。倘有機會看到了一種含有好意義的好形象，我便獲得了一幅得意之作的題材。」[7]從以上這段話可見豐子愷的畫作取材於日常生活及閱讀的觀察和體會。他又說：「記得有一次，我在院子裡閒步，偶然看見石灰脫落了的牆壁上的磚頭縫裡生出一枝小小的植物來，青青的莖彎彎地伸在空中，約有三四寸長，莖的頭上頂著兩瓣綠葉，鮮嫩裊娜，怪可愛的，我吃了一驚，同時如獲至寶。因為這美麗的形象含有豐富深刻的意義，正是我

7 豐子愷，〈隨筆漫畫〉，《豐子愷靜觀塵世》，武漢，長江文藝出版社，2007年，頁 208-209。

作畫的模特兒。用洋洋數萬言來歌頌天地好生之德，遠不及用寥寥數筆來畫出這枝小植物來得動人。我就有了一幅得意之作，畫題叫『生機』[8]（本文所引用之圖 17）。他又說：「實在，我的作畫不是作畫，而仍是作文，不過不再用言語而用形象罷了，既然作畫等於作文，那麼漫畫就等於隨筆。隨筆不能隨便寫出，漫畫當然也不能漫然下筆了。」[9]豐子愷在〈作畫好比寫文章〉一文中又補充說明：「我對文學，興趣特別濃厚。因此我的作畫，也不免受了文學影響。我不會又不喜作純粹的風景畫或花卉等靜物畫；我希望畫中含有意義－人生情味或社會問題。我希望一幅畫可以看看，又可以想想。換言之，我是用形象色彩來代替了語言文學而作文。」[10]

　　從上述豐子愷自己所述說的觀念中，就可一探其創作漫畫的理念和態度。

第二節　《護生畫集》的傳播形式

　　《護生畫集》是豐子愷所創作的漫畫之一，同樣是以圖畫為主要傳播媒介，不同的是《護生畫集》是以圖畫來述說護生故事以及宣揚護生戒殺思想。《護生畫集》中的圖畫，有以古藉中的護生故事改編的、有以古人及禪師所作護生詩詞為本改寫的、有豐子愷日常觀察所得的靈感而創作的。

8　同上註，頁 209。

9　豐子愷，〈隨筆漫畫〉，《豐子愷靜觀塵世》，武漢，長江文藝出版社，2007年，頁 210。

10 豐子愷，〈作畫好比寫文章〉，《豐子愷靜觀塵世》，武漢，長江文藝出版社，2007 年，頁 211。

中國自古以來就有許多護生故事流傳，這些故事大多是以文字方式記錄，而《護生畫集》則將這些故事予以形象化。文字所述說的故事，和圖畫所述說的故事，雖然同樣是傳達護生思想，但是圖畫將故事內容生動活潑地表達出來，讓不識字的人也可以透過畫面了解內容，而且因為故事圖像化了，讓人可以看見故事中的各種形象，如可愛的小鳥、烏龜、兔子、貓、犬、雞、鴨、魚等等，見到他們自由、快樂地生活，會跟著感到愉快；看到牠們被欺壓、受傷、被捕、被關、被屠宰，會生出同情心，甚至想保護牠們，或勸人不要虐待或傷害牠們。圖像化讓人印象更加深刻，記憶更加鮮明，而且可以歷久不忘。閱畫後對畫中之境所產生的感情會很自然地延伸到自己日常所見或所相處的動物身上，而生出愛憐。所以閱讀圖畫書比閱讀文字更容易產生感情和認同，對護生戒殺思想的傳達有更好的效果。

圖畫也是一種「敘述的形式」；護生故事與圖畫都在傳遞護生戒殺的倫理概念或情感經驗，李雅雯在《近代護生戒殺思想之發展與實踐》一文中說：「這同時也包含一種『價值觀』。透過故事與圖畫的描述，許多信眾更易激起主觀上的道德情感，並依此情感做出道德實踐。這樣的傾向也大大影響近代護生戒殺文化的實踐形態。」[11]

《護生畫集》中的很多故事選錄來自清末徐謙《物猶如此》一書的故事內容，李雅雯認為：「《護生畫集》和《物猶如此》這兩部護生故事集錦，重點都在表達動物的類人情感與生命價值，同時歌頌動物的道德感與精神毅力。這種故事類型的出現，是中國近代護生戒殺思想中對動物形象與認知的歸納與強化；透

---

11 李雅雯，《近代護生戒殺思想之發展與實踐》，國立師範大學中國文學研究所碩士論文，2007 年，頁 36。

過《護生畫集》的推廣，動物互助、重情的形象深植人心，也成為護生戒殺思想宣傳過程中傳遞的重要形象訊息。整個護生戒殺故事的發展，隨著《物猶如此》與《護生畫集》的傳播與流布，逐漸從以『因果報應』為訊息主題的角度，轉入傳遞對「動物重情重義」形象認知的強化了。整個護生戒殺故事的發展，自《護生畫集》以後，開始轉向強調動物的情感經驗與情感價值，與前述的因果報應類型，同樣成為護生故事中舉足輕重的敘述主軸。」[12]

　　《護生畫集》之所以引人入勝是因為透過「圖畫形式」來說故事。李雅雯說：「這種傳遞方式讓閱讀者經由畫面中動物的大小、形狀、位置、背景的視覺感知，整體而直覺的把握到閱覽時的情緒張力，引導閱讀者形成一種情緒與印象的知覺經驗，這即是『直覺知覺的認識過程』。這種媒介是透過圖像與視覺的審美心理過程傳播的，這種過程跟語言的論理或故事敘述的形式都不同。圖畫帶給人們的是一種『視覺經驗』，人們隨著『腦海中的畫面』所形成的經驗渠道流動，藉由各種浮起的畫面與形象進行思考，是由『視知覺』輔助進行的。視覺經驗將影響人的認知與判斷。李雅雯在《近代護生戒殺思想之發展與實踐》論文中詳細分析豐子愷以三種形式的視覺姿態來傳遞觀念，茲簡要地加以引述：

一、溫柔仰望姿態傳遞動物需要憐惜訊息

12 同上註，頁 44-47。

圖 179[13]　　　　　圖 180[14]

---

13 豐子愷，《護生畫集》，第四集，頁 10。
14 豐子愷，《護生畫集》，第五集，頁 24。

　　以上圖例中，動物的姿勢幾乎都是俯臥或是仰望的，讓人聯想到「服從」、「溫柔」、「需要被保護」的印象。此時的視知覺會捕捉到動物平衡、蜷縮、柔和、俯臥的姿態特徵；對閱讀者而言，這種姿態特徵傳遞「動物是祥和的」的直接訊息，而「動物是需要被保護」的訊息引發一連串「認同」、「憐惜」的情緒反應。藉由動物姿態與形象傳遞的視覺印象與訊息暗示，這是《護生畫集》迥異於近代護生宣傳文本的思想傳播的革新表現。

二、破壞的格式塔與殺生的不適感

　　在「知覺心理學」中，有一個重要的概念叫做「格式塔」（Gestalt），原意是「形狀」。格式塔指的是人看到物件，運用視覺認知、經驗到的形狀。格式塔心理學家認為，當我們看到一幅畫，感覺很舒服、很愉悅的時候，是我們從這幅畫中經驗到整體形狀的和諧感、統一感、對稱感造成的；是一種「好的格式塔」。如果我們在觀看一幅畫的同時，看到一個不完美的、不規則的圖形：比如一座傾斜的塔、一堵扭曲的牆壁、一個頭重腳輕的木架時，情緒會開始緊張、企圖扭轉改變扭曲的圖形，回復到和諧對稱的狀態；心理學家稱這種心理為「完形壓強」，是人們看到不舒服圖案時「自我調節」的心理機轉。豐子愷就使用此法處理畫面令人產生一種不舒適的感受，來表達「殺生是一件不適行為」的訊息。以下方這三幅圖畫為例，第一圖左方為圖畫的組成單位主要是兩隻鵝；中間為簡化成線條的樣子；右方為加上劍之後的格式塔樣式。很明顯的，那支劍破壞這幅圖畫中主要組成部份形成的和諧形式，讓觀看者瞬間感覺到緊張、不愉悅的感受。其他兩幅圖畫的格式塔形狀依例羅列如下：

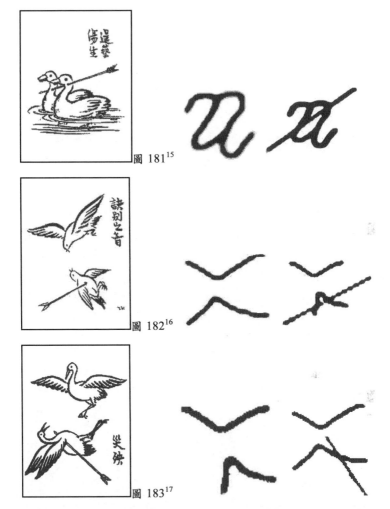

圖 181[15]

圖 182[16]

圖 183[17]

　　李雅雯認為在這幾幅圖畫中，背景都是被簡化的；主體都是被一支箭破壞了和諧的形式。豐子愷從這種簡單、純潔的格式塔

15 豐子愷，《護生畫集》，第四集，頁 116。
16 豐子愷，《護生畫集》，第一集，頁 28。
17 豐子愷，《護生畫集》，第四集，頁 140。

中製造視覺上的緊張不適感，讓觀看者有一種想拔掉箭的衝動刺激；這種從「格式塔」中建立的殺生不適感，是《護生畫集》達到「激起不忍同情之心」的技巧之一。與此相對的是，當豐子愷讚頌「護生的美好」、「動物與人和諧關係」的畫作中，就呈現一種「極和諧美好的格式塔形狀」，如下：

三、和諧的「格式塔」與護生的詠讚

圖 184[18]　　　　　圖 185[19]　　　　　圖 186[20]

---

18 豐子愷，《護生畫集》，第二集，頁 14。
19 豐子愷，《護生畫集》，第二集，頁 16。
20 豐子愷，《護生畫集》，第三集，頁 12。

　　從上面三幅讚頌「動物與人和諧美好相處」的圖畫中，李雅雯認為動物與人的所處平面是相對稱的；動物、人、背景之間形成漂亮和諧的視覺角度：在和諧對稱的圖片中，觀賞者視覺上是鬆弛愉悅的；視知覺本能的追求和諧對稱的形和觀賞簡潔完美形狀而產生的舒服平靜感受。這種對稱鬆弛的感受，讓人感受到人與動物和平相處時的愉悅感，這正是豐子愷護生畫對閱讀者傳遞的暗示訊息。[21]

第三節 《護生畫集》繪畫風格

　　豐子愷的漫畫，在表現形式上受到畫家陳師曾、竹久夢二和蕗谷虹兒的影響。他觀察生活並在現實生活中取材，以他寫散文的敏銳心靈，足夠的想像力及描寫力，準確又銳利地抓住畫作對象的精髓，而以毛筆簡單幾筆地勾勒出畫面，將無聲的形象當成藝術語言，帶讀者走入畫中，欣賞、思考，體會他所想要表達的觀點。最特別的是，他的畫都有「畫題」，像一篇文章有題目或說明一樣，更容易幫助讀者進入畫中情境。這些畫題詮釋畫面內容，發揮了畫龍點睛的作用，可以補足畫面的不足。豐子愷漫畫的特點是融中西畫法為一爐，構圖技巧是西洋的，意趣筆法則是中國的。豐子愷說過：漫畫可大別為三種，即感想漫畫，諷刺漫畫與宣傳漫畫。他的漫畫大多屬於感想漫畫，他說：「『感想漫畫』是最藝術的一種漫畫，吾人見聞思想所及，覺得某景象顯示著一種人間相或世間相，心中感動不已，就用筆描出這景象，以

---

21 李雅雯，《近代護生戒殺思想之發展與實踐》，國立師範大學中國文學研究所碩士論文，2007年，頁47-53。

舒展自己的胸懷。這叫感想漫畫。作這種畫，由於感情，出於自
然，並不像作諷刺漫畫地為欲發表批評意見，也不像作宣傳漫畫
地預計描成後的效用。但因為人心必有『同然』，如孟子所說：
『心之知所同然者何也？』理也，義也。『故倘其情感合乎理與
義，則必能在看者心中引起同樣的感動，而使心與心相共鳴。』」
[22]他在〈我的漫畫〉一文中說：「我作漫畫斷斷續續至今已有二
十多年了。今日回顧這二十多年的歷史，自己覺得約略可分為四
個時期：第一是描寫古詩句的時代；第二是描寫兒童相的時代；
第三是描寫社會相的時代；第四是描寫自然相的時代。」[23]

　　若以時間來算，豐子愷的繪畫風格，大約可分成三個時期：
「早期是從一九一八至一九三七年，此時期是豐子愷漫畫風格的
奠基及發展時期，他模仿多位畫家，進而發展出自己的繪畫風格：
題材生活化、筆法中國化以及構圖西洋化。中期是從一九三七至
一九四九年，因見識到崇山峻嶺之美，使其畫風由以人物為主的
小幅單色簡筆漫畫轉變成以山水為主的大幅彩色繁筆圖畫。而晚
期是從一九四九至一九七五年，因迫於政治因素，豐氏此時期的
作品題材大都轉為歌頌共產政策。」[24]

　　而他受恩師弘一法師所託而繪作的《護生畫集》四百五十幅
畫，原為宣揚佛教護生戒殺，長養慈悲心的宣傳畫，但是亦不失
其感想漫畫的特質，更由於豐子愷是一位傳統中國文化背景中涵
養出來的文人，故其畫作可以說是文人的抒情畫。但是《護生畫

---

22 豐子愷，《漫畫的描法・子愷漫畫選》，長沙，湖南文藝出版社，2001 年，
　　頁 16。

23 豐子愷，〈我的漫畫〉，《豐子愷文選》第三集，台北，台北，洪範書店，
　　民 71 年，197 頁。

24 邱士珍，《豐子愷繪畫藝術之研究》，屏東師範學院視覺藝術教育學系碩
　　士論文，2004 ，頁 122-123

集》畢竟有其宣導的特殊作用，以護生和戒殺為專題，題材上受到極大的限制，不能即興創作，而必須在此專題內作畫，因此其表達方式與其他抒情漫畫有稍許不同之處。

以下將豐子愷畫作的特點與《護生畫集》作一比較。

一、文人抒情畫

豐子愷以漫畫抒情，就如他自己所比喻的，他的漫畫就像他的隨筆一樣，只是表達的方式和使用的工具不同而已。「豐子愷具有傳統文人的特質，他的畫作又介於『國畫』與『漫畫』之間，筆墨的形式風格可上接中國文人畫系統，尤和陳師曾文人簡筆畫風格類似，但又在媒體上得到讀者的認同和熱烈歡迎，這又可劃入大眾文化的範疇。此種連接、跨越上下藝術風格與品味的作品，充滿了複雜的美學層次與文化厚度。」[25]

豐子愷以其文人特質加上身為佛教徒，深知世間及宇宙的緣起法則以及幻化虛假，因此他雖處在一個革命紛擾、世界大戰、軍閥割據、北伐、抗戰等政治情勢混亂和民族存亡的動盪時代，依然能氣定神閒地創作散文和漫畫，相對於當時代其他的作品，他的風格是獨樹一格的，也與時代背景成為強烈的對照。

豐子愷的漫畫，充滿了詩意與詩趣，他愛讀古詩，喜歡古詩的言簡意繁。經常將古詩中特別喜愛的句子摘為作畫的題材來抒發感想，成就詩中有畫，畫中有詩的意境。如「小桌呼朋三面坐，將留一面與梅花」（圖187）[26]、「落紅應是無情物，化作春泥更

---

25 黃蘭燕，《豐子愷文人抒情漫畫研究 —— 以 1937 年以前畫作為例》，中央大學藝術學研究所碩士論文，2003），頁 2。
26 豐子愷，《精品漫畫集》，上海，弘豐文化藝術公司，頁 175。

護花」（圖 188）[27]、「無言獨上西樓月如鉤」（圖 189）[28]、「折得荷花渾忘卻，空將荷葉蓋頭歸。」（圖 190）[29]、「今夜故人來不來，教人立盡梧桐影。」（圖 191）[30]……。

圖 187　　　　　圖 188　　　　　圖 189

圖 190　　　　　圖 191

　　詩中有畫，畫中有詩，讓古詩名句更添風韻，也讓他的漫畫呈現豐富的文學內涵。豐子愷稱此為「繪畫與文學握手」，亦稱

27 同上註，頁 165。
28 同上註，頁 182。
29 同上註，頁 187。
30 同上註，頁 200。

此為「詩畫」。[31]但是《護生畫集》由於有特殊任務，在古詩詞的繪作上所挑選的均必須與護生戒殺相關，少有自由發揮餘地。幸好中國自古以來，許多文人雅士中不乏佛教徒，而佛門中的禪師除了禪定和修行功夫深厚，亦不少文學修養高而能詩能文者，他們為替眾生護命而作了許多護生詩。《護生畫集》所選用的古詩詞，均為護生詩，雖亦有寫景、抒情之篇章，但護生的目的昭然若揭。如：蘇軾詩：「秋來霜露滿東園，蘆菔生兒芥有孫，我與何曾同一飽，不知何苦食雞豚。」（圖 24）、「口腹貪饕豈有窮，咽喉一過總成空，何如惜福留餘地，養得清虛樂在中。」（圖 25）、「每饌必烹鮮，未見長肌肉，今朝血濺地，明日仍枵腹，彼命縱微賤，痛苦不能哭，殺我待如何，將人試比畜。」（圖 44）唐白居易詩：「誰道群生性命微，一般骨肉一般皮，勸君莫打枝頭鳥，子在巢中望母歸。」（圖 28）、「遶池閑步看魚游，正值兒童弄釣舟。一種愛魚心各異，我來施食爾垂釣。」（圖 170）或願雲禪師戒殺詩：「千百年來碗裡羹，冤深如海恨難平，欲知世上刀兵劫，但聽屠門夜半聲。」（圖 34）或明陶周望詩：「一指納沸湯，渾身驚欲裂，一針刺己肉，遍體如刀割，魚死向人哀，雞死臨刀泣，哀泣各分明，聽者自不識。」（圖 36）…等。這些詩讀來當然不夠美，也少有風花雪月或波瀾壯闊之意境，而且讀後令人心中難過且生出悲傷、同情、憐憫等感同身受的情緒，能激起人的慈悲心，而愛惜物命，故而這是具有警世作用的詩詞。不過《護生畫集》中亦有涵富文學情趣的詩詞，本文第三章第一節所闡述的「《護生畫集》的文學情境」中所列舉的圖文即是，亦有幾幅自然相的描寫，如葉茵詩：「青山不識我姓氏，我亦不

---

31 豐子愷，〈音樂與文學的握手〉，《小說月報》，第 18 卷第 1 號，1927 年 1 月。

識青山名，飛來白鳥似相識，對我對山三兩聲。」（圖 192）[32]、
花散里詩：「蜻蜓蝴蝶兩飛忙，撲葉穿花翅盡香，枝上鶯啼交燕
語，聲聲歌頌好春光。」（圖 193）[33]「眠鷗讓客」（圖 11）、
「柳浪聞鶯」（圖 12）、「群魚」（圖 123）、「群鷗」（圖 124）、
「中秋同樂會」（圖 125）等。

圖 192

圖 193

　　以上諸圖，將日常生活與藝術創作結合得如此緊密，黃燕蘭
認為：「並非如民初時一些評論家將『文人畫』等同於臨摹的傳
統畫，而是將其『文人特質』視作漫畫作品的基石，並由此論證
『中國漫畫之父』的尊稱，並不只是因為他是在中國第一位使用
『漫畫』之名的漫畫家，更是他努力的滲入中國傳統文化的風格
元素，同時超脫出陳師曾與日本竹久夢二的繪畫類型，使他的漫
畫具有中國繪畫特質。中國傳統的『文人』特質與藝術精神中的
『抒情』手法，都淋漓盡致的表現在他的漫畫作品中。期以『文
人抒情漫畫』詮釋之，能完整、精準的指稱其漫畫作品之思想精

---

32 豐子愷，《護生畫集》第三集，頁 95-96。
33 豐子愷，《護生畫集》第五集，頁 127-128。

神與美學層次。」[34]

「文人畫是講求意境的。豐子愷作品之題材、形式、風格圖
像元素已綜合昇華成一『文人抒情』的美學意境,畫面中描繪的
景象含意悠遠,藝術感染力強烈。觀察豐氏早年的漫畫作品,中
國傳統文化中的『抒情』是其漫畫作品的美學特質……順其自然
的以中國傳統文化為基調,由此創發出中國風格的漫畫作品。文
人的文化特質在他身上,表現在兩個部分:抒情性與文學表現。
豐子愷將此二者溶於漫畫作品中,從題材的揀選、表現形式手法,
以至最終呈現出來的美學風格,其中的元素歷歷可見。『中國趣
味』是豐子愷美學風格的焦點,東坡:『人間有味是清歡』,很
能形容豐氏閒適從容的文人美學,這也是他的漫畫不同於一般漫
畫最根本的特徵。在他的中國式漫畫中,中國傳統繪畫獨有的筆
墨韻味、詩情哲理、氣韻美與意境美,以及簡化、象徵、變形等
形式手法,中國文化的題材,風格在他漫畫作品中都得到充分的
繼承和發展。」[35]

「豐子愷的文人畫,一方面繼承了傳統文人畫的文人品質、
清淡風格、化合別類的特質,體現詩趣藝術的精髓,風格沖淡自
然、構圖簡潔明暢、線條疏淡灑落。另一方面他拓寬繪畫題材範
圍,水墨生活化, 並在中國傳統筆法中摒棄了傳統文人畫的『玄
虛』,將現代木刻融進筆墨線條,將英文引入畫題,同時吸收了
西方繪畫構圖技巧來表現生活的真實。這是文人畫觀念的革新,
是文人畫轉型過程中現代因素的體現。豐子愷既抓住了西方繪畫
『形體切實』的『易解性』,又抓住了中國繪畫『印象強明』的

---

34 黃蘭燕,《豐子愷文人抒情漫畫研究 ── 以 1937 年以前畫作為例》,中央
　大學藝術學研究所碩士論文,2003 年,頁 5。
35 同上註,頁 146-147。

『明顯性』，在中西文化交融的背景下為文人畫藝術的新建構找到了出路。其漫畫介於『國畫』與『漫畫』之間，融合東西，雅俗共賞，淡邈簡潔。」[36]

　　在文人畫上，中國藝術精神的自然觀可以說在豐子愷的畫作上表露無遺。豐子愷描繪自然的作品，有一種強烈吸引人的魅力，讓人很容易地融入，而透過畫境與自然結合為一。唐君毅說：

> 所謂中國藝術精神下之自然觀，亦即中國哲學中之自然觀，表現於中國人對自然之審美的感情者，為視自然萬物皆含德性，人與自然又直接感通，且人當對自然有情，人在日常生活亦重在順自然而生活。故中國人恒能直接於自然中識其美善，而見物之德，若與人德相呼應。中國學者最能樂自然中之生活。「知者樂水，仁者樂山」之語，早發於孔子之口……莊子遊心萬化，更重觀天地之大美……中國哲人之觀自然，乃一方觀其美，一方即於物皆見人心之德性寓於其中……故依中國先哲之教，君子觀乎天，則於其運轉不窮，見自強不息之德焉；觀乎地，而于其廣大無疆，見博厚載物之德焉；見澤而思水之潤澤萬物之德；見火而思其光明普照之德；此易教也。中國古以農立國，川原交錯于野，于水觀柔謙善下之德者，老子也；于水觀其虛明如鏡之德者，莊子也；于水觀其泉源混混，不舍晝夜，放乎四海，如性德之流行者，孟子也；于水觀其明察鬚眉，平中准之德者，荀子也；而法家之言法，亦取乎水平之義……此中國藝術精神下，先哲之所以觀無生物之德

---

36 吳莎莎，《豐子愷文人漫畫詩趣研究》，西南大學碩士論文，2008 年，摘要頁 1。

也。[37]

如唐君毅所言,豐子愷《護生畫集》中所描繪的自然,即無生物,處處展現無限情意,無時不與人溝通,給人啟發、給人撫慰、提昇人的靈性和心中那份溫柔的情意,以佛法來說,即是無情說法。所謂「鬱鬱黃花無非般若,青青翠竹總是法門」、「溪聲盡是廣長舌,山色無非清淨身」故其作品的自然觀,或其觀自然之物,皆有無限動人的情意,其筆下之意境深邃,扣人心弦。

文人畫講求意境,除了詩畫結合,詩中有畫,畫中有詩,畫者在構圖時所營造的的意境,才是深入人心的,而意境是豐子愷漫畫至今仍流傳的最主要原因。

二、令人耳目一新

豐子愷的漫畫與同時代的漫畫家大不相同,他從日本回來任教於白馬湖春暉中學時,常信手拈來在香煙紙盒、講義紙、包裝紙上寥寥數筆地將生活中所見所感描繪出來。當時他接觸的多半是學生及自己家中可愛的孩子,還有他平日喜愛閱讀的詩詞等,這些都成了他取材的對象。夏丏尊、朱自清和朱光潛都是最早欣賞到這些畫作的知音。朱自清說:「一幅幅的漫畫,就如一首首的小詩-帶核兒的的小詩。你將詩的世界東一鱗西一爪地揭露出來,我們就像吃橄欖似的,老覺著那味兒。」。[38]他第一篇漫畫「人散後一鉤新月天如水」發表在朱自清和俞平伯主編的《我們的七月》刊物上,之後他的作品在《文學週報》以漫畫專欄形式刊出,於是豐子愷漫畫的時代開始了。黃燕蘭說:「一九二五年,

---

37 唐君毅,《中國文化之精神價值》,南京,江蘇教育出版社,2006 年,頁195-196。

38 朱自清,《子愷漫畫》跋,《文學周報》4 卷 3 期,1926 年。

鄭振鐸提議出個專欄集子，這個舉動奠定了豐子愷後半生藝術的發展重心。《子愷漫畫》是中國第一本個人名為『漫畫』的漫畫畫冊。從一九二五年開始到一九三九年出版《漫畫阿Q正傳》之前，他共出版十一本畫冊，同時也為為數眾多的雜誌報刊繪作插圖或刊頭設計。豐子愷一生繪製漫畫達上萬之譜，他被稱為中國漫畫之父，除了是第一位使用『漫畫』這個名稱之外，我認為更是因為代表了他的漫畫風格極具中國風味與特質，我們很難定義他的作品是純粹的漫畫或改良的國畫，他自己曾解釋：『我的畫，不是中國畫，也不是西洋畫，而是我自己杜造出來的一種嘗試的畫風。』」[39]

　　《子愷漫畫》在20年代所以受到文藝界和社會的重視，主要在於他取材新穎，表現手法別致。在當時的美術界，是別開生面，獨樹一幟而開拓了一個與眾不同的新天地。「《子愷漫畫》出現的一九二五年前後，新文學陣營與復古派和鴛鴦蝴蝶派進行著激烈的論戰。『五卅』事件前夕，文藝界瀰漫著一種感傷和苦悶的氣氛。當時上海的美術界，除少數報刊的時事畫和政治諷刺畫外，大量是美人畫和各種庸俗的東西，中國畫和西洋畫也都脫離現實生活。在這樣的情形下，豐子愷忽然向人們展示出像〈阿寶兩隻腳，凳子四支腳〉（圖194）、《瞻瞻底車－腳踏車》（圖195）這樣率真而動人的兒童漫畫，像〈買粽子〉（圖196）、〈都會之春〉（圖197）、〈注意力集中〉（圖198）這樣充滿生活情趣的生活漫畫，像《紅了櫻桃綠了芭蕉》（圖199）、〈人散後一鉤新月天如水〉（圖200）、〈翠拂行人首〉（圖201）等耐人尋

---

39 黃蘭燕，《豐子愷文人抒情漫畫研究 —— 以1937年以前畫作為例》，中央大學藝術學研究所碩士論文，2003年，頁52。

味的古詩新畫，使人耳目一新，感到十分親切。」[40]

圖 194　　　　　　圖 195　　　　　　圖 196

圖 197　　　　　　圖 198　　　　　　圖 199

40 畢克官・黃遠林，《中國漫畫史》，北京，文化藝術出版社，1986 年，
頁 85-86。

圖 200   圖 201

　　豐子愷的漫畫一幅幅出現，其畫作的內容真的令人耳目一
新，深得讀者的喜愛。子敏先生在「豐子愷的故事」一文中提到：
「在我年輕的時候，豐子愷先生一直住在我們家裡 —— 我的意思
只是說，他成為我們一家人的崇拜對象，父親喜歡他，我喜歡他，
弟弟喜歡他，妹妹喜歡他，一家人每星期至少有三天在那兒談豐
子愷…當時中國人心目中最可愛的人物，全國識字能閱讀的人幾
乎沒有一個不知道這位可敬可愛的姓「豐」的漫畫家。」[41]可見
豐子愷受歡迎的程度。鄭振鐸也說：像豐子愷的作品〈賣粽子〉
只是平凡的社會生活的描寫，但它生活情趣濃厚，這類作品使人
看了「竟能暫忘了現實生活的苦悶」是給人以健康的感受的。[42]豐
子愷不僅以《子愷漫畫》統一了中國的漫畫名稱，也是抒情漫畫
這一畫派的開創者。[43]

　　而其在《護生畫集》的繪作上，亦有在生活中取材的作品，

41 子敏，〈豐子愷的故事〉，《弘一大師與豐子愷》，台北，純文學出版社，
　　民 79 年，頁 6。
42 畢克官‧黃遠林，《中國漫畫史》，北京，文化藝術出版社，1986 年，
　　頁 87。
43 同上註，頁 89。

確能令人在閱後深切思考人性善的一面，並生起護生戒殺的慈悲。如「客人忙阻攔：『我今天吃素！』」（圖 202）[44]、「殘酷的風雅」（圖 203）[45]、「解放」（圖 204）[46]、「餘糧及雞犬」（圖 205）[47]、「風雨之夜的候門者」（圖 206）[48]、「晨雞」（圖 207）[49]等。

圖 202　　　　　圖 203　　　　　圖 204

圖 205　　　　　圖 206　　　　　圖 207

---

44 豐子愷，《護生畫集》，第三集，頁 52。
45 豐子愷，《護生畫集》，第三集，頁 74。
46 豐子愷，《護生畫集》，第二集，頁 104。
47 豐子愷，《護生畫集》，第二集，頁 46。
48 豐子愷，《護生畫集》，第二集，頁 42。
49 豐子愷，《護生畫集》，第二集，頁 40。

三、以簡筆畫表現

　　豐子愷的漫畫，具有西洋畫的功底，卻擅用毛筆和極簡潔的
構圖，在寥寥數筆中描繪生動而有意味的人物形象，或自然風景
結合人物，令讀者除了看看，還能想想，越看越想越有味，而回
味無窮。

　　豐子愷一筆在手，可以隨心所欲，所向無敵，既用來畫畫，
又用來題字。唐君毅說：「中國之繪畫，本與中國之書法同源，
故亦重用線條。用線條則有書法美。西方油畫，必須以顏料塗滿，
則質實而只可遠觀。中國之畫，由漢與魏晉之人物畫，而隋唐壁
畫之故事畫，李思訓之金碧山水畫，王維之水墨畫，至宋元以降
所謂文人畫，而達畫中最空靈之境界。」[50]

　　中西繪畫是不同的，豐子愷既有西畫技巧，又以中國傳統工
具毛筆作畫題字，這種中西合璧，兼容並蓄，成為他作品的特色。
唐君毅說：「中國畫與西洋畫之別，今人皆知在西洋畫，重光色
之明暗，重遠近大小之不同。此乃假定觀者有一定之觀景。然在
中國之畫，則恒遠近不分，陰影不辨……作畫之時，即遊心於物
之中，隨時易其觀景。故其所作之畫，亦必俟觀者之心隨畫景透
迤，與之俱遊，而後識其妙……中國山水畫，重遠水近流，縈回
不盡，遙峰近嶺，掩映回環，煙雲綿邈，縹緲空靈之景，亦皆所
以表現虛實相涵，可往來悠遊之藝術精神也。」[51]

　　黃燕蘭分析豐子愷作品：「運用的西畫技巧，如透視法、陰
影變化、構圖原則，都是他作品特殊之處。豐子愷是重視筆墨趣

---

50 唐君毅，《中國文化之精神價值》，南京，江蘇教育出版社，2006 年，頁
　　206。
51 同上註，頁 206-207。

味的。而且，他以練書法來鍛鍊筆意，他的筆意剛健，線條短促、轉折處硬挺。在西畫技巧上運用遠近法和陰影表現。他將西畫技巧運用在漫畫作品中，讓中國毛筆線條展開新的表現風格。豐氏的筆法線條起筆不停、落筆不收，雖用毛筆創作，但用法卻不似毛筆綿延的特性，而比較像西畫的畫筆、畫法。早期線條更有濃平直厚實的木刻意味。此種結合中國傳統書畫優勢的創作風格，可以說是漫畫中國化的初步嘗試。而且從所用題材，布局，落款，落印這些來看，它們倒更具傳統國畫的特色。」[52]

黃燕蘭以時間為軸線審視豐子愷的畫作，五十年的創作歲月裡，圖像風格幾經變化，可分為：

（一）早期：1922-1937。這段時間出版的作品計有漫畫單行本：《子愷漫畫》、《子愷畫集》、《護生畫集一》、《學生漫畫》、《光明畫集》、《兒童漫畫》、《兒童生活漫畫》、《雲霓》、《人間相》、《都會之音》；插畫集：《古代英雄的插畫》、《漫畫阿 Q 正傳》，總計 12 本。這是豐子愷創作的初期卻也是最豐富的階段，其一生主要的風格與畫作都在這一時期完成奠立，也就是學習從竹久夢二與陳師曾的作品中，經過摹擬、變化、進而創作出自己的繪畫風格—使用毛筆繪製的「文人抒情漫畫」。此時期是他展開創作生涯之始，對世界藝術潮流像海棉似的積極吸收，難得的是他都加入個人創意及中國特色。

（二）中期：1937-1949。1937 年中日戰爭後，他舉家流亡大後方，讓他走出上海杭州平坦單調的地理景觀，在遷移的路程中飽覽沿途的高山大水，好山好景，直接進入他創作領域，擴大了他的創作題材與視野。題材的變化導致筆意風格轉變，眼光漸

---

52 黃蘭燕，《豐子愷文人抒情漫畫研究 —— 以 1937 年以前畫作為例》，中央大學藝術學研究所碩士論文，2003 年，頁 71-73

漸由人物移注到山水上……題材範圍擴大的影響直接反應在畫面上。首先是畫面的空間也擴大了，不再是以往速寫式的單一人物、單一事件，畫面開始出現較完整的背景，同時運用遠近法。豐子愷從西洋速寫式的取景轉換為運用皴法的中國傳統山水，此時期的作品是豐氏作品中最難歸類的，他不仿古模古，即使作山水的創作，也全由自己漫畫的路子走來。

（三）晚期：1949-1975。1950 年代中國知識份子興起自我檢討的大風潮……文藝思想的大轉變影響創作風格……因 1949 以後中國社會主義的左派文藝政策使他原本閒適的風格完全消失，作品以歌詠人民、政黨政策的類文宣作品為最多之故……晚期畫風在線條上改變最大，豐子愷漫畫最大的特徵在於率性隨意的線條，書法意味甚濃的美學風格，但在晚期轉變成直硬、轉折處稜角分明的形式造型……這個時期豐子愷開始大量運用色彩，以水彩簡單的上色，一開始的動機是，逃難遷徙時期他為了籌措家計營生，彩色畫的潤資較高，故作大量彩色作品。但晚年多作彩色畫，我臆測與畫家年齡心境有關，彩色畫悅目性高，視覺上較為熱鬧，這是他晚年的審美風格轉換。[53]

《護生畫集》的創作時間長達四十六年，所以上述所談的風格之轉變，在六集畫冊中皆能見到其變化。

四、以畫題點睛

豐子愷說：「描寫一種值得注意的現象，而加以警拔的題目，使畫因題目而忽然生色，好比畫龍點睛，叫做點睛法。點睛法與寫實法大體相同，所導者，寫實法靠畫本身表現，並不全靠題目；

---

53 黃蘭燕，《豐子愷文人抒情漫畫研究 ── 以 1937 年以前畫作為例》，中央大學藝術學研究所碩士論文，2003 年，頁 73-81。

點睛法則全靠題目。如〈某父子〉（圖 208）、〈他們埋的是種子〉（圖 209）（一個人正在埋一個死屍，後面又有兩個人又抬一個死屍來埋葬。此圖為二戰時西班牙被侵略，西國畫家卡斯德洛（Castelao）所作。）」[54]便是點睛法的實例。試把〈某父子〉的題目除去，只剩一幅圖，一個鄉下老頭子提著皮箱和包裹，跟著一個洋裝青年走路，這畫就平凡得很，全無精采。但一加上題目〈某父子〉，看的人就吃一驚，跟著發生許多思想。埋葬的那幅圖畫倘不寫題目，我們只看見許多人在埋葬屍體，雖然可哀，卻很平凡，此畫亦不精采。但一加上「他們埋的是種子」，底下再續一句「不是死屍」。看的人閉目一想，其哀情就變為憤怒，憤怒立刻又沉著起來，變成一種努力。但點睛法不是用文字來替代圖畫，是用文字來點明畫意。題目的名字，務求簡潔而有力。[55]

圖 208　　　　　　　　　　　　　圖 209

可見「點睛」是需要功力的，豐子愷又說：「古人畫人物，眼睛只畫眶子，等到人物全體完成，最後才拿起筆來點睛。有的

---

54 豐子愷，《漫畫的描法‧子愷漫畫選》，長沙，湖南文藝出版社，2001 年，頁 25。
55 同上註，頁 52。

畫家，畫好了人物，數年不點睛。有的畫家，畫龍始終不點睛，說點睛便欲飛去。足見點睛的鄭重。」[56]

　　以「畫題」點睛是豐子愷作品重要的布局，《護生畫集》中的圖畫，都是有畫題的。有畫題的畫兼有形象的美與意義的美。亦即兼有繪畫的效果與文學等雙重效果。當然這種畫題必須是充滿詩趣的。中國傳統畫的畫中有詩，詩中有畫，即充滿詩趣。在畫中題詩或給畫一個題目，與畫境互相呼應，更能呈現畫的意境。

　　詩書畫三絕也是中國文人畫的特色。豐子愷的畫題，發揮了點睛的效果，使他的畫更出色也更吸引人。豐子愷的作品中亦有以英文為畫題的，這是中國傳統文人畫畫題的大膽創新，亦是豐子愷漫畫的一大特色。在畫面上以毛筆寫英文字，絕對的中西合璧，而英文不是人人都懂，為了了解畫而必須去翻字典，透過翻譯的動作，延遲了對畫境的欣賞，更激起了解該畫的欲望。翻譯的過程，讓漫畫的意境在等待和迴旋轉折中更具魅力。

　　徐復觀亦認為：「中國畫在畫面空白的地方，由畫者本人或旁人題上一首詩，詩的內容即是詠嘆畫的意境，詩所佔的位置也即構成畫面的一部分，與有畫的部份共同形成一件作品在形式上的統一。我把這種情形，稱之為畫與詩的融合。這種融合之所以有意義，是因為畫與詩在藝術的範圍中，本來可以說是處於兩極相對的地位……任何藝術都是在主觀與客觀相互關係之間所成立的，藝術的各種差異也可以說是由兩者之間距差不同而來。繪畫雖不僅是「再現自然」，但究以「再現自然」為其基調，所以它常是偏向於客觀的一面，所以決定畫的機能是「見」。詩則是表現感情，以「言志」為其基調，所以它常是偏向於主觀的一面，

---

56 同上註，頁 52-53。

所以決定詩的機能是「感」。可以說，畫是「見」的藝術，而詩則是「感」的藝術。在美的性格上，則畫常表現為冷澈之美，而詩則常表現為溫柔之美。兩者既同屬藝術之範疇，則在基本精神上必有相通之處。古希臘時代的西蒙尼底斯（Simonides）說過「畫是靜默的詩，詩是語言的畫」……詩由感而見，這便是詩中有畫。畫由見而感，這便是畫中有詩。」[57]

五、意到筆不到及象徵性

豐子愷繪畫中的象徵性，也是他作品的特色之一。豐子愷在〈我的漫畫〉一文中說：「有時眼前會出現一個幻象來，若隱若現，如有如無。立刻提起筆來寫，只寫得一個概略，那幻象已經消失。我看看紙上，只有寥寥數筆的輪廓，眉目都不全。但是頗能代表那個幻象，不要求加詳了。有一次我偶然再提起筆加詳描寫，結果變成和那幻象全異的一種現象，竟糟蹋了那張畫。恍憶古人之言：『意到筆不到』，真非欺人之談。作畫意在筆先。只要意到，筆不妨不到；非但筆不妨不到，有時筆到了反而累贅。」[58] 豐子愷漫畫中人物的臉部，經常沒有鼻子，眉毛、眼睛而只有一張嘴巴，如〈村學校的音樂課〉（圖 210）、〈阿寶赤膊〉（圖 211），雖然畫中人物臉部五官皆未全部畫出，但是讀者卻能夠在那空白的臉上讀到且體會到人物的表情和心情，也能與他們同樂同悲。

---

57 徐復觀，〈中國畫與詩的融合〉，《中國藝術精神》，桂林，廣西師範大學出版社，2007 年，頁 359-366。

58 豐子愷，〈我的漫畫〉，《豐子愷論藝術》，台北，丹青圖書，1987，頁 270。

圖 210　　　　　　　圖 211

　　豐子愷雖然是在春暉中學任教時才正式開始創作漫畫，但是
他在在浙一師時的同學沈本千所收藏的兩幅學生時期的速寫圖，
已可窺見豐氏漫畫的雛形：簡單的幾筆線條，沒有五官的臉孔，
以及以市井小民生活為主的題材。[59]所以豐子愷意到筆不到的繪
畫技巧，在他學生時代即已有了雛形。豐子愷的漫畫幾乎都是以
寥寥數筆來表現出心中的意念及情思，他認為「要畫得細緻果然
難，然而要畫得簡單更難；要畫得同實物一樣果然難，然而要畫
得不同實物一樣而又肖似實物更難。這裡有一個關鍵，就是深入
觀察現實，大膽地刪去其瑣屑而捉住其要點，這才能使對象簡單
化，明快化。」也就是以象徵的手法，言簡意賅的將對象物表達
出來，這便是漫畫的精髓所在。[60]

　　豐子愷的繪畫風格畫面簡明清麗，趣味高雅不俗，筆拙而意
稚。其繪畫作品往往畫面僅取三兩人物、幾隻家禽或者幾株花木，

---

59 邱士珍，《豐子愷繪畫藝術之研究》屏東師範學院視覺藝術教育學系碩士
　論文，2004 年，頁 123。
60 邱士珍，《豐子愷繪畫藝術之研究》屏東師範學院視覺藝術教育學系碩士
　論文，2004，頁 75-76

構圖簡單明瞭，《護生畫集》亦是秉承了這種簡而不粗、淺而不俗，筆減而意不減的藝術風格。[61]如〈唯有舊巢燕，主人貧亦歸〉（圖 212）[62]、〈同盟鷗鷺〉（圖 213）[63]、〈人道主義者〉（圖 214）[64]，而《護生畫集》中有更多如豐子愷所期望的除了令人看一看，又能想一想的畫，如〈殘廢的美〉（圖 215）[65]〈我的腿！〉（圖 32）、〈開棺〉（圖 42）、〈示眾〉（圖 33）、〈盆栽聯想〉（圖 216）[66]等幾幅護生畫，令人看過後，不僅會想一想，而且是會非常用力地想一想，因為畫面實在令人震撼。

圖 212　　　　　　圖 213　　　　　　圖 214

61 王亞囡，《護生畫集》創作價值研究，上海大學碩士學位論文，2008 年，頁 19-21。
62 豐子愷，《護生畫集》第三集，頁 88。
63 豐子愷，《護生畫集》第三集，頁 76。
64 豐子愷，《護生畫集》第三集，頁 42。
65 豐子愷，《護生畫集》第一集，頁 48。
66 豐子愷，《護生畫集》第三集，頁 128。

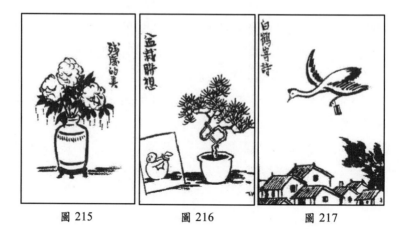

圖 215　　　　　圖 216　　　　　圖 217

　　《護生畫集》中有一幅很特別的畫就是〈殘廢的美〉，細審
此畫就會見到畫中的花是有表情的。「畫面的表現物件是一隻插
了三朵鮮花的花瓶，繁碩的花朵被擬人化為一張張因憤怒而飽滿
迸發的臉孔，佔據了畫面最主要的位置，給人以強烈的視覺衝擊，
原本應該纖細柔美的花瓣邊緣卻用濃墨勾勒，用粗筆寫形，花蕾
的多個層次和花心的突出部分簡化為人的面部輪廓和眼眉鼻唇等
五官，畫面形象對張狂外放的藝術感情的直接流露，一反豐子愷
繪畫作品慣有的含蓄從容風格。這些花朵層次飽滿卻又無力低
垂，似乎對他們被摧殘軀體、被禁錮於花瓶中的境遇非常不滿，
內心充滿憤懣之情。」[67]

　　此圖明顯的表現出文人畫的借物喻情。「豐子愷的作品總是
從容淡定，包容疏放的，即使是生殺予奪的激烈場面，他也表現
的很柔和，像空山遇雨，於無形之間，感化業已麻木的人心，暗
暗浸潤被戰火燒的乾枯的心靈。即使在文革降至，風雲巨變的時
代，他的作品中不見烏雲和雷電，只有一種好似超然世外的淡然

---

67 王亞茵，《護生畫集》創作價值研究，上海大學碩士學位論文，2008 年，
　　頁 20。

和灑脫。他用客觀的立場，借助古典文獻中的資料構造一個和諧的世界，給躁動的心靈一絲慰籍。文革期間，豐子愷的人身自由受到限制，和葉聖陶等好友也失去聯絡，連葉聖陶到上海的時候要求看望豐子愷，都被有關人士回絕。在這種孤寂失落的情況下，他創作了〈白鶴寄書〉（圖217）[68]。此圖中卻絲毫看不到他對環境的怨艾和對生活的詛咒。畫面中間是一隻展翅飛翔的白鶴，白鶴的一隻腳上縛有一封信箋，在白鶴的下方是幾棟房屋。畫旁有文曰：「才女晁采，養一隻白鶴，字素素。一日，小齋坐雨，念其夫子役，久乏音問，謂鶴曰：昔西王母青鸞，郭紹蘭紫燕，皆能寄書遠達，汝獨不能乎？鶴延頸向采，若受命狀。采即援筆直書二絕句繫其足，竟致其夫。尋即束裝歸矣。」畫面用簡單的佈局，直白的構圖，淺顯易懂的寓意，借助一個傳奇的故事，寄託對親友的相思以及對風雨過後美好未來的憧憬。整個作品全然看不出畫家本人在進行藝術創作時完全是沒有人身自由的，畫家本人是冒著生命危險來進行創作的。」[69]此圖可說是《護生畫集》中意境美又具象徵性的一幅畫。

六、虛白中的畫外之意

豐子愷的畫除了簡筆，還有與之緊密關聯的另一個獨特的藝術特徵，那就是「留白」的妙用。唐君毅說：「有虛白處，而能有疏朗空靈之美。文人畫之高，即全在善於用畫中之虛白處，元人所謂虛白中有靈氣往來是也。」[70]外行人講的留白，即空白，

68 豐子愷，《護生畫集》第六集，頁60。
69 王亞囡，《護生畫集》創作價值研究，上海大學碩士學位論文，2008年，頁20-21。
70 唐君毅，《中國文化之精神價值》，南京，江蘇教育出版社，2006年，頁206

也稱「布白」，在中國傳統繪畫中是一種「藏境」的手法，亦是
一種無聲的語言。正是簡筆的「簡」，才造就了空白，進而使欣
賞者展開想像，在作者營造的畫境裏捕捉畫外的意象。在欣賞《子
愷漫畫》時也有這樣的體會，「如《人散後，一鈎新月天如水》
（圖200），畫面體現的意境中夜色靜謐，人去樓空，新月如故，
天籟如水……一切都了無聲息，正是這空曠無聲靜得出奇的妙
境，使觀者隱約感到此刻之前曾有幾位好友在此傾訴衷腸，笑談
古今。畫境的生成與豐子愷在畫中的巧妙『布白』有很大關係。
畫家用近乎剪影的手法畫出廓柱、橫樑、捲簾、方桌及壺杯，這
些物象佔據著畫面不大的空間，重點突出的是大片『空白』。正
是那大片的『空白』，給讀者帶來無限情思，可任憑觀者以自身
的生活經驗、不同感受去想像、去補充。」[71]、「豐子愷繪人物
時將五官『簡』去，甚至到五官皆無的境地，也是一種布白，反
而使畫面的想像空間無限擴大，達到神生畫外，任人暢遊之境。
正如清代旦重光在《畫筌》中所說『無畫處皆成妙境』，布白反
而使畫面物象內涵更為豐富，讓觀者聯想的空間更大。子愷漫畫
『意到筆不到』的描繪方式和獨具匠心的『空白』均令人稱奇。
空白與實體同樣實在，空白之處雖空無一物，但絕非空無所有，
因為所有一切的生命，莫不從空處而來。豐子愷不但以『空白』
的表面暗示生機，以空白豐富畫面的主題，同時也彌補畫面含蓄
地表達意境的不足，從而引發人們突破時空的束縛，去體味一種
象外之象。」[72]《護生畫集》中的每一幅畫，都技巧地運用此種

71　吳莎莎，《豐子愷文人漫畫詩趣研究》，西南大學碩士論文，2008年，
　　頁56。
72　吳莎莎，《豐子愷文人漫畫詩趣研究》，西南大學碩士論文，2008年，
　　頁56-57。

畫面留白的妙境妙意，讓觀畫者自由地去發揮和想像其畫外之境和畫外之意。

七、體現生命的詩意

　　張斌說：「任何藝術形式都來源於對生命體驗的審美把握，以及對生命意義的深邃追索。豐子愷是一位優秀的散文家和詩人，他用詩人的眼光觀察世界，用詩人的心靈體驗世界，用詩意的繪畫語言表現世界。在這種充滿詩意的眼光觀照下，他筆下那些花木土石、鳥獸魚蟲以及芸芸眾生無不投射進了更多生存意志和生命光輝。這種對生命意蘊的詩意觀照稱之為『生命詩意』。生命詩意是貫穿豐子愷人生經歷以及繪畫的核心主題。《護生畫集》從本質上說就是一種佛教繪畫。從詩意上看，前三集都是詩畫相配。這三集堪稱詩書畫三絕，觀者對詩意的感受較為直接。後三集多取材於古籍記載，而隨著人生轉入晚景，其詩意的表達更加微妙曲折，亦更加深厚誠摯……豐子愷以至誠之心創作，此至情至理的作品更具詩意。『護生』這一主題基本貫穿于豐子愷的一生，是他一生堅守的信念，可以說他的人生信念是佛的慈悲精神在現實世界的詩意體現，是積極入世的。所以生命詩意的前提是保護生命歌頌生命。生命詩意是一個與生命相關的話題，在藝術創作中不僅要使生命成為一個匠心獨運的作品，使生命成為審美的東西，更要使審美的東西成為生命。」[73]

　　正如張斌所言，豐子以其散文家和詩人的心，以其畫家的繪畫語言，處處展現出生命的詩意。他筆下的一草一木，一石一鳥或雞犬貓魚等等任何大小生物，都是惹人憐愛的。因為他們都充

---

73 張斌，〈豐子愷繪畫藝術中的生命詩意 —— 以六集《護生畫集》為中心〉，《福建藝術》，2008 年 3 月，頁 43-44。

滿了生命之美，也溢滿了生命之情，以及生命存在的詩意。在《護生畫集》中的任何生物都是既美而又有情有義的，讓人覺得再微小的生命都具有詩意和存在的價值。唐君毅在《中國文化之精神價值》一書中說：

> 至於有生之物，則中國傳統之言曰，馬有武德，牛有負重之德，羊有善美之德，犬有忠德，雞以五德聞。植物之中，松柏有後凋之德，梅有清貞之德。自屈原以蘭桂比君子，依其潔志以廣稱芳物，詩人之詠花卉之德者，不可勝數。中國園藝之聞名於世界，皆以其樂觀花卉之載德也。中國動植之學之不尚解剖，皆以其於動植皆有情也。情之至也，念人中有聖人焉，充藝術性之想象，乃不私聖人為人中所獨有，於是乃謂非人之禽獸中，亦有聖獸、聖禽。麒麟之不踐生草，獸之聖也。「鳳飛群鳥從以萬數」，禽之聖也。西洋人言獸，恒稱狐狸之狡與獅虎之猛，而中土小說，則化狐狸為多情之美人，中國之麒麟則傳能擊獅子。孔子作春秋止於獲麟，悲人之仁道之窮，亦悲獸中之失仁獸也。樂彼仁獸之在於獸，此人之大仁之心，不忍人中獨有仁人也。西洋詩人詠鳥，多詠百靈鳥、夜鶯，鳳蓋即孔雀與雕之和，而西洋人言孔雀，恒止於其羽毛之美，而不取其朋友之德。中國以麟鳳龍龜，為走飛麟介四類動物中之四靈，介殼之物中，西人恒稱甲殼蟲之能禦侮殺敵，而中國人獨稱龜之悠久無疆，含和抱德。龍即蛇也，西方人於蛇，只觀其匍匐而行，居於陰暗，故以之為引誘亞當墜落之媒。中國則化蛇為龍，龍之為物，冬而潛淵，春而升天，自上而下，周行海陸空三界，易經以比君子之與時變化，不忍蛇之長居陰暗，故升蛇為龍以比君子。人為萬物之靈，而

物類亦各有其靈而具人之德，此在科學無可徵信，然爲依
人之仁心，以觀萬物之審美精神所必至也。[74]

可見中國人對待生命，對待自然，其審美觀與西洋之不同，
實因中國人對生命的看法不同，認為生命皆有德，皆充滿詩意。
人與自然和諧相處，而非征服對立。中國人融入自然，心中充滿
著對生命的詩意，視自然萬物皆具德性。這種思想和精神在豐子
愷的《護生畫集》中處處顯現。豐子愷對生命的尊重，是一種仁
者之心，故必樂觀萬物之並育、並行而不悖。唐君毅又說：

中國人之視天地萬物之關係，恒重其「連而不相及，動而
不相害」一面，故其於自然界之動植物與無生物，亦喜其
無爭強鬥勝之心者。動物中上言之麟鳳龍龜，固皆與世無
爭。于草木中，中國人之特愛松竹梅，一方誠是愛其爲歲
寒之三友，一方也是愛其不與萬卉百花爭榮。故菊之獨榮
於秋，亦見賞于君子。松柏與竹，直上直下，乃象徵一無
求於外，而通天地之精神。松柏之葉如針，上淩長空而生
長極慢，如依其自然之性，以伸展上達，而無淩駕他物，
或傲慢爭雄之心者。西式公園，修剪樹木，使不相犯，而
迫柏樹以如球、如角錐、如隊隊之人馬，皆以人力制自然。
而中國人則樂觀松竹梅柏之疏朗蕭散、樸素無華、與世無
爭……中國文學哲學中，幾從未有單純讚頌自然力、自然
生命力者。西方所謂自然生命力，中國名之爲天地之「生
機」或「生意」、「生德」……故周濂溪從窗前草不除，
而見天地生意，程明道畜小魚數尾，而見萬物自得意。[75]

---

74 唐君毅，《中國文化之精神價值》，南京，江蘇教育出版社，2006 年，
頁 196-197。
75 同上註，頁 197-198。

可見中國人視萬物為一體，將萬物人格化，亦是生命詩意的表現。

《護生畫集》是豐子愷的佛教繪畫，其中所畫的自然景物和生物，甚至在後三集中所謂的「近似玄秘」之畫境，其實是非常宗教的。唐君毅說：「以宇宙之生機、生意，即流行洋溢於目之所遇、耳之所聞，則自然之形色之後，可更無物之本體與神。於是當其透過自然之形色而超越之時，所得之境界，遂為一忘我、忘物，亦忘神之解脫境。此解脫亦為宗教的……唯此解脫境，乃得之于自然，故不如佛家之歸於證四大皆空；乃仍返而遊心于自然，此之謂仙境。即中國文學藝術精神，與中國宗教精神之相通也。」[76]

張斌認為「豐子愷的的藝術觀是與佛教觀暗合的，而把藝術作為佛學思想的崇高境界在人間實行的有效途徑，也是儒家所言『知行合一』因此他的佛教觀又復歸於儒學。」[77]這種結合也是《護生畫集》藝術思想的一種表現方式。

八、書　法

書法是《護生畫集》藝術表現中的一大特色。畫集中的每一幅畫上都有豐子愷親筆的題字。甚至有一幅畫題的不是字而是「！！！」（圖 106）三個感嘆號。除此也有弘一法師（第一、二集）以及當時的書法名家葉恭綽（第三集）、朱幼蘭（第四、六集）、虞愚（第五集）的題詩。還有馬一浮（第一集序）、李

---

76 唐君毅，《中國文化之精神價值》，南京，江蘇教育出版社，2006 年，頁 219-220。

77 張斌，〈豐子愷繪畫藝術中的生命詩意 ── 以六集《護生畫集》為中心〉，《福建藝術》，2008 年 3 月，頁 41。

圓淨（第二集序）的序文等，皆為書法精品。每位大師的用筆、用墨、結構的獨特個性使畫集內容更顯豐富。這是書法的集體創作、相互爭輝以及共襄盛舉。

「中國古代之書法，雖用刀刻，然不似巴比倫楔形文字之尖銳。鐘鼎文之筆鋒，已求其近乎渾圓。秦以後發明毛筆，由是而開出重純粹之形式美、韻味美之書法世界……毛筆之妙，在其毫可任意加以鋪開，而回環運轉，於是作書者，可順其意之所之，而遊心於筆墨之中，輕之重之，左之右之，上之下之，橫斜曲直，陰陽虛實之變化遂無窮。絹紙宣紙之妙，在可供浸潤，紙與墨乃可互相滲透，融攝不二。由是書法之中，筆力乃可透紙背……故能有沈著蒼勁之美也。中國書法，用筆能回環運轉，遊意自如，又有立體美深度美，故可開出一純粹之形式美韻味美之書法世界，為人之精神所藏修息遊之所矣。」[78]

自古以來中國人都認為書法和繪畫同源。但是徐復觀說：「中國的書與畫完全屬於兩個不同的系統。書畫的密切關係，乃發生在書法自身有了美的自覺、成為美的對象的時代。這開始於東漢之末，而確立於魏晉時代。引發此一自覺恐怕與草書有關。因為草書雖然是適應簡便的要求，但因體勢的流走變化易於發揮書寫者的個性，便於不知不覺之中，成為把文字的實用帶到含有遊戲性質的藝術領域的橋樑……在歷史中最先在書法上受到藝術性的欣賞的，當為後漢章帝時杜度的章草，由此流行而為崔瑗的草賢、張芝的草聖。竹林名士，皆善草書或行書，因與其性情相近……一般人受了杜、張的影響，引起了學習的狂潮……我以為書法是在此狂潮中才捲進了藝術的宮殿。書法從實用中轉移過來而藝術

78 唐君毅，《中國文化之精神價值》，南京，江蘇教育出版社，2006年，頁206。

化了，它的性格便和繪畫相同，加以兩者使用筆墨錦帛等同樣的
工具。而到了唐中期以後，水墨畫成立，書與畫之間便大大地接
近了一步，於是書畫的關係便密切了起來……書與畫的線條雖然
要同樣的功力，但畫的線條，一直在無道子晚年的「如蒓菜條」
（一種筆法，無道子早年行筆差細，中年行筆磊落揮霍，如蒓菜
條。）出現以前，都是勻而細的，有如「春蠶吐絲」的線條，這
和書的線條也是屬於兩種形態，自然需要用兩種技巧……繪畫的
基礎並非一定要建立於書法之上，而是可以獨立發展的。」[79]、
「一個修養深厚的書法家的高明之處不僅僅表現於他字體結構表
層空間的合理架構和極富變化的筆法轉換，而更在於線條內部所
蘊涵的精神意味和藝術感情。」[80]

　　若論書畫同源，林岳瑩在《書法藝術--線條與空間的創造》
中說：「除了詩詞能與書法相輝映外，文人認為作畫也是書法的
表現。趙孟頫詩云：『石如飛白木如籀，寫竹還應八法通，若也
有人能會此，應知書畫本來同。』作畫的用筆是書法，題詩落款
也是書法，文人與書法可真結下難解之緣。尤其王摩詰開啟文人
畫風，將詩文、書法、繪畫三者寓於一爐，那種『詩中有畫，畫
中有詩』的藝術風格，使文人的文學與藝術胸涵，得以淋漓盡致
的宣洩，千年來讓整個文化生活與內涵充實而精緻，成為中國文
化藝術的最大主流，其連結的關鍵就在書法中。」[81]

　　「書法以純粹的線條結構，表現文字符號的多樣造形，它沒

---

79 徐復觀，《中國藝術精神》，桂林，廣西師範大學出版社，2007 年，頁
　　107-110。

80 王亞囡，《護生畫集》創作價值研究，上海大學碩士學位論文，2008 年，
　　頁 21。

81 林岳瑩，《書法藝術-線條與空間的創造》，花蓮，學府文化事業，2005
　　年，頁 16。

有天地萬物的具體形象，連色彩都簡化了，卻從黑與白的表相中，棄絕五色進而離象取神。即使沒有燦爛光華的顏彩色相；沒有千姿百態的具體形象，然而在一切離相絕彩中，自能煥發一片意趣無窮、神采燦然的抽象大美。人們在尋味書法之美時，常在一片琳琅滿目的線條結構中，不由自主的為之沉潛低迴，神思往往也隨著書法的點畫震盪，讓心眼自然推移到無限的觀照遐想中。」[82]

《護生畫集》是書法藝術的大匯聚，可謂字字珠璣。讀者在賞畫之餘，亦能細細欣賞書法之美。以下為弘一法師、葉恭綽及豐子愷的書法賞析。茲舉《護生畫集》中〈殘廢的美〉（弘一法師書法）（圖 218）[83]〈盆栽聯想〉（葉恭綽書法）（圖 219）[84]、〈天地為室廬，園林是鳥籠〉（葉恭綽書法）（圖 220）[85]及數幅豐子愷的書法為例：

（弘一法師）圖 218　　（葉恭綽）圖 219　　（葉恭綽）圖 220

---

82 同上註，頁 19-20。
83 豐子愷《護生畫集》第一集，頁 47。
84 豐子愷《護生畫集》第三集，頁 127。
85 豐子愷《護生畫集》第三集，頁 85。

　　王亞茵，在《護生畫集》創作價值研究一文中說：「弘一法師的字淡然從容、勻和一律的節奏感，與畫面所要宣傳的內容非常一致。閱此畫時細讀題詩及書法，確能更加領會該畫所要表達的主題，也就是書法創作更加強化了主題的感染力。弘一法師為《護生畫集》第一冊撰文是一九二八年，亦即是法師皈依後的第十年。法師皈依前多臨摹魏碑，於篆、隸、楷、行、草也皆有很深造詣，線條粗重放縱。點畫多用方折，「結體茂密開張、剛勁雄強」（黃泓瓊，《淺談弘一法師的書法》，閩江職業大學學報，2000.4），筆法頗富古趣。但卻未免帶有臨摹痕跡明顯的瑕疵。及至法師皈依，對點捺法規的刻意執著漸漸為手隨心意的自然流露、對碑帖古韻的描摹變為對內在氣韻風度的追求。馬一浮先生評價弘一法師的書法道：晚歲離塵，刊落鋒穎，乃一味恬靜，在書家當為逸品。（華楓，《真誠以臻化境，無態而具眾美 ── 淺論「弘一」體之形成》，鑒藏，2007.4）。[86]

　　《護生畫集》第三集是由葉恭綽書寫的。「葉恭綽出身嶺南三大文化世家之一，曾祖和祖父都是當朝著名的詩人，祖父和父親都精于金石書畫的研究，深厚的家學淵源造就了這位詩詞金石書畫無所不精的大家。葉恭綽尤善正楷，行草書也常常借用楷書的結構格式，風格雄渾剛健，峭拔多姿。葉恭綽的字，既有碑的厚重，也不少帖的靈動，最勝處還在其書的魄力非凡。他為護生畫三集題字時雖然年事漸高，但是獨樹一幟的風格卻沒有絲毫改變。以葉恭綽為〈盆栽聯想〉題寫的詩文為例，全文共書正楷體四十五字，字字獨立，結構端莊穩定，既繼承了古碑的挺拔莊嚴，又借鑒了法帖的妍美秀勁，筆力圓潤端雅，神態自足。（天地為

---

86 王亞茵，《護生畫集》創作價值研究，上海大學碩士學位論文，2008 年，頁 21-22。

室廬，園林是鳥籠）則展現了葉恭綽將正楷筆法入行書架構的卓然妙筆。」[87]

豐子愷漫畫成就的取得，離不開其精湛的書法。豐子愷一生苦練書法，其精研書法的目的有二：一是為書法而書法，二是為漫畫而書法。其老友朱光潛在〈豐子愷先生的人品與畫品──為嘉定豐子愷畫作展〉一文中說：「子愷在書法上曾下過很久的功夫。他近來告訴我，他在習章草，每遇在畫方面長進停滯時，他便寫字，寫了一些時侯之後，便丟開來作畫，發現就有長進。講書法的人都知道筆力須經過一番艱苦的訓練才能沉著穩重，墨才能入紙，字掛起來看時才顯得生動而堅實，雖像是龍飛鳳舞，卻仍能站得穩。畫也是如此。」（《朱光潛全集》，第九卷第 155 頁，安徽教育出版社，1993，年）[88]可見豐子愷在書法和繪畫上所下的功夫非比尋常，能成為書畫的大家，絕非偶然可成。

「豐子愷的書法自然得到李叔同的指導。但是李叔同喜用軟筆羊毫，愛用好墨；豐子愷用的是普通的硬筆狼毫，普通的墨……他習書法從魏帖入手，臨《張猛龍碑》、《龍門二十品》、《魏齊造像》、《爨寶子碑》等，他真正領會這些魏碑在筆劃、結體、章法方面的神韻，是靠他久習石膏模型寫生的訓練。後來他又習西晉大書法家索靖的章草代表作《月儀章》。豐子愷的書法雖糅融了碑、楷、行、草等體，但章草筆意猶存。其早期書法筆劃瀟灑，結體相對較為疏朗，四十年代才進入自成一體的成熟期，至七十年代更是人書俱老。成熟期的豐子愷書法，更接近沈曾植（1851-1922，專用方毫。其字翻覆盤旋，如遊龍舞風，奇趣橫生）。極具個性的豐子愷書法意妙在生拙和不穩，其行書，筆法不穩而

87 同上註，頁 22-23。
88 余連祥，《豐子愷的審美世界》，上海，學林出版社，2005 年，頁 251-252。

飛動，章法布白處處呼應，特別是晚年書法更加『古意盎然而繽紛披離』。書法的這一境界，若非長期浸淫極難達到。以這樣的筆力作畫，筆筆沉著，筆筆生動，溫柔敦厚的畫面中蘊含著絢麗多姿的張力。豐子愷不僅精研中國書法藝術的章法，還通曉西洋畫的章法結構，故在章法布局上，比傳統書法家更勝一籌。他的書法，字體活潑多姿，又古拙多趣，與其畫面相得益彰，渾然一體。」[89] 以下為三幅豐子愷書法作品：（圖 221）[90]、（圖 222）[91]、（圖 223）[92]及兩幅《護生畫集》中的作品（圖 224）[93]、（圖 225）[94]。

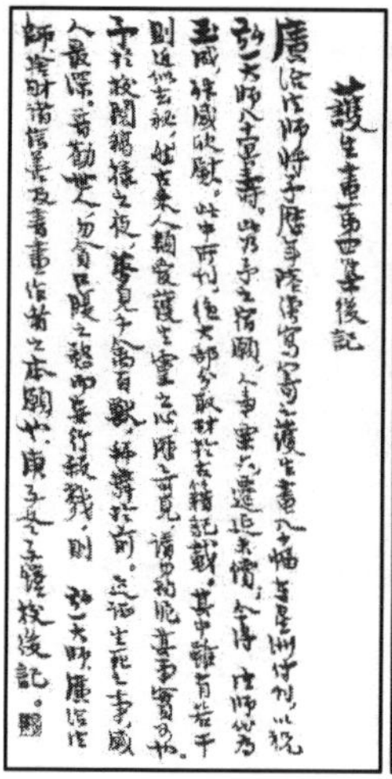

圖 221 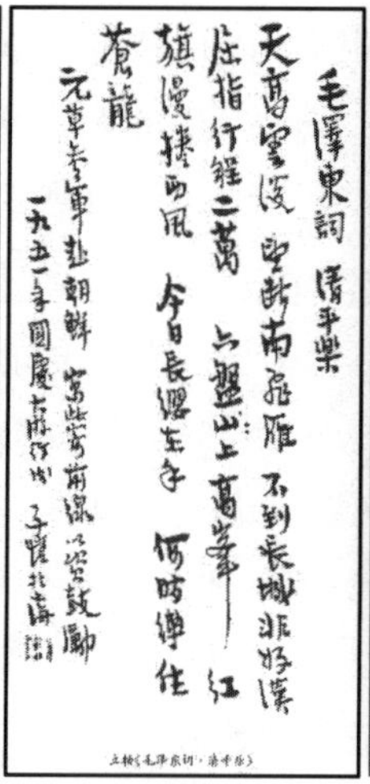　　　　　圖 222 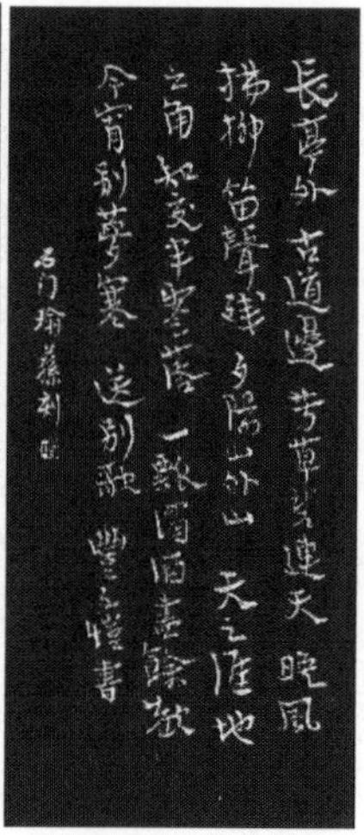　　　　　圖 223

89　同上註，頁 252-258。

90　豐子愷，《護生畫集》第四集後記（1960 年）。

91　余連祥，〈毛澤東詞・清平樂〉，《豐子愷的審美世界》，上海，學林出版社，2005 年，頁 262。

92　李叔同，〈送別歌〉，《弘一大師與豐子愷》，封底，台北，純文學出版社，民 79 年。

93　《護生畫集》第四集，頁 74。

94　《護生畫集》第四集，頁 148。

圖 224　　　　　　　　圖 225

「豐子愷的漫畫作品，將水墨表現力的發揮和稚拙的形象誇
張、遊戲意味的畫面格調經營結合起來，破壞了文人戲筆的陰柔
軟綿之趣，使線條在『拙』、『笨』的效果中擺脫了傳統程式。
他從水墨用筆的大膽遊戲式稚拙韻味追求方面，消解了傳統筆墨
的意味。究其原因，是豐子愷用筆墨材料抒發了使用油畫材料的
那種『畫筆』的表現性，從而使筆墨線條脫離了『書筆』的章法
程式，成為純粹表現性意義上的『筆痕』相對于傳統的『筆意』。
歷史上文人畫筆墨的自然天成，是相對于畫師之畫的『形似』之
網，以書法性簡筆的韻律來顯示一種超脫的『士氣』。在這些作
品裏、豐子愷反其道而行之，在求拙、求遊戲性趣味的造型經營
中，他針對的不是『形似』，而是以『求形』的拙味，超越了傳
統筆墨的抽象程式，使『形』成為傳達表現性意義的形象，同時，
也使線條成為純粹的線條。豐子愷漫畫的筆墨藝術必然和他的書
法、木刻藝術一脈相承。這也是歸結為其漫畫的『文人』性質的
原因之一。豐子愷是畫家，也是書家。研究他的漫畫，不能不研
究他的書法。因為，他的漫畫藝術特色在很大程度上具有一種子

愷式的書法筆意。」[95]豐子愷的漫畫不同於一般，除了個人功力和境界之外，主要是因為他原學西洋畫，但卻愛中國畫的線條與色彩的單純明快，所以就用西洋畫的理法來作中國書畫的表現。

林岳瑩說：「書法藝術發展的歷程，可是灌注了整個民族的美、整個民族的情和整個民族的愛，在恆久的熔煉中，將一切孕化、拓展，去蕪存菁乃至精練成熟。書法就是在整個民族的關愛下，堂而皇之的進入創作與欣賞的藝術天地。文字的功能本是為了記錄文書和傳達訊息，中國人卻將文字的書寫，昇華到藝術欣賞與創作的境界，這是舉世無雙的創舉。中國文字的書寫，不但成為藝術鑑賞的對象，更是人們情性哀樂、愛惡美醜的寄託。而書法藝術的發展，從矇混不明到撥雲見日，在不斷的繼承與開創中，直欲將點畫線條與結構空間封印的抽象大美，從幽冥中完全解放，此等神機之勃露，真正開啟中國博大精深的藝術靈台，千年來深深抓住國人的心，也緊緊的扣住民族的魂。」[96]中國的文人墨客自古以來精研書法而在書法藝術上成聖成賢。《護生畫集》雖是為宣揚佛法護生戒殺的慈悲心，卻也在書法藝術上發熱發光，令中國藝術史更添光輝。

林岳瑩又說：「書法藝術的美感，是中華文化的情感與價值。它已經成為中國文化藝術的重要特色和精緻生活的重要表徵。走入中國書法史的深層背景，就彷彿進入最精緻的生活與歷史痕跡，幾千年來，書法、生活、藝術三者不可分割的事實，使得文字的創造、文字的書寫甚至書寫的過程，都成為生活與藝術結合

---

95 吳莎莎，《豐子愷文人漫畫詩趣研究》，西南大學碩士論文，2008 年，頁57-59。

96 林岳瑩，《書法藝術 ── 線條與空間的創造》，〈雲龍飛騰幻化萬象〉，花蓮，學府文化事業，2005 年。

的具體表現。」[97]《護生畫集》即是詩書畫三絕,故令人研玩不釋手。

「深院塵稀書韻雅,明窗風靜墨花香」、「雨過琴書潤,風來翰墨香」、「雨潤古硯水,竹透掃榻風」、「閉門向山疑無路、倚榻琴書翠微中」,每賞讀這些令人傾絕的對聯,筆者的心境就會立即融入那筆韻墨香及澄澈靜謐的境界中,空氣彷彿都凝結了。即使身處紅塵的紛擾中,亦能想像幽微山徑,綠竹成陰,春雨成絲、古墨新研的幽思情緻。就如欣賞《護生畫集》中書法名家的筆墨清韻,從中領略「好香用以熏德,好紙用以垂世,好筆用以生花,好墨用以煥彩,好茶用以滌煩,好酒用以消憂。」(明·陸紹珩《醉古堂劍掃卷四--靈》)的情境。

九、大眾化

黃燕蘭說:「簡筆漫畫形式的作品,因為豐氏有意識的滲入文學因子,畫題使畫面意義豐富許多,由此衍生出來的美學觀點則是:雅俗共賞。『雅俗共賞』以豐子愷自己的話說是『曲高和眾』,這是相對於『曲高和寡』而言,他認為畫家創作的理念、作品的意境不譁眾取寵、不落入俗套,但卻還能受到大家的喜愛,謂之『曲高和眾』。豐子愷詮釋畫題深入淺出、亦莊亦諧之外,題材是另一重要原因。豐子愷曾言他的創作是『泥龍竹馬眼前情,瑣屑平凡總不論』,他善於在日常生活中發現趣味,在漫畫、文學作品裡表現人生情味,生活化的漫畫題材是他最與眾不同之處。然而要如何在平凡瑣碎的情景投以藝術的眼光、成為藝術的題材,這之中藝術家個人的文化素養與個人特質占了極關鍵的位

---

97 林岳瑩,〈雲龍飛騰幻化萬象〉,《書法藝術 —— 線條與空間的創造》,花蓮,學府文化事業,2005 年。

圖 226

置。就其漫畫作品形式而言，風格率意自然、構圖簡潔明暢、線條疏淡灑落，觀者即使不識字無法看懂畫題，但仍可在這樣簡要的風格中，馳騁自己的想像力。再加上平易近人的題材，如家庭親情、山水風光等，讓不識字的讀者也能親近他的作品。例如即使以〈KISS〉（圖 226）這樣的英文畫題作品，或許僅限於受初等教育以上讀者才能知曉，但是畫中母子親吻臉頰的動作卻是眾人再熟悉不過的天倫之樂的生活場景，一瞬間可看明白的圖像，讓不識字的讀者也在其中獲得樂趣、享受圖像的悅目，可以經由直觀的觀賞過程完成畫意的理解與感受。這正是他的漫畫遠近馳名的群眾基礎，也可以說是通俗的面向。」[98]

《護生畫集》從一開始繪作之時，弘一法師即要求通俗易懂。豐子愷的畫風獨特，書法精湛，為當時人們所喜愛研玩。大師是名人，加上豐子愷及諸位名書法家的共襄盛舉，果然讓護生畫廣為流傳，達到弘揚佛法，感化人心的目的，也實現了弘一法師「以藝術作方便，人道主義為宗趣」的理想。

「《護生畫集》整體的編繪風格，無論是護生詩或護生畫，都質樸簡潔、純真可喜。豐子愷以清新簡明的畫面，流暢的白描筆法，以及文學的意韻，建構出《護生畫集》獨特的風格。也的確達到了弘一法師所要求的新穎醒目的藝術效果，以及對仁愛慈

---

98 黃蘭燕，《豐子愷文人抒情漫畫研究 —— 以 1937 年以前畫作為例》，中央大學藝術學研究所碩士論文，2003 年，頁 145-146。

善人心的歌頌。」[99]

　　王邦雄也是豐子愷漫畫的喜愛者，他說：「我最早見到豐子愷的畫，是 40 年前，那時剛進初中，豐子愷的畫給我的印象，是有一種說不出來的親切感。此外，我那時比較喜歡古詩詞，豐子愷的畫，有一些以古詩詞為題，詩與畫巧妙地配合在一塊，別有一種意境，既增加了我對畫的理解，也加深了我對詩的感受。豐子愷的畫，有童趣、有詩情、有禪意，這當然說得很有道理。有人講，豐子愷的畫中，有一種菩薩心腸。這也說得對。豐子愷的思想，受到佛教的影響，因此這是很自然的事。他的畫，尤其是其中的「護生」系列，最能直接表現出這一點。…我喜歡和欣賞豐子愷的畫，最大的原因，是我覺得，他的畫中有一種對人和對生命最深切的關懷。」[100]

99　高明芳，〈豐子愷與《護生畫集》的編繪〉，《國史館學術期刊》13 期，民 96 年 9 月，頁 235。.

100 王邦雄，〈序〉，何莫邪，《豐子愷 —— 一個有菩薩心腸的現實主義者》，濟南，山東畫報出版社，2005 年，頁 5-6。

第六章 結 論

　　《護生畫集》六集共四百五十幅漫畫，是弘一法師和豐子愷師生二人「以畫說法」的善巧方便之作。所說的法，即是是「護生」，其「護生」的宗趣強調的是「護心」，即「去除殘忍心，長養慈悲心，然後拿此心來待人處世。」這是創作護生畫的主要目的。豐子愷的作品畫風簡單、純樸、溫厚、寧靜、柔和，別具一格，讀來極富意趣，畫集內容的藝文表現包括了佛理、詩、文、書、畫五種意義。此畫集被譽為藝術精品。畫集流布之後，被譯為多種外國文字，對佛教界和社會大眾造成廣大影響，許多人因此素食，台灣的放生活動亦起因於此畫集的啟發。

　　豐子愷是五四文學革命、抗日、國共之爭以及文革等動亂時代中一位多才多藝的文人，他集畫家、文學家、美術家及音樂教育家於一身。師承於弘一法師，佛教思想貫穿了他的一生，《護生畫集》可以說是豐子愷佛教思想的代表作。一九二八年起豐子愷與弘一法師合作《護生畫集》（初集），共五十幅字畫，恭祝弘一法師五十歲生日。此後展開長達四十六年的創作，共繪作護生畫六集至弘一法師百歲冥誕。

　　豐子愷為中國傳統文人，他的漫畫屬文人畫，卻成為大眾文化的範疇。但他的這種通俗畫擁有與眾不同的、複雜的美學層次及深層的文化厚度，其藝術風格和品味連接和跨越古今上下；其表現的內涵，橫的跨越中國幾千年的儒釋道各家思想，縱的從最

傳統的禮教到到最現代生態觀，均包含其中。其作品實已超越當代的文藝家而獨樹一格。

本文從文獻的研究及整理中了解豐子愷的生平、學習背景、師承、漫畫成就及繪畫風格和技巧，並針對《護生畫集》的創作歷程、文學情境、儒釋道三家的哲學思維、童心童趣、傳統與現代生態觀的比較、藝術意境等作分析與探討。

以下將本文所闡述的內容分為兩部分做一總結，一為《護生畫集》的外在與內涵，一為《護生畫集》的意義與啟發。

第一節 《護生畫集》的外在表現與內蘊意涵

一、《護生畫集》的外在表現

《護生畫集》以圖畫為傳播媒介，來述說護生故事以及宣揚護生戒殺思想。故事的圖像化，比純文字的敘述讓人印象深刻，記憶也更加鮮明，連不識字的人都可以透過畫面了解內容。《護生畫集》的內容取材自古籍中的護生故事、古人所作護生詩詞、豐子愷日常觀察所得的靈感而創作的。許多圖畫表達動物的類人情感、行為、愛生畏死的心理及與人類同為有情識動物的生命價值，同時歌頌動物的道德感與精神毅力，如孝行、知禮、友愛、母愛、團結、互助、母子情、報恩、犧牲、睦鄰、殉情、忠義、通靈……等等，呈現「動物重情重義」的懿行。強調動物的情感經驗與情感價值，因此與因果報應類型同為護生故事中舉足輕重的敘述主軸，令人閱畫後對畫中動物及情境易產生感情和認同而生出愛憐，並自然地延伸到日常所見或所相處的動物身上。因此

比閱讀文字對護生戒殺思想的傳達有更好的效果。

《護生畫集》原為宣揚佛教護生戒殺,長養慈悲心的宣傳畫,題材上受到極大的限制,不能即興創作,因此其表達方式與豐子愷其他抒情漫畫有稍許不同之處。筆者將其繪畫風格歸納為:

(一) 令人耳目一新的文人抒情畫

豐子愷的漫畫,充滿了詩意與詩趣,他摘古詩來作護生畫的題材,成就詩中有畫,畫中有詩的意境,體現詩趣的藝術,也讓他的漫畫呈現豐富的文學內涵。在文人畫上,豐子愷最能體現中國藝術精神的自然觀。豐子愷描繪自然的作品,讓人很容易地透過畫境與自然結合為一。而其取材自兒童純真自然、市井小民生活等的漫畫,更令人耳目一新,有別於一般庸俗及傳統之作,他更擅於借物喻情,以象徵性的圖畫來抒發心境,更是深得人心。他可以說是文人抒情畫的大力創新者。《護生畫集》藝術表現的一大特色還有書法。畫集中有馬一浮、李圓淨的序,弘一法師以及當代的書法名家葉恭綽、朱幼蘭、虞愚等的題詩。大師們用筆、用墨、字體結構和風格各異,使畫集內容更為豐富。豐子愷並講究以畫題點睛,即在畫上命題,以補助畫面的不足,故能收畫龍點睛之妙,讓觀畫者更了解畫境。他詮釋畫題深入淺出、亦莊亦諧,加上一看就懂的畫作,因此畫集雅俗共賞,發揮曲高和眾的大眾化效果。弘一法師要求畫集要通俗易懂,適合新派知識階級之人(高小畢業以上之程度)閱覽及專為不信佛法,不喜閱佛書之人閱覽,能使閱者愛慕其畫法嶄新,研玩不釋手,自然能於戒殺放生之事,種植善根。豐子愷以獨特的畫風、書法和畫境成功地達到弘揚佛法,感化人心的目的,也實現了弘一法師「以藝術作方便,人道主義為宗趣」的理想。

（二）簡筆卻有意到筆不到的豐富

豐子愷以傳統毛筆為工具，以國畫融合西畫的技巧布局，這種中西合璧的畫法，具傳統國畫的特色，又有西畫的各種巧妙，是他作品的特殊之處。他注重筆墨趣味、筆意剛健，線條有平直厚實的木刻畫意味。他的簡筆畫法，甚至減去人物的五官，但意義不減，讓觀畫者依然能感受到畫中人的所見所聞，是他畫境高超之處。而且畫中的留白，更顯出疏朗空靈之美。這種「藏境」的手法，營造出更豐富的畫外意象，讓人有無限的想像。

（三）以慈悲心尊重和體現生命的價值

豐子愷筆下的一草一木，一石一鳥或任何大小生物，都充滿了生命之美和善，他們都是有情有義的，不論多麼微小的生命都具有詩意和存在的價值。他呼籲人們樂觀萬物之並育、並行而不悖。他讚頌自然，歌詠「生機」、「生德」。描繪周濂溪窗前草不除，而見天地生意，程明道畜小魚觀賞，而見萬物自得意。畫集中處處強調人應視萬物為一體，勿相殘相害。

觀《護生畫集》中的畫作、詩詞、書法意趣、佛理禪意、童趣等，處處展現對人、對自然、對動物和對生命最深切的關懷。

二、《護生畫集》的內蘊意涵

本文所論述的《護生畫集》的藝術意境，包括文學美，佛學義理，儒、道思想，生態觀等。而在童心童趣方面，則闡述畫集中適合親子共讀具有親子教育功能、充滿孩童天真純潔和善良德性的護生行為、及具有反諷的沈痛的幽默，如人們習以為常的撲蝶、捕捉蜻蜓玩樂等，雖充滿童趣，卻是殘忍的殺生行為。

（一）《護生畫集》的文學美

　　《護生畫集》中選繪的古詩詞，以及新創作的白話詩，其文字涵富文學情境，詩中有畫，畫中有詩，讓讀者同時能欣賞文學及藝術作品的美，獲得心靈的感動和靈性的提昇。由於取材皆為尋常百姓生活，讓人體悟自然界中一沙一世界，一花一菩提均含有深情和深意，「青青翠竹總是法門，鬱鬱黃花無非般若」、「溪聲盡是廣長舌，山色無非清淨身」無情處處說法，沒有一字說教，沒有一句勸善，但是卻充滿著文學的美和惜物護生的意趣。

（二）《護生畫集》的佛教義理

　　筆者從四百五十幅圖畫中，挑選與佛教義理相應的圖文，將其內容分為護生、戒殺、慈悲、緣起、眾生平等、輪迴、放生、禪心禪趣（牧牛圖）等分別予以闡述。《護生畫集》在護生和戒殺篇幅中，呈現慈悲、緣起與眾生平等思想。圖中所表現的動物受虐，被捉拿、綑綁、倒懸、生前及死後被陳列等令人驚心動魄的圖像中，提醒人感同身受其錐心的疼痛、驚恐、怨恨、無奈和悲鳴。更提醒人有情眾生「有命盡貪生，無分人與畜，最怕是殺烹，最苦是割肉，擒執未施刀，魂驚氣先窒，喉斷叫聲絕，顛倒三起伏，念此惻肺肝，何忍縱口腹。」[1]以及「纛受刀砧苦，腸斷命猶牽，白刃千翻割，紅爐百沸煎，炮烙加彼體，甘肥佐我筵，此事若無罪，勿畏蒼蒼天。」[2]來提醒世人在貪求口腹之慾的同時，應以自通之法，來感同身受；應知因果報應；以緣起法的三世因果來說，一切眾生，都是我的父母、兄弟姊妹、夫婦及兒女；況

1 豐子愷，《護生畫集》，第一集，第一集，頁 69。
2 豐子愷，《護生畫集》，第一集，第一集，頁 75。

且依佛教思想，眾生皆具佛性，都可能成佛，怎能因一時的口腹之欲，而殺害自己前世的親人及未來佛！

　　《護生畫集》中豐子愷模仿廓庵禪師和普明禪師所作之牧牛圖共六幅，意在表現人與牛的感情，但選繪牧牛圖必有更深層之意義，故筆者藉此闡述宋朝和明朝流傳的十牛圖，在尋牛、見跡、見牛、得牛、牧牛、騎牛歸家、忘牛存人、人牛俱忘、返本還源、入鄽垂手，以及未牧、初調、受制、回首、馴伏、無礙、任運、相忘、獨照、雙泯等二十種覺照中，借狂野牛性來比喻修行者被塵勞污染的心，漸次調伏至悟道的過程。在人與牛互動的圖文中，豐子愷讓懂得禪宗牧牛圖頌的讀者，體悟修行的次第，而讓不熟悉禪修的讀者從人和牛和諧相處及互動中領悟護生的美善。

（三）《護生畫集》的儒、道思維

　　《護生畫集》在儒道家思維上引用許多《詩經》、《論語》、《孟子》、程明道、周敦頤等所著的古籍中「仁」、「愛」「慈」、「孝」、「四海之內，皆兄弟也」、「民吾胞也，物吾與也」、「己所不欲，勿施予人」、「老吾老以及人之老，幼吾有以及人之幼」、「綠滿窗前草不除」、「萬物靜觀皆自得」及道家「萬物一體」、「萬物同源」等思維。「動物鑒」一書中說：有謂人與動物皆稟陰陽五行之氣以生，人得其全，而物得其偏。人得其精，而物得其粗。故曰：「人之所以異於禽獸者幾希。」此儒家之所說也。其待遇動物也，則「見其生，不忍見其死。聞其聲，不忍食其肉。」雖非釋家之戒殺，而「君無故不殺牛，大夫無故不殺羊，士無故不殺犬豕。」亦絕不縱口腹之欲，而輕戕物命也。儒家最重仁愛，仁愛所施，有遠近先後之別，故曰：「親親而仁

民，仁民而愛物」而推其極，則曰：「萬物並育而不相害。」[3]這些思維在畫集中佔有重要篇幅。

（四）《護生畫集》的生態觀

筆者將《護生畫集》中的生態觀，分為中國傳統儒家、道家、佛教以及西方的自然和生態環境倫理三方面加以敘述。

從《護生畫集》中所題的詩詞如：「無故則不殺，非時則不殺，禽獸胎卵則不殺，鱗介細小則不殺，蟲蟻無害則不殺。可生者使之生，當殺者不妄殺。張佑詩云：「剔開紅焰救飛蛾。」、「刳胎焚天，則麒麟不至；乾澤而漁，則蛟龍不游；覆巢毀卵，則鳳凰不翔。丘聞之，君子重傷其類者也。」、「有生必有死，何人得靈長，當其未死時，切勿加殺傷，自生復自死，天地之恆常，萬物盡天年，盛世之嘉祥。」、「道旁楊柳枝，青青不可攀，回看攀折處，傷痕如淚潸。古人愛生物，仁德至今傳，草木未搖落，斧斤不入山。」、「遙知此去棟樑材，無復清陰覆綠苔；只恐月明秋夜冷，誤他千歲鶴歸來。」、「大樹被斬伐，生機不肯息，春來勤抽條，氣象何蓬勃，悠悠天地間，咸被好生德，無情且如此，有情不必說。」以上詩文即可一窺儒家的生態倫理。正如唐君毅所說儒家不認為人為萬物之主宰，而認為人與自然世界互為主賓關係，故須相待以禮、以仁。自然養人，對人有恩，猶如父母，人必須報天地之恩，這是一種自然宗教意識。對一切有生之倫亦同情仁愛，不忍對之輕加傷害，且能持惜物、貴物、儉約之人生態度。愛物而對物有情，是一種積極的參贊化育之心，愛物為至高之道德生活。也如林朝成等所說「天行健」、「生生

---

3 陳中平，序，欲寡齋主編，《動物鑒》，北平，京華書局，1946 年，頁 2。

之仁」、「生生不已」、「無失其時」、「無奪其時」、「養備動時」、「強本節用」、「仁愛萬物」、「厚德載物」、「仁參贊天地化育」及「天人合一」等即是儒家的文化生態論及環境思想的價值核心；對待自然講求秩序、規律和順應及配合自然環境，不加以損害相殘，保育環境生態，讓自然界生生不息。充分體現尊重生命的倫理思想和傳統仁學的生態倫理價值，這就是中國傳統思想看待自然的態度。但「君子遠庖廚，見其生不忍見其死，聞其聲不忍食其肉。」則顯出儒家的人本思想，對動物的態度，也是以人道立場為出發。

　　道家的環境倫理則如葉海煙、陳中獎等所言認為「道」是萬物的根源，道創造萬物，故人與自然環境是融為一體的，天地與我並生，萬物與我為一，因此順乎自然，冥合自然是道家「環境倫理」的指導原則，即是老子所謂的「道法自然」。道門中人要順天應人，降低物欲，禁絕五色、五音、五味。老子認為「天地所以能長且久者，以其不自生，故能長生。」其「不自生」，即是「道法自然」，亦是「自然無為」之精神，這是道家以和諧與均衡原則的「天地倫理」。莊子以「齊物」之平等原理，進而認為「天地與我並生，而萬物與我為一」的理想，則是道家環境倫理的極致，是「道法自然」的實現。因此物物自然，物物變化，物物和諧，物物皆在自然中各安其位，各有其生，並各得其性，各自出入於生生不息的天地之間，而人亦應養成少私、寡欲、虛靜、簡樸、知足的德性，來參與人與自然環境共生共存的狀態。

　　而道教亦尊崇《道德經》中「人法地，地法天，天法道，道法自然。」的原則，視生態環境和自然是一種生生不息之「道」，故「自然」即是道教生態倫理的最高境界和理想。蔣朝君說在道教思想中，神仙就是自然生態環境的某個組成要素或部分的化

身，如日月星辰諸天體、五靈、山、湖、海、樹、穀、花、地、風、雨、雷、電等。故道教神仙崇拜在本質上是對自然生態環境的崇拜，道教的戒律和戒規中戒殺和護生是道教生態倫理最直接的表現。道教的生活觀為「人生天地之間衣食自然，分定誠宜」。這觀念其實與佛教的因果觀是符合的。道門中人的慈愛之心也表現在不讓小孩戲玩雀、蝶、蠅、鳥等小動物，免於助長其殺傷、害物之心；道教齋醮科儀不殺生血祭，而以獻祭果蔬為主，這種獨具特色的宗教儀式，蘊涵著人渴望與宇宙自然神靈、萬物相互交通的宗教祈盼，也希冀通過建齋設醮來取得與宇宙萬物和諧共存。

　　《護生畫集》是豐子愷佛教思想的代表作，其中更充滿著佛教護生戒殺和慈悲等生態倫理思想。其中包含有豐富的佛教生態學理論，如緣起說、慈悲觀和因果思想皆為人與自然關係依循原則。佛教認為人生和宇宙生成皆由緣起。從緣起性的平等說，故眾生是平等的；人類與其他物種也是平等且共生共存的；依如來藏思想則眾生皆有佛性，都有成佛的可能，故眾生與佛亦是平等的。慈悲觀，是建立在佛法的佛性思想上的，人除了關愛自己，亦能感同身受進而推己及人而與樂拔苦。因果報應則是佛教緣起說的延伸，護生戒殺，不僅可長養慈悲心，更可少造惡業。況且就自通之法上看，眾生皆與我一樣的貪生畏死，故要積極護生。眾生皆是相依相成，彼此應以愛相待，而擴充為與樂拔苦的慈悲心行。以因果關係說，過去無數生，眾生都是我的父母兄弟姊妹，或夫婦兒女，眾生對我都有恩德，應有報恩之心並和樂相向。另外慚愧與慈悲亦是佛教護生的根源。五戒以護生為本，「慚愧」與「慈悲」，同為護念眾生、不殺生的道德心行。佛教在保護森林及對待動植物的態度上，亦從「不壞鬼神村」的戒律中實現。

不壞鬼神村的實踐亦是佛教對自然生態和眾生物命的尊重和愛護，亦是一種慈悲心和眾生平等思想的表現。

《護生畫集》中也有西方提倡人道主義和護生戒殺的圖文。第一次世界大戰後，西方社會開始關注自然生態。生態學、生態神學以及深層生態學等理念興起。環境學家認為，要徹底地克服生態危機，必須放棄以人為中心的世界觀和價值觀，改倡生命中心主義及生態平衡主義。在人類檢討過度消費地球資源導致大地反撲之時，懷特認為基督教這種以人為中心視其他生物是為人類而生而可任意享用的宗教，是西方社會出現生態危機的歷史根源之一。基督教把人與自然二元化的思維模式、一神論信仰，對自然界事物漠不關心甚而進行剝削的批判，造成兩種影響：一者西方轉向東方宗教（尤其是道家與佛教）與原始印地安民族的泛靈信仰，以尋求與自然和諧相處的哲學基礎；二者仍基於基督教神學，積極面對全球環境危機，發展出「生態神學」。西方社會的反省，在《護生畫集》中亦有著墨，可見豐子愷在生態思維上的先進。

（五）《護生畫集》的童心童趣

《護生畫集》許多圖畫很適合作為親子教育的教材，如互助、有難同當、母愛、忠犬、友愛、勿傷巢中幼鳥、孝親、盥洗時避開蟲蟻、為保護螞蟻而搭廊道等，均以動物為主角，讓孩童能借鑒；畫集中亦溫和地指責因玩樂而釣魚、捕捉、囚禁、飼養蟬、小鳥、魚等小動物日久生厭不加照顧是不應該和不負責任的行為。畫集中的童心童趣和具有反諷的沈痛的幽默，正可以給人們反省平時認為理所當然但卻在無形中讓孩子從小養成「殺機」的日常活動。護生觀念要從孩童培養，不要讓孩童從小就習慣戲玩

雀、蝶、蠅、鳥等小動物，才不至於助長其殺傷、害物之心；而應教導孩童尊重生命，且灌輸「己所不欲，勿施予人」的道理，將來孩子對待那些飛走鳥獸等「大物命」，自然會表現出慈愛之心，並推己及人。人類折磨殺戮小鳥、蝴蝶之類的「小物命」，對人的心靈世界會造成無可彌補的傷害，在動物的痛苦和毀滅中尋求樂趣，這種狠心和殘忍將逐漸使他們的心甚至在對人時也變得狠起來。

第二節 《護生畫集》的意義與啓發

《護生畫集》是「以畫說法」的佛教勸善之作，但卻大異於一般勸善之書，其圖文並茂且格調高雅，在文學和藝術上的表現令人刮目相看，成為人們愛不釋手的藝術精品。自一九二九年問世以來除了在護生戒殺長養慈悲心方面發揮莫大功效，讓許多人因此開始素食，在美術教育上也成為典範之作，對後世發揮持續的影響。以下分別闡述：

一、《護生畫集》護生戒殺思想的宣揚

《護生畫集》的創作和流布的意義在現代更具價值，因為目前全世界都在推行「不吃肉」運動，以減少因畜牧業造成的大量排碳，期盼減緩融冰危機，佛教的素食，正當其時，其戒殺護生和放生的理念更具有特殊而積極的意義。戒殺護生一方面可長養慈悲心，柔軟人心，啟發善良溫和的風氣，減少殺戮和恐怖主義，建立祥和的社會；二方面可保護生態環境，減少不必要的消費以及不利身心的餐飲習慣，而回歸純樸的生活；以佛教因果報應來

說，減少殺戮，除了可減少刀兵劫，亦可減少業障、疾病，增添福壽，感得現世與儲備來生的福德資糧功。三方面放生在護生戒殺上有積極的意義。但是由於近代的放生活動造成動物大量死亡，因而引起非議，故不當放生的後遺症，值得大家警惕。佛教徒放生時在形式上要特別注意，若是經常性的、大型的、有組織的放生活動，必須遵循放生物不事先預訂，放生地點、時間不宜固定，並應視放生物為自己的父母手足子女般細心周到等原則，才是真正的慈悲放生。

　　西方社會自第一次世界大戰後提倡素食主義，太虛大師說：歐、美人所主張之不食肉主義，蓋根據乎科學之真理，而唯屬乎衛生問題、進德問題者也，故與佛教之不食肉者絕異！殊不知佛教不食肉之真正理由，固已包括乎衛生問題、進德問題，彼歐、美人所謂根據科學真理之不食肉主義，僅得佛教不食肉真正理由之少分耳！根據科學所以不吃肉之因有三點：一、肉食品含毒質至多，感動腦筋，污染血液，腦筋腸胃血絡諸病，往往為肉食所致。其中又有傳染病種子，為患尤烈！二、食肉皆從殘殺動物之生命而得來：人之食肉，實無異虎狼之食羊鹿，或肉食獸之自殘其類，至人食人而後已。以心理言，則好生乃人類之公性，此為良德，不應繼食肉獸遺傳來之惡習。三、依衛生論，不徒自衛其生，因不食肉而不殺害動物之生命，亦即以之衛他物之生也。進德者不徒自進其德，因不食肉而損減殘殺之獸性，增高仁愛之人格，亦即以之進他人之德也。而佛教主張不食肉之辭，散見大藏經論，不勝枚舉。[4]

4　太虛大師，《太虛大師全書》，〈佛教不食肉之真理〉，見覺社叢書第四期，1458頁。

（一）弘揚佛法精神

　　《護生畫集》內容符合太虛大師以《楞伽經》之經文所分析佛教不食肉之八項原因。為：

1. 人與禽獸，同屬有情，隨業生死，流轉無定，故從無始劫來，皆曾互為父子、母女、兄弟、姊妹、夫婦、朋友，骨肉至戚，天性攸關，夙生恩愛，恍同目前，奈之何其宛轉就死而不救，反忍心取其肉以為食哉？

2. 彼豬羊等，身分污濁，內屎尿，外依泥滓，猶如糞窖，亦同膿聚，奈何號稱人類，性好清潔，竟效蛆狗惟穢是！

3. 且今人類所食肉食，氣質粗臊，含毒尤多，令人血污身重，神昏志頹，亦同蔥、蒜，增助淫，惡臭薰蒸，染成疫癘！

4. 既生為人，當具人性，人性者何？仁慈智勇，恒起悲憫，救眾生苦，淨法佈施，使之覺悟，哀彼愚癡，應常護念，不稍違逆，致懷疑忌，奈何殺害生命取食其肉，令彼眾生恐怖逃避，視為殺者不敢親近，怨毒銜結乘隙思報！

5. 有情肉身皆淫欲生，全身血肉皆淫欲種，人若食之增長欲，因欲故愈貪食肉，因食肉故愈貪欲，遂令人身變成畜身！愈淫愈殺，愈殺愈淫，妄殺妄死，亂淫亂生，生死死生，不獲解脫！

6. 人所食肉，皆從殺來，殺習沿傳，殺機時動，遂令殺念不去人心，由微而著，從物及人，炮火彌天，刀光蔽地，人之與人，殺以繼殺，屍積千里，血流百川！由人殺人，供禽獸食，殺生食肉，因果如是！

7. 因有食肉之人，遂有漁獵、屠劊之者，使人類中有此一類專以殺生害命而圖利謀財者，皆食肉之人致之也。夫圖利殺生謀財害命者，殺人之強盜也，彼得微少財利而甘陷於強盜殺人之罪，

固屬不智，而食肉者，間接使人類之一部分為殺人強盜，非惟不智，且不仁之尤也！

8.能不食肉，殺念乃除，能除殺念，慈心斯成，能成慈心，祥和可致，能致祥和，災厲自無，於是人生仁壽，皆可期於賢聖，世界清淨，永能保其安樂。綜合此八義以觀之，亦可略知佛教不食肉之理矣！[5]

　　以上太虛大師的論述正是《護生畫集》所要積極傳達給世人的思維。現代已愈來愈多人意識到，動物是人類的朋友，逐漸有人注重牠們的權益，並提倡素食。

（二）向動物借鏡感動人心

　　《護生畫集》中有許多選材自《動物鑒》書中的題材。道教認為，一切有情無識均含道性，它們都由「道」化生而來，都是陰陽和合的結果。有情之物，能感知痛苦，都有好生惡死、趨利避害之心：「蠢動含靈皆有命，貪生畏死與人同，因思骨髓脂膏味，俾在砧刀鼎鑊中，不顧冤魂隨影響，只知滋味美喉嚨。」所以，道門中人經常被動物身上表現出來的求生意志所打動：被投入沸水中的泥鰍曲腹向上，那是在保護腹中的卵兒；看到將被牽往屠宰的母羊卻步不前、大聲哀號，就知道牠是在哀求人們暫且讓其產下羊羔，再被宰殺也不遲；那中箭的母猿，在死前取下樹葉盛滿自己的乳液放在地上，那是牠在將死之前為自己的幼兒留下的最後一點點食物；隨著殺魚之人被魚刺刺破手指而來的是一陣陣鑽心的疼痛，由此而體會到魚被刮鱗時的慘烈情狀，於心不忍再殺生靈。道教還提出，物種的多寡、自然生態環境的良好與

---

5 太虛大師，《太虛大師全書》，〈佛教不食肉之真理〉，見覺社叢書第四期，1458頁。

否是判斷一個社會是否富足、善惡最重要的指標:「富之為言者,乃畢備足也。天以萬物悉生出為富足。故上皇氣出,萬二千物具生出,名為富中。」也即是說,在一個最理想的社會中,不會因人為而毀滅掉任何物種,在一個中等理想的社會中,則只有『萬二千物』生出。」[6]上述所舉例子在《護生畫集》中均有收錄,閱後發人深省。尤其《護生畫集》中許多取材自《動物鑒》的題材,均為「不言敦倫盡分、不言勸善懲惡、不論戒殺護生、不談因果輪迴,而不言敦倫盡分不言勸善懲惡不論戒殺護生不談因果輪迴之義,流露於字裡行間,讀之令人惻隱心羞惡心辭讓心是非心,同時油然而生。仁人之言,其利溥哉。」[7]。可見豐子愷繪作《護生畫集》取材之成功,故能持續流傳且深深打動人心。

（三）主張人道主義而提倡「不吃肉」蔚成風氣

現代人的覺醒,尤其西方社會有識之士提倡素食,有助於帶動風氣,並破除基督宗教傲視萬物並視萬物為其所生可為所欲為的迷思。在一九四六年所出版的《動物鑒》書中亦有這樣的一段話:「其在耶教,則以為世間萬物,皆造物主所創造,以給人用。又以為人有知覺靈魂,動物雖有知覺,而無靈魂,而故殺動物以為食,視為當然,然今日耶教諸國,每有虐待動物之禁令,則其愛物之情之流露於不自覺也可知矣。至於進化論者,謂宇宙事物,皆由簡而繁,由粗而精,由單純而複雜,以漸演進,代趨微異,今之人類實由動物進化而來。此由生物之解剖,及其他各種之徵驗而得,絕非出於空想。唯物論者因之,謂人與動物皆為數十種

---

6 蔣朝君,《道教生態倫理思想研究》,北京,東方出版社,2006 年,頁 387-390。

7 欲寡齋主編,《動物鑒》,〈陳中平--序二〉,北平,京華書局,1946 年,頁 4。

物質集合而成。因集合之不同，而有人與動物之別。如化學之因方式不同，而所成之物亦異也。且人有智慧之別，物亦有靈蠢之殊，亦皆由於物質集合方式之各異故也。循進化之說推之，則所謂人為萬物之靈者，特今日暫時之一現象耳。庸詎知幾億萬年以後，不進而為較人更靈之一動物乎。就唯物之說推之，當人與動物既死以後，此數十種之物質，仍散布乎地球之上，而將復集合為人類，抑為動物。此又大有類乎佛家輪迴之說矣。夫進化論者據生理之解剖，及其他之徵驗，以明人與動物之關係。」[8]此據《物猶如此》酌予增損今早已絕版之書籍《動物鑒》，竟有如此剖析西方學說之言論，可見當時思想之先進。書上有言：此《動物鑒》一書，乃就人與動物行為之相同者，一一著之，而人與動物之關係更顯然矣。先哲有言，人道以去苦就樂為究竟。而人與動物最大相同之點，則為貪生怕死。記曰：「爭奪相殺謂之人患。」竊願人人共鑒於此，以永絕爭奪相殺之苦痛，而共享和平之樂也。[9]

近代以來東西方許多具影響力的社會領袖或精英為動物請命所說的話，值得人們深思，如：

• 國父孫中山先生：「夫素食為延年益壽之妙術，已為今日科學家、衛生家、生理學家、醫學家所共認矣！而中國人之素食，尤為適宜。」

• 愛因斯坦：「我認為素食者所產生的性情上的改變和淨化，對人類有相當的利益，所以素食對人類很吉祥。」、「我們的任務是要解放我們自己，這需要擴大我們同情的圈子，包容所有的生靈和美妙的大自然。」

---

8 同上註，頁 3-4。
9 欲寡齋主編，《動物鑒》，〈陳中平 ── 序二〉，北平，京華書局，1946 年，頁 4。

• 史懷哲：「有思考能力的人一定會反對所有的殘酷行徑，無論這項行徑是否深植傳統，只要我們有選擇的機會，就應避免其他動物受苦受害。」

• 康德：「人必須以仁心對待動物，因為對動物殘忍的人對人也會變得殘忍。」

• 蕭伯納：「動物是我的朋友，我不會去吃我的朋友。」

• 愛默生：「即使屠宰場隱密地藏於幾百里外，但只要吃了肉就等於共犯行為。」

• 詹姆士‧保羅‧麥卡尼爵士（<u>披頭四樂團</u>的成員、畫家、<u>素食主義者</u>，動物權益推動者）：「如果屠宰場有玻璃牆的話，大家就會開始吃素了。知道我們沒有造成動物受害，可以讓自己好過些，也會讓動物好過些。」

• 甘地：「從一個國家對待動物的態度，可以判斷這個國家及其道德是否偉大與崇高。」、「我覺得當心靈發展到了某個階段的時候，我們將不再為了滿足食慾而殘殺動物。」[10]

這些話語中印度聖雄甘地所說的「我覺得當心靈發展到了某個階段的時候，我們將不再為了滿足食慾而殘殺動物。」是覺醒後的人性的慈悲的寫照。

李雅雯在《近代護生戒殺思想之發展與實踐》一文中說：《護生畫集》自出版以來，即成為近代宣傳護生戒殺的重要代表性文本。許多知名知識份子如陳無我（1880-1963）、蔣維喬（1873-1958）等都受到感召……即使經歷戰亂遷移，《護生畫集》在國共戰後二三十年間的台灣佛教界仍然擁有相當大的影響力，許多護生運動與團體組織深受澤被。國民政府遷居來台後的民國五十-六十年

---

10 以上八位知名人士言論引用自〈明天過後，您能做什麼？〉，
　　<u>http://techou.myweb.hinet.net/</u>，（2009.12.2）。

（1961-1971），李炳南（1890-1986）就是因為受到豐子愷《護生畫集》的啟發，進而在自組的台中蓮社中提倡護生放生、解救生命，成為民國五六十年間推動護生思想、實踐護生運動的重要人物⋯⋯台中佛教蓮社在當時確實是台灣佛教界推行護生、放生、戒殺運動的重要基地。蔡運辰（1901-1992）就近向李炳南請益，同時出版《鳥獸春秋》、《物猶如此》等戒殺放生書籍，極力推倡素食戒殺與放生活動。可以說，台灣在民國五十-六十年間實踐的護生戒殺行為，等於是直接受到豐子愷《護生畫集》六冊的浸潤與啟發，而後護生思想在台灣的發展，也不斷受到《護生畫集》中內容的影響，這本書可以說是影響深遠的。[11]

　　作家子敏在「豐子愷的故事」一文中說，《護生畫集》宣揚的是佛教不殺生的思想，這種極端的不殺生主張，在現實生活中當然很難做到，甚至，用科學的觀點來看，根本沒人做得到。豐子愷的思想是開明的。他坦白的說，植物也有生命，吃素接近殺生，連燒開水也可以看成大量微生物的屠殺；但是人類生活的和諧幸福，全靠愛心，《護生畫集》所闡揚的就是「愛」。因此，我們可以說，《護生畫集》也就是「愛心畫集」。[12]

　　早在《護生畫集》出版前，豐子愷就已經是一位家喻戶曉並且非常受讀者喜愛的作家和漫畫家。子敏先生說：「當時中國人心目中最可愛的人物，全國識字能閱讀的人幾乎沒有一個不知道這位可敬可愛的姓「豐」的漫畫家⋯⋯是國人所崇拜的名人。」[13]豐子愷的護生畫在當年掀起風潮，贏得許多人的閱讀、喜愛和收

---

11 李雅雯，《近代護生戒殺思想之發展與實踐》，國立師範大學中國文學研究所碩士論文，2007 年，頁 43-44。
12 子敏，〈豐子愷的故事〉，《弘一法師與豐子愷》，台北，純文學出版社，民 79 年，頁 12。.
13 同上註。

藏，其影響之深遠，無法估量。子敏先生在文章中還提到，《護
生畫集》第一集中令他印象最深刻的是由四個小圖所組成的一幅
畫。那幅畫上由弘一法師題了蘇東坡的一首詩：「鉤簾歸乳燕，
穴牖出癡蠅。愛鼠常留飯，憐蛾不點燈。」詩畫中的慈悲和惻隱
之心，深深打動了他，讓他長大成人後，在國語日報寫「看圖說
話」專欄時，筆下所畫的老鼠都非常可愛。可見文字和圖畫以「愛」
來說法，確能影響人，讓人心變得柔軟和慈愛。子敏先生來台前
在戰爭中逃難，愛讀書的他經常犧牲夜讀，只因為不忍心在夜裡
點油燈，讓飛蛾撲火而一命嗚呼，真正發揮「憐蛾不點燈」的悲
心。[14]

　　高明芳在〈豐子愷與《護生畫集》的編繪〉一文中說：「目
前坊間的書報雜誌，尤其是佛教刊物，經常可見豐子愷的護生畫
穿插其間。《護生畫集》中的護生詩也時時被護生人士所引用。
此外，從教育的觀點及現代保育的角度，《護生畫集》的編繪也
具有可資借鏡和學習的價值與啟迪心智的寶藏……從《護生畫集》
編繪時所引的前人護生詩文，更可以探知自古以來，不乏護生惜
物，慈愛悲憫之士。降至近代『環境生態保育』和『野生動物保
育』其主要目的還是從人類對自然資源經營管理為出發點，且要
合乎生態平衡的原則。但是，保育的精髓，應該置放在人與萬物
並存的平等、尊重的心態上。因為並存，人類就不會做出弱肉強
食的傷害捕獵行為。而基於尊重和愛心，自然不會任意破壞生態
環境、驚擾動物的棲息處所，讓人類與萬物皆能和諧共存於世間。
從這樣的角度觀之，《護生畫集》的編繪，無疑的為現代『保育』
的課題，提供了一個更深邃、寬廣，值得學習與借鏡的目標。《護

---

14 同上註。

生畫集》的編繪，在豐子愷宏闊的藝術版圖中，並非最醒目的一
方園圃，然而，《護生畫集》中護生的傳統，因注入新生的活力，
讓繼起之人，站在《護生畫集》建立的基礎上，能夠往前邁出更
堅定的步伐。」[15]

　　《護生畫集》自一九二九年問世以後，引起熱烈迴響，在佛
教界更是大肆流傳，大中書局、大法輪書局、大雄書店、佛學書
局等佛教出版機構皆及坊間書局或護生團體相繼印行。其發揮的
效應實已超越弘一法師的期望，大師的文字般若也如願達到感動
和教化人心的目的。還有英、日、梵文譯本問世。豐一吟在《我
的父親豐子愷》一書中亦說：自從護生畫一至六集於一九七九年
十月由薝蔔院全套出版後，全世界紛紛翻印重版。其印數之多，
無法計算。因閱此書而改為吃素者，不乏其人。其影響之大，可
想而知。

　　出生於德國的挪威學者何莫邪稱讚豐子愷是現代中國最像藝
術家的藝術家，他說：「這並不是因為豐子愷多才多藝，會彈鋼
琴、作漫畫、寫隨筆的緣故，我所喜歡的，乃是他的像藝術家的
真率，對於萬物的豐富的愛，和他的氣品、氣骨。如果在現代要
找尋陶淵明、王維那樣的人物，那麼，就是他了吧！他在龐雜詐
偽的海派文人之中，有鶴立雞群之感。」[16]何莫邪在其《豐子愷
── 一個有菩薩心腸的現實主義者》一書中寫道：「1954 年，拉
胡・維拉編輯出版了豐子愷自 1930 年繪製的《護生畫集》梵文和
英文譯本。在序言中拉胡・維拉寫道：『在接下來的篇章中，我

---

15 高明芳，豐子愷與《護生畫集》的編繪，國史館「學術期刊」13 期，民
　　96 年 9 月，頁 236-237。
16 何莫邪著，張斌譯，《豐子愷 ── 一個有菩薩心腸的現實主義者》，濟南，
　　山東畫報出版社，2005 年，頁 5。

們複製了一套獨一無二有關中國護生的詩和畫，一頁漂亮的書法句子，相對一頁簡潔有力的畫圖，在印度是絕無僅有的。不論是佛教信徒、耆那教信徒還是印度教毗濕奴派信徒，都提供不出類似的東西，只有這個中國的天才，以一顆溫柔、寬恕心靈的力量和高尚，抓住並描繪人對可憐的生靈犯下罪行的殘酷的一幕幕，不管是為了食物、遊戲還是運動，不管是有意還是無意。』」[17]

第一次世界大戰後，歐洲出現重視動物生存權和素食的聲音，各種護生的團體亦呼籲勿殺生，弘一法師和豐子愷搭上這股潮流，將佛教護生戒殺和種善根長養慈悲心的觀念藉畫集宣揚而獲得良好效果。

二、《護生畫集》的藝術價值

《護生畫集》在生活中取材，其內容豐富，涉及宗教學、民俗學、社會學、語言學、文學等多方面，是人類學研究上非常珍貴的資料。王亞因在〈《護生畫集》創作價值研究〉一文中上將其藝術價值歸納為傳統藝術符號的運用；文人畫傳統的繼承和革新；筆記小說、明清戲曲小說插圖和《芥子園畫譜》的影響；民間信仰和民間俗神的影響等幾方面。茲整理其內容如下：

（一）傳統藝術符號的運用

《護生畫集》大量運用藝術符號，如柳樹、燕子、母雞、螞蟻，以及在民間文化中代表吉祥、繁榮、平安的蝙蝠、兔子、猿猴等意象作為創作母題。王亞因說：豐子愷在這些充滿生活趣味的藝術意象之內，融入了自己的審美情趣、生活態度和文化素養，

---

17 同上註，頁 84。

在這些意象之外，配以詩詞、小說、偈語，廣泛引用經籍，將俗之又俗的日常生活畫面昇華為有教育感化意義的人生理想，同時體現出作者本人對古典文學的精熟和淵博。藝術意象如此表達，藝術符號也就形成了。充滿生活趣味的意象的藝術符號，能夠使一些原本高高在上的人生哲學、生活智慧、藝術理念更加形象的傳輸給普通讀者。《護生畫集》的主題，常常就是運用富於傳統意象的藝術符號來表達的。如：

　　1.代表春意盎然、相思、安康福順、消災免難、化險為夷（觀音菩薩淨瓶中楊柳）的柳樹。

　　2.作為與生殖繁衍有關符號的猿猴。在佛教美術中，釋迦牟尼的本生故事中就有猿猴的出現。如在《六度集經》就有《獼猴本生》和《獼猴王本生經》，在《雜寶藏經》中又有《善惡獼猴緣》的本生故事。豐子愷選擇作為《護生畫集》中常見的藝術符號，是可以看出佛教美術影響的。豐子愷筆下的猿猴形象，被賦予了性靈、孝悌、仁愛的個性，透過豐子愷中外文化傳統的交融，使猿猴這一藝術物象形象更加生動，個性更加豐富多彩。

（二）文人畫傳統的繼承和革新

　　《護生畫集》的作品是屬於文人畫，是極具中國特色的一種藝術形式。文人畫體現的是畫家本人的藝術修養和高貴人格，畫面本身表現了對自然萬物、社會生活、人生際遇的熱切反映和充分關注。對於豐子愷的這些流通文人畫血脈的作品，王亞囡歸納了以下特點：

1.一切景語皆情語

　　畫面中出現的花草獸禽其實都是豐子愷內心感情的外露，控訴殺戮的牛羊是抗日戰爭中飽受戰火摧殘的吶喊的普通中國百

姓。動物們與人一起玩耍、世間萬物和諧有序的生活，則是中共建國後人民獲得新生、南北遍地都是盎然春意的時候。詩意寫照，動物救人則是畫家受到不公平的衝擊和批判之時，對世間真情的曲折呼喚。

2.簡約之美

《護生畫集》中收錄的作品，風格平淡天真，從容自然，渾然天成，體現了中國傳統美學以簡為美，以簡為上的傳統。

（三）筆記小說、明清戲曲小說插圖和《芥子園畫譜》的影響

《護生畫集》第四、五、六集裏，大量選取古代筆記小說作為配文的文字來源。筆記體小說慣以簡短雋永的話語方式記錄現實人物、鬼神精靈乃至擬人的動植物與器物，有一定故事性的小說文體，是中國古代文言小說中的一類。從形式上看，包括志怪、傳奇、雜錄、瑣聞、傳記、隨筆之類，從內容上上看，舉凡天文地理、朝章國典、草木魚蟲、風俗民情、學術考證、鬼怪神仙、豔情傳奇、笑話奇談、軼事瑣聞等等皆納入筆下。在局勢動蕩，或者文人學者缺乏言論自由，人身安全不能自保的情況下，這種記述怪異譎諱的筆記小說文體成為文人學士曲折抒發自身情感、表述真實思想的一種途徑。《護生畫集》第四集和第五集分別創作於一九六〇年和一九六五年，此時的豐子愷被劃為右派，行動受到限制。筆記小說這種既具有簡練含蓄充滿生活氣息的藝術語言、富含詩意帶有濃郁生活色彩的敘事情節，生動的人物形象和敘事性很強的情節構造等意蘊深刻的特色，正契合《護生畫集》對客觀物象表達和感情傳遞的需要和感化色彩的宣傳目的。而豐子愷選擇互文互圖的形式創作《護生畫集》，對於藝術形式的繼

承和開拓也有著深遠意義。這種互文互圖的藝術文本形式其實古
已有之（如明清戲曲小說插圖本、《芥子園畫譜》），並非豐子
愷獨創，他卻讓這古老的藝術形式在新時代散發出異彩。

（四）民間信仰和民間俗神的影響

　　中國傳統倫理體系是構成道教美學思想體系的基礎，《護生
畫集》體現的美學思想很多觀念都代表了與中國道教文化相關的
精神。道家理想人格的核心是返樸歸真、保守天真的「聖人」或
「真人」。因此，《護生畫集》中所體現的真率誠實，不虛偽做
作的創作風格和美學思想，是對中國傳統文化的繼承，也是道家
歸元守真的集中體現。在中國，老百姓往往是佛道不分的，他們
常常自發自覺的用道家思想解釋佛教教旨，而在民間廣為流傳的
神仙禁忌也多與道教相關。同時，源于原始宗教信仰的崇拜天神、
地祇、鬼魂的思想也被道教所吸收，創造出道教體系中更加人格
化的天神，而這些天神崇拜和鬼神禁忌又在充滿讖諱色彩的筆記
小說中得到了加強。《護生畫集》許多選材自中國古代志怪小說
《搜神記》、《異苑》、《述異記》、《博物
志》這些表現筮術數的作品可以直接體現出此
書創作與道教的密切聯繫。畫集中大量配文引
用了筆記小說集內的軼聞軼事，帶有民間宗教
的神秘色彩。豐子愷將江浙一帶農民的生活習
俗及江南的世俗文化和民間信仰帶入畫集中。
如〈蕭然的除夜〉（圖 45）可以看到浙江鄉間
歲除的習俗，〈福壽〉（圖 227）[18]則是民間讖

圖 227

18 豐子愷，《護生畫集》，第五集，頁 132。

諱的直接記錄,〈延年益壽〉(圖 136)裏用仙鶴代表福壽則是
道教對民間信仰吸收和結合的最好例證。他的繪畫作品不僅從傳
統藝術形式中吸取營養,借鑒寫意人物畫和社會風情畫,也保留
了對民間禁忌和民間信仰的記錄,這樣的畫作,不僅是藝術品,
而且可以看作是人類學研究的寶貴資料。[19]

三、《護生畫集》的教育思想

豐子愷是著名作家、畫家和藝術家,他也編譯了大量的國外
藝術理論普及讀物以及介紹藝術教育知識的書籍,並從事美學知
識教育,是一位著名美術教育家。他所繪作的《護生畫集》以漫
畫呈現,雅俗共賞,連孩童都能閱讀,故影響層面廣,因此具有
教育意義,而其內容中的教育理論亦受到重視,對學齡前孩童、
青少年和成人都有教育功能。

(一)親子教育

畫集中有許多篇幅是非常適合親子共同閱讀和討論的,如筆
者在第四章《護生畫集》的童心童趣中所舉的例子,因護生畫的
讀者眾多,因而畫集中的教育思想對當時的教育有重大貢獻。像
一般人視為兒戲的孩童玩樂,如告訴人們捕捉蝴蝶、蜻蜓、射鳥、
釣魚等並非娛樂而是殺生,是將自己的快樂建築在其他生物的痛
苦和死亡上;或是像〈螞蟻搬家〉(圖 159)—— 用板凳築廊道
保護螞蟻,免遭傷害;或〈盥洗避蟲蟻〉(圖 144)—— 不將漱
口水澆淋螞蟻等護生戒殺的觀念,都是良好的家庭教育,若能從
小灌輸孩童不殺生的觀念,將來孩子長大必能具有溫良而慈悲的

---

19 王亞因,《護生畫集》創作價值研究,上海大學碩士學位論文,2008 年,
頁 32-49。

胸懷。如《護生畫集》〈兒戲其二〉（圖 172），題詩為：「教訓子女，宜在幼時。先入為主，終身不移。常養慈心，勿傷物命。充此一念，可為仁聖。」豐子愷用溫和的畫面，娓娓道來的言語，潛移默化地在傳遞著慈悲的種子。

（二）對填鴨式教育的批判

　　畫集中有兩幅經常被拿來討論的圖作，是對填鴨式教育的批判，這是教育制度對莘莘學子的戕害，至今猶存。如〈盆栽聯想〉（圖 216）和〈剪冬青聯想〉（圖 228）[20]：

圖 228

　　「小松植廣原，意思欲參天。移來小盆中，此志永棄捐。矯揉又造作，屈曲復摧殘。此形甚醜惡，畫成不忍看。」—— 緣緣堂主詩。

　　「一排冬青樹，參差劇可憐。低者才及胸，高者過人肩。月夜微風吹，倩影何翩翩。怪哉園中叟，持剪來裁修。玲瓏自然姿，變作矮牆頭。折枝葉破碎，白血處處流。」—— 緣緣堂主詩。.

　　從此二圖的題詩中，可清楚看出當時強制性的教育，扼殺學子的天性和自然發展的需求，這種齊頭式和曲扭式的學習，至今都是被詬病的。

　　豐子愷以《動物鑒》為本所繪作的護生畫，推崇動物感恩、救人、孝悌、反哺、互助、團結、友愛、睦鄰……等德性與人沒有兩樣，動物能做到，人類更要做到，這亦是《物猶如此》一書

---

20 《護生畫集》第三集，頁 130。

的主要宗旨，這些動物的良善行為值得人類借鏡。以萬物並育，自然生長而人類不加戕害來喻教育亦該如此，如此生活化的取材也容易為人們所接受，這是豐子愷在《護生畫集》中所傳達的教育思想。

四、《護生畫集》的美學思想

豐子愷認為藝術的美要來自生活，才能感動人心。他長期致力於美術教育的啟蒙，更主張美要與人生結合，他的美學思想基本特徵是具有教化功能。故《護生畫集》中的作品，有對現實社會的關注，有對成人和兒童的關懷，有對家禽家畜和野生動植物的憐愛，有市井小民的生活、有豐富的儒釋道三家的精神內涵，因而具溫柔敦厚、中和內斂、天人合一、萬物一體、慈悲憐憫、天真純潔等理性美、感性美、生活態度和人生哲學。其表達的人生美好境界、自然界的和諧、人性的善良等有時是以輕鬆詼諧或反諷的方式，一方面是提醒人們不要忘了有情識的動物，跟人一樣是有知覺和感情的，是人類的朋友，而自然界的一草一木一沙一石的美好，是可以提昇人們精神層次和生活美感的。《護生畫集》藝術風格就是透過這種獨特的美來軟化並提昇人的靈性，陶冶和美化人心，這種藝術不再是曲高和寡，而是普羅大眾都能懂的生活語言和圖像。《護生畫集》的美育觀點為當時中國美育思想開拓了一個新的視野和內涵，也給文人畫一個新的方向。

另外，豐子愷學貫中西，他把東西方美學思想融為一體。王亞因說：他熱心介紹西方美學知識，將其本土化，從而構建和發展中國現代美學。他善於用西方美學理論來啟動中國傳統美學理論，從而發掘中國傳統美學理論的當下意義，因而豐子愷影響了同時代藝術家的創作走向。另一方面，豐子愷的繪畫風格和他的

藝術理論也直接影響了同時代的漫畫創作。而豐子愷畢生致力於藝術教育事業，尤其是對青少年美育的培養，他撰書《西洋美術史》、《西洋名畫十二講》、《近世西洋十大音樂家故事》，又翻譯了日本學者上田敏的《現代藝術十二講》，為有意於藝術的人們介紹西方美術和音樂，這些著述皆用口語娓娓道來，將生澀的藝術理論化為潺潺溪流，言淺意深，易於理解。他用一顆熱誠的心，把曲高和寡的藝術化為生活中的一部分，鼓勵人們多參加藝術實踐，希望更多的人能接觸到藝術，瞭解藝術，熱愛藝術。除了理論著作之外，他的繪畫作品也是他美育觀的體現。而《護生畫集》對線條熟練運用，所選的表現物件皆為生活中習常之物，明於辨識，易於臨摹，對於藝術的普及有很大的意義。豐子愷的繪畫作品、散文隨筆以及藝術理論觀點在五四新文化運動興盛後的四十年以及中共建國後的文化界樹立起一面瀟灑馭風的旗幟，對於豐子愷美學思想的研究不僅具有長遠的學術價值，也對教學方法有現實性影響。[21]

　　總之，豐子愷這位五四新文學運動後的文學和藝術大師，其與恩師弘一法師及當代書法名家共同創作的《護生畫集》六集，共四百五十幅圖文並茂的作品，主要目的是為了宣揚佛教護生戒殺和長養慈悲心的理念，但其文人畫的特質，運用毛筆和簡筆的畫風，取材的生活化，賦予畫集獨特的韻味、親切感及與眾不同的新奇感，因而畫作的流傳效果超出了預期，其影響遍及國內外；《護生畫集》不論外在形式、精神內涵以及對當時和現代的教育理論和藝術思想，持續發揮著影響力。對於豐子愷這樣一位精采的文學家和藝術家，筆者研究他的作品，抱持著對其作品的熱愛

21　王亞囡，《護生畫集》創作價值研究，上海大學碩士學位論文，2008年，頁50-55。

和對作者極其尊敬的心，從浩瀚如海的書籍和論文中細細過濾而
尋找適合本論文參考和應用的資料，加以分析探討，研究出前人
所沒有見到的觀點，以及將既有的資料集中整理，理出《護生畫
集》的內外脈絡，希望能為這樣一位了不起的文人畫家，再添上
一筆研究資料，並彌補各位學者專家對《護生畫集》研究的不足。

參考書目

一、原　典

（一）《大正新脩大藏經》（以冊數排序）

《雜阿含經》，宋求那跋陀羅譯，《大正藏》第 2 冊，NO.0099。

《增壹阿含經》，東晉提婆譯，《大正藏》第 2 冊，NO.125

《菩薩本生鬘論》，聖勇菩薩等造，宋紹德慧詢等譯，《大正藏》
　　第 3 冊，No.160。

《眾許摩訶帝經》，法賢譯，《大正藏》第 3 冊，NO.191。

《法句經》，法救撰‧維祇難等譯，《大正藏》第 4 冊，NO.210。

《雜寶藏經》，元魏吉迦夜共曇曜譯，《大正藏》第 4 冊，NO. 203。

《金剛般若波羅蜜經》，後秦鳩摩羅什譯，《大正藏》第 8 冊，
　　NO.235。

《妙法蓮華經》，後秦鳩摩羅什譯，《大正藏》第 9 冊，NO 262。

《大薩遮尼乾子所說經》，元魏菩提留支譯，《大正藏》第 9 冊
　　NO. 272

《大方廣佛華嚴經》，東晉佛馱跋陀羅譯，《大正藏》第 9 冊，
　　NO.278。

《大寶積經》，唐菩提流志譯，《大正藏》第 11 冊，NO.310。

《佛說阿彌陀經》，吳月支國支謙譯，《大正藏》第 12 冊，NO.366

《大般涅槃經》，北涼曇無讖譯，《大正藏》第 12 冊，NO.374。

《佛說大般泥洹經》，東晉法顯譯，《大正藏》第 12 冊，NO.376。

《入楞伽經》，元魏菩提留支譯，《大正藏》第 16 冊，NO. 671。

《大乘入楞伽經》，大周實叉難陀譯，《大正藏》第 16 冊，第 NO.672。

《首楞嚴經》，唐般剌蜜帝譯，《大正藏》第 19 冊，No.0945。

《普賢金剛薩埵略瑜伽念誦儀軌》，不空譯，《大正藏》第 20 冊，NO 1124。

《五分律》，宋佛陀什共竺道生等譯，《大正藏》第 22 冊，NO.1421。

《僧祇律》，東晉佛陀跋陀羅共法顯譯，《大正藏》第 22 冊，NO.1422。

《彌沙塞五分戒本》，劉宋佛陀什等譯，《大正藏》第 22 冊，NO.1422 a。

《摩訶僧祇律》，東晉佛陀跋陀羅共法顯譯，《大正藏》第 22 冊，No1425。

《四分律》，姚秦佛陀耶舍共竺佛念等譯，《大正藏》第 22 冊，NO.1428。

《四分律比丘戒本》，後秦佛陀耶舍譯，《大正藏》第 22 冊，NO.1429。

《薩婆多毘尼毘婆沙》，失譯人名今附秦錄，《大正藏》第 23 冊，NO.1440。

《根本說一切有部毘奈耶》，慧琳撰，《大正藏》第 23 冊，NO.1442。

《十誦律》，後秦弗若多羅譯，《大正藏》第 23 冊，NO.1435。

《根本說一切有部戒經》，三藏法師義淨譯，《大正藏》第 24 冊，NO.1454。

《梵網經》，後秦鳩摩羅什譯，《大正藏》第 24 冊，NO.1484。

《大智度論》，後秦鳩摩羅什譯，《大正藏》第 25 冊，NO.1509。.

《阿毘達磨大毘婆沙論》，唐玄奘譯，《大正藏》第 27 冊，NO.1545。

《法華經義記》，梁法雲撰，《大正藏》第 33 冊，NO.1715。

《注維摩詰經》，後秦釋僧肇選，《大正藏》第 38 冊，NO.1775。

《維摩經略疏》，天台湛然略，《大正藏》第 38 冊，NO.1778。

《楞伽阿跋多羅寶經註解》，宋求那跋多羅譯，《大正藏》第 39
　　冊，NO.1789。

《四分律刪繁補闕行事鈔》，京兆崇義寺釋道宣撰述，《大正藏》
　　第 40 冊，NO.1804。

《摩訶止觀》，隋天台智者大師，《大正藏》第 46 冊，NO.1911。

《宏智禪師廣錄》，覺和尚偈頌，淨覺編，《大正藏》第 48 冊，
　　NO.2001。

《六祖大師法寶壇經》，元宗寶編，《大正藏》第 48 冊，NO. 2008。

《景德傳燈錄》，宋楊億撰，《大正藏》第 51 冊，NO. 2076。

《無量壽經義記卷下》，《大正藏》第 85 冊，NO. 2759。

《勝鬘經疏》，昭法師撰，《大正藏》第 85 冊，NO. 2762。

（二）《卍新纂續藏經》（以冊數排序）

《阿彌陀經疏鈔》，明袾宏述，《卍新纂續藏經》第 22 冊，NO. 424。

《阿彌陀經疏鈔事義》，《卍新纂續藏經》第 22 冊，NO.425。

《法華經入疏》，鳩摩羅什譯，《卍新纂續藏經第》第 30 冊，
　　NO 600。

《法華經入疏》，後秦鳩摩羅什譯，《卍新纂續藏經》第 30 冊，
　　NO. 600

《佛遺教經》，後秦鳩摩羅什譯，《卍新纂續藏經》第 37 冊，
　　NO. 675。

《梵網菩薩戒經義疏發隱》，後秦鳩摩羅什譯，《卍新纂續藏經》

第 38 冊，NO.679。

《梵網經菩薩戒本疏》，魏智周撰，《卍新纂續藏經》第 38 冊，NO. 687

《梵網經順硃》，後秦鳩摩羅什譯，《卍新纂續藏經》第 39 冊，NO. 699。

《梵網經菩薩戒初津》，清書玉述，《卍新纂續藏經第》第 39 冊，NO.700。

《四分戒本緣起事義》，明廣莫輯錄，《卍新纂續藏經》第 40 冊，NO.716。

《四分戒本如釋》，明弘贊在犙繹，《卍新纂續藏經》第 40 冊，NO.0717。

《四分律名義標釋》，明釋弘贊在犙輯，《卍新纂續藏經第》第 44 冊，NO.744。

《淨土全書》，宋王龍舒著，《卍新纂續藏經第》62 冊，NO.1176

《十牛圖頌》，宋廓庵和尚，《卍新篆續藏經》第 64 冊，NO.1269。

《新刻禪宗十牛圖》，覺因錢唐胡文煥著，《卍新纂續藏經》第 64 冊，NO.1270。

《牧牛圖序》，明袾宏，《卍新篆續藏經》第 64 冊，NO.1271。

《十牛圖和頌》，明普明禪師，《卍新纂續藏》第 64 冊，NO.1271。

《古尊宿語錄》，念和尚語錄，《卍新纂續藏經》第 68 冊，NO.1315。

二、電子佛典・道藏

CBETA，電子佛典集成，中華電子佛典協會，2008 年。

《十戒功過格》，道教全球資訊網，

　　（http://www.twtaoism.net/php/menushow.php?style_id=88）。

《太上十二上品飛天法輪勸誡妙經》，道教全球資訊網。

《太上大道玉清經》，道教全球資訊網。

《太微仙君功過格》，道教全球資訊網。

《元始智慧正觀解脫經》，道教全球資訊網。

《天律綱紀》，道教全球資訊網。

《中極戒》，道教全球學術網。

《老君說一百八十戒》，道教全球學術網。

《洞真太上八素真經修習功業妙訣》，道教全球資訊網。

《明真科經》，道教全球資訊網。

《洲國品》，道教全球學術網。

《道法會元》，道教全球學術網。

三、現代著作（以姓氏筆劃排序）

子敏・林海音等，《弘一大師與豐子愷》，台北，純文學出版社，民 79 年。

王邦雄等著，《中國哲學史》，〈老子〉，台北，里仁書局，1995 年。

弘一大師，《弘一大師全集》，福州，福建人民出版社，1992 年。

牟宗三，《心體與性體》，台北，中正書局，1968 年。

余謀昌・王耀先主編，《環境倫理學》，高等教育出版社，2004 年。

余連祥，《豐子愷的審美世界》，上海，學林出版社，1951 年。

李石岑，《中國哲學史話》，台北市，久久出版社，民 71 年。

吾敬東等，《中國哲學思想》，上海，華東師範大學出版社，1998 年。

何莫邪，張斌譯，《豐子愷 —— 一個有菩薩心腸的現實主義者》，濟南，山東畫報出版社，2005 年。

吳怡，《新譯老子解義》，台北，三民書局，2008 年。

林子青編，《弘一法師書信》，北京，三聯出版社，2007 年。

林少雯，《拓荒者》，台北，淑馨出版社，1991 年。

林少雯，《溫柔的對待》，台北，健行文化年，1995 年。

林少雯，《愛你的心情》，台北，健行文化，2002 年。

林岳瑩，《書法藝術-線條與空間的創造》，花蓮，學府文化事業，2005 年。

林海音等，《弘一大師與豐子愷》，台北，純文學出版社，民 79 年。

韋政通，《中國思想傳統的現代反思》，台北市，桂冠圖書，1990 年。

唐君毅，《中國文化之精神價值》，南京，江蘇教育出版社，2006 年。

畢克官‧黃遠林，《中國漫畫史》，北京，文化藝術出版社，1986 年。

徐復觀，《中國藝術精神》，桂林，廣西師範大學出版社，2007 年。

陳星，《豐子愷漫畫研究》，杭州，西泠印社，2004 年。

陳星，《藝術人生 —— 走近大師豐子愷》，杭州，西泠印社，2004 年。

陳星，《豐子愷新傳 —— 清空藝海》，太原市，北岳文藝出版社，1998 年。

陳星，《新月如水 —— 豐子愷師友交往實錄》，北京市，中華書局，2006 年。

陳星，《白馬湖畔話弘一》，台北，東大圖書，2002 年。

陳星，《功德圓滿 —— 護生畫集創作史話》，台北，業強，1994

年。

欲寡齋主編，《動物鑒》，北平，京華書局，1946 年。

雲棲袾宏，《蓮池大師全集》第三冊，和欲出版社，高雄，1991
　　年。

楊牧編，《豐子愷文選》第一集，台北，洪範書店，民 71 年。

楊牧編，《豐子愷文選》第二集，台北，洪範書店，民 71 年。

楊牧編，《豐子愷文選》第三集，台北，洪範書店，民 71 年。

楊牧編，《豐子愷文選》第四集，台北，洪範書店，民 71 年。

黃錦鋐注譯，《新譯莊子讀本》，台北，三民書局，2003 年。

趙芃，《道教自然觀研究》，成都，四川出版集團巴蜀書社，2007
　　年。

蔡運辰編，《放生詩抄》，台北市，揚善出版社，民 63 年。

賴品超・林宏星，《儒耶對話與生態關懷》，北京，宗教文化出
　　版社，2006。

蔣朝君，《道教生態倫理思想研究》，北京，東方出版社，2006
　　年。

豐一吟，《豐子愷兒童畫集》，上海，上海古籍出版社，2003。

豐一吟，《我的父親豐子愷》，北京市，團結出版社，2007 年，

豐子愷，《護生畫集》第一集，純文學出版社，民 79 年。

豐子愷，《護生畫集》第二集，純文學出版社，民 79 年。

豐子愷，《護生畫集》第三集，純文學出版社，民 79 年。

豐子愷，《護生畫集》第四集，純文學出版社，民 79 年。

豐子愷，《護生畫集》第五集，純文學出版社，民 79 年。

豐子愷，《護生畫集》第六集，純文學出版社，民 79 年。

豐子愷，《豐子愷美術講堂》，台北，臉譜出版社，2008 年。

豐子愷，《藝術與人生》，長沙，湖南文藝出版社，2002 年。

豐子愷，《藝術趣味》，長沙，湖南文藝出版社，2002 年。

豐子愷，《豐子愷靜觀塵世》，武漢，長江文藝出版社，2007 年。

豐子愷，《漫畫的描法・子愷漫畫選》，長沙，湖南文藝出版社，
　　2001 年。

豐子愷，《精品漫畫集》，上海，上海弘豐文化藝術公司。

豐子愷，《豐子愷論藝術》，台北，丹青圖書。

豐子愷，《豐子愷散文》，杭州，浙江文藝出版社，2007 年。

豐子愷，《幼幼畫集》，上海，兒童書局，1947 年。

豐子愷著，王朝聞編《子愷漫畫選》，北京，人民美術出版社，
　　1955 年。

豐子愷，《兒童生活漫畫》，上海，兒童書局，1932 年。

釋太虛，〈佛教不食肉之真理〉，《太虛全書》第 31 冊，見覺社
　　叢書。

釋印順，《教制教典與教學》，台北，正聞出版社，2000 年。

釋印順，《學佛三要》，正聞出版社，2000 年。

釋印順，《華雨集》第一冊，正聞出版社，1993 年。

釋印順，《佛法概論》，正聞出版社，2000 年。

釋昭慧，《佛教倫理學》，台北，法界出版社，2004 年。

四、古　籍

《古今圖書集成》第 62 冊，台北，文星書店，民 53 年。

《宋元學案・明道學案》，台北市，華世出版社，1987 年。

《足本千家詩》，台南，大東書局，民 53 年。

《張載集》，宋張載撰，台北，漢京文化事業有限公司印行，2004
　　年。

五、學位論文（以姓氏筆劃排序）

（一）博士論文

張堂錡，《白馬湖作家群研究》，東吳大學博士論文，1999 年。

（二）碩士論文

王亞囡，《《護生畫集》創作價值研究》，上海大學碩士論文，
　　2008 年。

李雅雯，《近代護生戒殺思想之發展與實踐》，師大中文研究所
　　碩士論文，2007 年。

邱士珍，《豐子愷繪畫藝術之研究》，屏東師範學院碩士論文，
　　2004 年。

吳莎莎，《豐子愷文人漫畫詩趣究》，西南大學碩士論文，2008
　　年。

吳偉立，《中國大陸漫畫發展之研究》，淡江大學碩士論文，2003
　　年。

馬志蓉，《豐子愷散文護生思想之研究》，華梵大學碩士論文，
　　2001 年。

陳嘉文，《廓庵〈十牛圖頌〉禪學思想之研究》，佛光大學碩士
　　論文，2007 年。

曾喜雀，《從佛制「不殺生戒」到護生》，玄奘大學碩士論文，
　　2005 年。

黃蘭燕，《豐子愷文人抒情漫畫研究 —— 以 1937 年以前畫作為
　　例》，中央大學碩士論文，2003 年。

六、期刊論文（以姓氏筆劃排序）

林朝成，〈生態女性主義與人間佛教的環境關懷〉，《人間佛教與當代對話第三屆研討會論文集》，臺北：弘誓文教基金會。2002 年 4 月。

林朝成，〈從佛教律典與僧傳論動物的道德地位〉，《佛教思想與文學國際學術研討會會議論文》，2008 年。

林朝成、莊永清，〈儒學與環境關懷：失落的實踐場域〉，《第三屆《台灣儒學研究國際學術研討會論文》，2003 年。

林少雯，〈極樂世界和人間天堂的寶樹〉，《中華佛教僧伽會第八屆佛學論文》，2009 年。

高明芳，〈豐子愷與《護生畫集》的編繪〉，《國史館學術集刊》13 期，民 96 年 9 月。

陳中獎，〈佛教的環境與永續發展〉，《世界宗教學刊》第六期，2005 年 12 月。

張斌，〈豐子愷繪畫藝術中的生命詩意 —— 以六集《護生畫集》為中心〉，《福建藝術》，2008 年 3 月。

溫宗堃，〈初期佛教的經行 —— 兼論當代上座部佛教的行禪〉，《福嚴佛學研究》第四期，2009 年。

葉海煙，〈道家倫理學之系統理論〉，《宗教哲學與環境倫理學術研討會論文集》，2005 年 5 月。

蔡榮婷，〈宋代禪宗牧牛詩組初探〉，《國立中正大學學報》第八卷，第五期，1997 年。

釋恒清，〈草木有性與深層生態學〉，《佛教與社會關懷學術研討會論文集》，台南縣，中華佛教百科文獻基金會白，1996.1。

七、網路資料

何勁松《禪詩《牧牛圖頌》賞析》

（http://www.eastart.net/friendship/chansimuniutusong.htm）。

李志夫，《關於禪宗牧牛圖的兩個問題 —— 從《增一阿含》牧牛
品說起》，

（http://enlight.lib.ntu.edu.tw/FULLTEXT/JR-MAG/mag140368.htm）。

李炳南老居士對「戒殺與戰爭因素」的開示，

（http://blog.yam.com/jukyogame/article/19979089）。

李豐楙，〈道教修行與自然生態〉，道教論文，

（http://tw.myblog.yahoo.com/jw!Lws2.7iDAUOIuBJKgv4__w
--/article?mid=259）。

李蕭錕，《曉雲導師「牧牛圖」中「自在」「任運」之禪意，

（http://www.hfu.edu.tw/~pr/130/hf130word4-1.htm）。

耕雲先生講述，《牛的禮贊》，1989 年 1 月 22 日於淡江大學，

（http://buddhist.huhai.net/sutra/books/1544.htm）。

陳星，《護生畫集》出版前言，佛教導航，

（http://www.fjdh.com/zhuanti/hongyi/08hshj/08hshj.htm）

唐君毅著，《人生之體驗》，北大中文論壇，www.pkucn.com 古
典文獻學，北大中文系。

張哲維〈道家的自然思維與環境政策〉，台北市立教育大學學生
論文。

（http://www.tmue.edu.tw/~public/news/paper/4.pdf）。

〈明天過後，您能做什麼？〉

（ http://tw.myblog.yahoo.com/charles-590417/article?mid=65&pr
ev=2&next=64）

溫金玉，《佛教戒殺護生與生態文明》，佛教線上，中華佛教資
　　訊網＞學術論文
　　（http://big5.fjnet.com/fjlw/200810/t20081027_85682.htm）。
葉朗，〈中國傳統文化中的生態意識〉──第四屆"北京論
　　壇"2007・11・2，人民網
　　（http://theory.people.com.cn/BIG5/49172/106529/106880/647
　　3803.html）。
數位經典，
　　（http://www.chineseclassic.com/LauTzu/LaoTzu_hersongkong
　　/ch55.htm）。

八、工具書

竹摩法師鑑定，陳孝義編，《佛學常見詞彙》，台北，佛陀教育
　　基金會，2008 年，
薛頌留主編，《辭典》，台北，大中國圖書公司，民 79 年。

附錄：訪豐子愷故居及弘一大師・豐子愷研究中心

　　豐子愷故居和豐子愷漫畫館，位在離杭州市約一小時車程的桐鄉市。

豐子愷其人其事

　　豐子愷是中國近代知名作家和畫家，生於五四文學革命、抗日、國共之爭以及文革等動亂的時代；豐子愷集畫家、文學家、美術家及音樂教育家於一身。他的散文隨筆、漫畫、兒童文學、插圖、封面設計等都享譽文藝界。他清新、美妙、涵富人生哲理的散文和漫畫，如《緣緣堂隨筆》、《緣緣堂再筆》及《子愷畫集》、等都是膾炙人口且家喻戶曉的作品。尤其是他與恩師弘一

大師合作所繪作的《護生畫集》，以畫說法，遍灑善根以及戒殺護生的種子，更流露出身為佛教徒的慈悲心行。

　　豐子愷一八九八年生於浙江省崇德縣

（今桐鄉市）石門灣，為豐家第七個小孩，小名慈玉。祖上開設豐同裕染坊，父親豐璜，長於詩文，是中國歷史上最後一年及第的舉人。豐子愷五歲起，即由父親啟蒙教授《三字經》、《千家詩》等，八歲時，父親因肺疾病故。九歲時豐子愷入私塾就讀。讀《幼學瓊林》、《論語》、《孟子》等。十二歲進石門灣溪西小學（縣立第三高等小學）。十七歲，考進杭州第一師範專科學校就讀，成為李叔同與夏丏尊的學生。受到他們的啟發，豐子愷發揮了自己文學和藝術上的天分，終於成為當代知名的散文和漫畫大師，被喻為「中國漫畫之父」。他的啟蒙師李叔同的出家，深深影響了他。豐子愷敬愛的老師成了人人尊敬的弘一法師，他後來也皈依學佛，並為老師五十歲生日繪作護生畫五十幅祝壽，由法師親為題詞，一幅畫一幅字，師徒合作出版《護生畫集》第一集。還允諾在法師六十歲時畫第二集六十幅畫，七十歲繪第三集七十幅，八十歲繪第四集八十幅，直至法師百歲繪百幅，而圓滿護生畫共六集。可惜的是在出版第二集後，法師即示寂，但豐子愷在戰亂和文革期間依然堅持作畫，展開長達四十六年的護生畫創作，而終於完成六集《護生畫集》，圓滿了弘一法師的文字般若以及自己以畫說法的心願。

　　豐子愷一生飽讀詩書，是一位深具中國傳統文化特質的文人，又曾遊學日本，接受新事物，學英語、日語、俄語等，他具西畫的繪圖技巧，卻又擅於以毛筆為工具，繪作線條簡練但意涵深邈的簡筆漫畫，風迷當代讀者。

美麗水鄉浙江省桐鄉市

　　桐鄉市是中國現代知名作家豐子愷和茅盾的故鄉。（茅盾故居在烏鎮，距桐鄉市區約 15 公里，是著名江南水鄉）。

桐鄉是秀麗的江南水鄉

桐鄉地處<u>杭嘉湖平原</u>上，全境皆為平地。境內河流密布，且大都連通京<u>杭大運河</u>。市內流水蜿蜒，處處均見「小橋、流水、人家」景觀，為景色優美的江南水鄉。桐鄉土地肥沃，農業發達，主要農產品為<u>水稻、小麥、蠶繭</u>等。並為中國<u>杭白菊</u>的原產地。境內的濮院有全中國最大的羊毛衫交易市場。

豐子愷故居

林少雯攝於豐子愷故居「緣緣堂」

「豐子愷紀念館」入口

　　二○○九年八月，正當溽暑，筆者千里迢迢從台灣來到桐鄉這個江南的水鄉，只為一睹豐子愷先生的故居「緣緣堂」。也為了即將完成的論文〈豐子愷《護生畫集》體、相、用的探討〉蒐集資料而來。

　　這座於二十四年前重建的宅院，呈現著「故居」的古老、陳

緣緣堂屋旁的木場橋

舊和風霜。

豐子愷故居原名「緣緣堂」，落成於一九三三年春。是豐子愷為了有一個良好的創作環境、安居及晚年安息之所，而在故鄉親自設計建造的房屋宅院。這棟中國式的江南民居建築，高大、正直、軒敞，具有深沈樸素之美。屋舍建好後，豐子愷安閑地在此屋內生活了五年。這五年他與家人同住，陪孩子一起長大，並大量創作，可以說是他藝文創作的「黃金時期」。可惜的是中日戰事起，一九三八年「緣緣堂」不幸毀於戰火。豐子愷曾為此屋寫過一篇「告緣緣堂在天之靈」（收錄於楊牧編《豐子愷文選》第四集，洪範書店，民71年）的文章，述說他的懷念和憤慨。一九八五年由新加坡廣洽法師資助，桐鄉市政府在原址依原貌重建「緣緣堂」，並於此成立「豐子愷紀念館」，讓一代文學和漫畫大師的故居得以重現。

以緩慢的腳步，緬懷的心情，我走遍「緣緣堂」的每個角落。似乎依稀能聽見豐子愷先生和他的家人在堂屋裡的笑語聲。那棵芭蕉樹和鞦韆在夏日的豔陽下彷彿活躍了起來；豐先生書房格子的玻璃窗、窗前的書桌和籐椅、一旁的竹椅和籐床，似乎還留著些許溫度；那間小小的佛堂裡，窗外灑進的陽光，在牆角煥發著亮眼的光燦；佛桌上的觀音像莊嚴地凝視著桌前的拜墊，似乎仍在接受豐子愷的膜拜；屋中每一間廳堂和房間猶似在等待著主人

歸來一般，無聲地流倘著濃濃的懷舊氣息。

緣緣堂內的小佛堂　　　豐子愷坐過的竹椅

　　一代文學家和漫畫大師在這裡生活和創作，無數的靈感在這宅院裡生起，這裡的空氣、花香、書香、芭蕉、櫻桃、笑語、石牆、屋瓦、簷角、階梯…都曾經是豐子愷靈感的來源，都在他筆下化為文字和漫畫，與他的喜怒哀樂共舞。「緣緣堂隨筆」溫暖和感動了多少人心，「紅了櫻桃綠了芭蕉」的畫作，也如此撼動著人的心靈世界！那文字和畫作中濃厚的江南味兒，就是在這樣的水鄉，在這樣的屋子裡孕育出來…。

豐子愷的書房和書桌　　　　豐子愷睡過的床

　　人去樓空的「緣緣堂」，已不復當年主人在家時的熱鬧溫馨景況。當年新屋落成時，馬一浮先生所題贈的一首偈：

能緣所緣本一體，收入鴻蒙入雙眥。

畫師觀此悟無生，架屋安名聊寄耳。

一色一香盡中道，即此 × × 非動止。

不妨彩筆繪虛空，妙用皆從如幻起。

　　豐子愷很歡喜見到馬一浮以「能緣所緣」來為本來沒什麼特別意義，只是以自己喜歡的字眼，揉成紙球撒在佛堂供桌上然後像抽籤一樣抽出來的名字「緣緣堂」，給了一個新的意義。這首偈中字字句句都有佛法上的特殊涵意。弘一法師也將《大智度論》中的十喻寫成一堂大屏慶賀愛徒的新居落成。法師還有一幅摘自《華嚴經》中的大對聯：「欲為諸法本，心如工畫師。」另有一幅掛在風琴上的長對：「真觀清淨觀，廣大智慧觀，梵音海潮音，勝彼世間音。」這些對聯早已隨著戰火毀於無形，更見證了世間的無常性。而這座深深的宅院，徒自在屋外潺潺的水聲中，述說著無止盡的「虛空」和「幻起」，也成為喜愛豐子愷的人們憑弔他的地方。

緣緣堂小庭院中的芭蕉樹　　　緣緣堂唯一未被戰火燒毀的真跡

豐子愷漫畫館

豐子愷漫畫館和豐子愷故居「緣緣堂」比鄰而建。

黑瓦粉牆的「豐子愷漫畫館」是一座嶄新的建築，這是為了紀念豐子愷百歲誕辰於一九九八年由中國政府撥專款所興建的。漫畫館毗連著緣緣堂東側，建築形式亦採江南民居風格，總面積八百二十平方米，館內闢有「瀟灑風神豐子愷藝術生涯陳列室」、「豐子愷書畫精品陳列室」、「中國漫畫名家陳列室」、「中國桐鄉廉政漫畫館陳列室」、「中國當代漫畫家作品陳列室」等五個展廳。

豐子愷漫畫館正門　　　　　　林少雯於豐子愷漫畫館前留影

走過一間又一間的展廳，看到許許多多的漫畫作品，最愛的還是豐子愷先生的漫畫。展示在牆上的有豐子愷先生從小到大的相片和許多畫作。看到豐先生與他的音樂美術啟蒙老師弘一大師的合影高懸牆上，音容笑貌栩栩如生，但影中哲人早已遠去，留下傳世的作品，在人世間繼續發酵和影響人心。可見有形的生命稍縱即逝，而有意義的文學和藝術作品卻流傳千古。

豐先生的畫作約有萬幅之多，在此展出的只有少數膾炙人口的精品。在展廳裡流連再流連。在豐先生年輕時的眼眸中，讀到他對文學和繪畫的熱情；在他年老時臉上安詳的靜默中，讀到他

對萬物的慈悲和對生命的尊重；這些全都展現在豐先生水墨簡筆畫的線條中。一點一滴，一筆一畫，皆涵泳著意味深長而又意趣豐富的情境。

走出漫畫館時，夏日的陽光依然燦爛，館外庭園的花草樹木青翠欲滴，微風吹動著那棵高大的香樟，樟樹的香氣瀰漫在空氣中，一如豐先生的作品般散發著芬芳。

弘一大師・豐子愷研究中心

來到位於杭州市文一路上的杭州師範大學，校內有全中國唯一的「弘一大師・豐子愷研究中心」。

二〇一〇年十月，杭州師範大學即將舉辦第三屆「弘一大師研究國際學術會議」，這個會議是由該校「弘一大師・豐子愷研究中心」所主辦的。

走訪「弘一大師・豐子愷研究中心」，也是此次暑假杭州行的主要目的之一。

杭州師範大學的前身即是弘一大師未出家前

「弘一大師・豐子愷研究中心」外觀

教書及豐子愷先生當學生時所就讀的「杭州第一師範專科學校」。弘一大師俗名李叔同，是中國早期劇場活動家和藝術教育家。擅長書畫篆刻，工詩詞，為中國南山律宗第十一代祖師，致力於律典的整理，寫出《四分律比丘戒相表記》、《南山律在家備覽略

篇》等佛學著作。

　　兩位大師與該校有如此深的緣份，他們二位的人品、學識、作品對後世又都有深遠的影響，為了紀念他們，該校成立「弘一大師‧豐子愷研究中心」是名正言順且理所當然的事。

「弘一大師‧豐子愷研究中心」大門　「弘一大師‧豐子愷研究中心」展廳

　　研究中心成立於一九九七年十月三十日，據該中心主任陳星說，中心成立的宗旨主要為深化對弘一大師和豐子愷的研究，弘揚兩位大師的人格精神和藝術精神，此中心可在高等學校營造良好的文化氛圍，配合學院對學生進行中國文化、美育、藝術、人格教育，且開展豐富多彩的文化藝術活動，為社會的精神文明注入活力。

　　陳星主任，畢業於該校，他大學畢業時，老師指定的畢業論文即是對豐子愷的研究。原本對豐子愷了解不多，為了這篇論文他開始搜尋豐先生的種種資料，才發現豐子愷是一位了不起的文學家和畫家。研究豐子愷，自然不會錯過探索對豐子愷影響重大的弘一大師。陳星主任與弘一大師及豐子愷這初次的結緣，就在一九八三年。論文通過畢業後陳星留在學校教務處工作，八四年轉任校長辦公室行政工作，八五年起開始編學報。從行政轉而學術這一晃就十二年，此時國內外對弘一法師和豐子愷的研究愈來愈多，影響持續擴大，於是成立專門研究機構的時機成熟，該校

於一九九七年正式成立「弘一大師‧豐子愷研究中心」。

弘一大師的書法作品　　　　　　豐子愷的相片及書法

　　中心成立至今十二年，除了固定的人員編制外，特約研究員及於海峽兩岸和海外，如台灣、澳洲、美國、馬來西亞、日本、法國等地均有學者專家合作，共同投入研究工作。該中心歷年來舉辦過「海峽兩岸弘一法師‧豐子愷藝術思想研討會」、「豐子愷研究國際學術會議」、「海峽兩岸弘一法師繪畫作品欣賞交流會」、「子愷漫畫大賽」、文化交流、福慧獎學金、李叔同藝術成就獎、社會專業研究生科研成果獎、豐子愷文藝獎、系列講座、學術文化信息交流等活動。

　　該中心是兩棟相連的古色古香的中國式建築，包括「寬祜園」和「福慧閣」。外圍有花木扶疏的庭園和池水環繞。翠柏掩映的江南亭台樓閣，倒影在水中，映著藍天白雲，更顯現出園林風格建築的秀麗。這樣的建築與弘一大師和豐子愷的文人特質融合為一，加上中心內所展示的弘一大師及豐子愷的繪畫和書法作品，確是相得益彰。書架上還陳列著許多現代學者對兩位大師研究的豐碩成果，更令人覺得不虛此行。

「弘一大師‧豐子愷研究中心」
為園林建築

弘一大師畫的佛像

林少雯訪談「弘一大師‧豐子愷
研究中心」主任陳星

豐子愷的漫畫

　　杭州師範大學將於二〇一二年遷校，新校園離現今文一路校區十五分鐘車程。「弘一大師‧豐子愷研究中心」亦將隨校遷移。該中心搬遷之後的新居，仍是美麗的庭園建築，將重現「寬祐園」和「福慧閣」景觀，同時新增現代園林風格的佛教藝術陳列館、國際會議中心、辦公樓、圖書資料館、研究創作工作室等等。

　　期待一個更為壯麗的「弘一大師‧豐子愷研究中心」。新居落成後，研究環境提昇，對研究工作推展將更為有利，相信也更能帶動海內外對兩位大師的研究風潮。